권력의 조건

POWER

권력의 조건

억압, 복종, 저항 그리고 소통에 관하여

레이몬드 A. 벨리오티 지음 | 한누리 옮김

"눈 깜짝할 사이에 잃어버린 영광은
백 년이 지나도 돌아오지 않는다."

| 차례 |

PART 1

PART 2

PART 3

일반적으로 그렇듯, 유명저자의 말을 인용했고 참조부호는 인용 후에 바로 표기하거나 노트를 활용했다. 어떤 경우에는 하나의 문장을 다양한 용도로 사용하기도 했다. 따로 언급하지 않았다면 모든 참조부호는 쪽이 아니라 책의 부분이나 챕터를 의미한다. 다음과 같은 약어를 사용했다:

니체

BGE	선악의 저편 (1886)
EH	이 사람을 보라 (1908)
GM	도덕의 계보 (1887)
GS	즐거운 지식 (1882)
TI	우상의 황혼 (1889)
UM	*Untimely Meditations* (1873 – 76)
WP	힘에의 의지 (출간되지 않은 노트, 1883 – 88)

Z	*Thus Spoke Zarathustra* (1883 - 85)
GS 125	즐거운 지식 Section 125
Z I	차라투스트라는 이렇게 말했다
	차라투스트라는 이렇게 말했다 *section* 5
BGE 13	선악의 저편 section 13
EH	이 사람을 보라-"Why I Am So Clever,"
	section 9
GM II, 12	도덕의 계보 2 section 12
WP 1067	힘에의 의지 section 1067
UM	Schopenhauer as Educator," 8 = Un-
	timely
	Meditations, "Schopenhauer as Edu-
	cator," section 8
TI	우상의 황혼-"Maxims and Arrows,"
	number 12

에픽테토스

EN	*Encheiridion* (Manual for Living)
EN	12 *Encheiridion*, sec. 12 플라톤을 위하
	여

플라톤

R	국가
G	고르시아스
R 368b – 369b	국가 368b – 369b (스테파노 번호)
G 480a – 522e	고르시아스 480a – 522e (스테파노 번호)

마키아벨리

AW	손자병법
D	로마사 논고
FH	피렌체의 역사
Ltr.	마키아벨리의 편지
P	군주론
AW 2 45	손자병법 2, 페이지 45 (Wood edition)
D I 55	로마사 논고 I, 챕터 55
FH I 3	피렌체의 역사 I, 섹션 3
Ltr. 247:1/31/15	편지 247: 1515년 1월 31일 (Atkinson and Sicesedition)
P18	군주론 챕터 18

*일러두기
각주는 모두 옮긴이의 설명이다

"힘은 궁극적인 최음제이다."

_헨리 키신저Henry Kissinger

한 정치과학자와 함께 우리가 연구하는 학문에 대해 이야기하고 있었다. 그가 '근데 우리는 힘을 연구하잖아!'라고 말하기 전까지 우리의 대화는 평범했다. 그가 이 말을 뱉으며 얼마나 행복해했는지는 말로 다 표현할 수 없을 것이다. 열정을 1에서 10까지 점수 매긴다면 이 친구의 점수는 아마 12였을 것이다. 그의 열정을 '미친 욕망'이라고 표현해도 무방할 것이다. 힘과 권력을 연구하는 것 그 자체가 마치 연구자의 개인적 중대성과 직업적 사명감을 극대화하는 듯하다.

다른 철학자가 찾아와서 '음, 우리는 진실을 찾고 있어'라고 말했는데, 모두 예상했겠지만 그는 웃음거리가 되었다. '진실'은 추상적이고 논쟁적이며 교묘한 것처럼 보인다. '힘'은 실재하고, 명백하며, 포괄적이고, 식별 가능한 것이었다. 정치과학자들은 자신도 모르는 사이에 플라톤의 저서 ≪고르기아스Gorgias≫에 등장하는 칼리클레스의 성격을 결정짓는다. 철학은 어린아이의 학문이다. 철학을 연구하는 것이 어린아이가 생각을 형성하는 데 물론 도움이 되겠지만 "진정한 어른"이라면 힘 있는 정치적 영광을 찾으려 노력할 것이다(G 484c-484d).

여기서 나와 동료들과의 대화는 끝이 났고 모두 자기의 자리를 찾아갔다. 하지만 동료 교수의 말이 내 머릿속에 계속 맴돌았다. 역사 속 수많은 철학적 사상가들이 힘의 개념, 결과, 구성에 대해 생산적인 이야기를 나눴으리라 확신했다. 어쩌면 이들의 노력을 집요하게 검증하고 설명하면 힘에 대해 심도있게 이해할 수 있을 것 같다. 어쩌면 내가 심리적 아이의 상태를 벗어나 나의 동료가 느꼈던 본능적 기쁨을 얻을 수 있으리라. 어쩌면 70년 내 삶의 끝에 "진정한 어른"으로 거듭날 수 있으리라. 이것이 이 책의 발단이다.

대부분의 사람들은 '힘'이라는 단어와 함께 지배라던가 탄압이라는 단어를 떠올린다. 군부를 장악하고 있는 전제주의 정치 군주가 군중을 지배하고, 완벽히 불공평한 관계에서 한쪽이 특별히 우월한 위치를 차지하고 특권을 누린다거나, 서로 다른 계급의 사람들이 자원을 불공평하게 분배하기 위해 애쓰는 모습 등을 떠올린다. 힘은 개인이나 특정 단체가 자신을 강요하고 상대적으로 약한 대상을 파괴하기 위해 사용하는 것이라 흔히 생각하는 것이다.

하지만 이런 단순한 의미의 권력은 힘이 사용되는 한 종류일 뿐이지 '힘'의 완전한 정의라고 볼 수 없다. 우리 모두는 주도적으로 활동하면서 보다 개괄적인 의미의 힘을 누리고 있다. 또한 누군가에게 힘을 행사하는 것이 종속된 주체를 위한 일이 될 수도 있다. 그러므로 성급하게 힘을 억압으로만 인식해서는 안 된다.

억압적인 힘의 관계는 보기보다 복잡하다. 우월한 주체는 엄청난 이득을 얻고, 종속된 주체는 극심한 고통을 받고 또 이러한 관계가 영원히 지속되어 반전의 기회는 없을 것이라 생각하기 쉽다. 만약 물건이나 물체같이 미리 정해진 누군가에게 힘이 이양될 수 있다고 본다면, 모든 힘에 대한 전제를 재고해야 할 것이다.

힘을 이해하기 위해 몇 가지 질문을 던져보았다. 우리는 타당한 힘과 타당하지 못한 힘, 용인되는 힘과 그렇지 못한 힘을 어떻게 판단하는가? 어떤 규범적 기준으로 반란과 같은 힘의 변화를 위한 시도를 정당화하는가? 우리는 왜 변화를 위해 싸우고 행동하는가? 어떤 행동으로 변화를 이룰 것인가? 어떤 목적을 위해? 어떻게 그리고 왜 권력을 행사하는 밑바탕에 저항이 포함되어 있는가? 힘의 관계는 인류 주체에 얼마만큼의 영향을 끼쳤는가? 힘과 지식의 관계는 무엇인가? 규범적인 의미에서 도덕, 정의와 힘은 어떤 관계에 있는가? 우월한 주체가 억압하고자 하는 욕구에 물들지 않고 권력을 행사할 수 있는가? 사람은 어떤 종류의 힘을 얼마만큼 가지고 있어야 만족하는가?

이 책은 힘과 관련된 철학 작품을 단순히 나열하지 않고 주제별로 분류하여 정리하였다. 고대 갈리아Gaul* 가 그랬듯, 이 책은 세 파트로 나누어져 있다. 첫 번째 파트는 총 네 챕터로 이루어져 있다. 첫 번째 챕터에서는 힘이 얼마나, 그리고 어떻게 이례적으로 흥

---

* 로마 제국 멸망 이전까지 현재의 프랑스, 벨기에, 스위스 서부, 라인 강 서쪽의 독일까지 포함하는 서유럽 지방으로 고대 갈리아를 지역적으로 나누는 다양한 방법이 있으나 율리우스 카이사르는 켈트, 벨기카, 아퀴타니아의 세 부분으로 나눠졌다고 기록했다.

미로우면서도 지나치게 모호한 개념인지 설명한다. 다양한 권력을 포함하는 개괄적인 힘의 개념을 소개하며 시작한다. 하지만 개괄적인 힘의 개념은 힘의 관계를 구체적으로 분석하기에 부족하기 때문에 '할 수 있는 힘Power-to'과 '지배하는 힘Power-over'을 구분하고, 사람의 관심을 분류하여 그 관심이 어떻게 힘의 근원이 되는지 알아볼 것이다. 그리고 수동적인 힘에 대해 간단히 설명하고 권력을 행사하는 것과 영향력을 미치는 것을 구분하고자 한다. 또한 힘의 사회적 개념을 소개하고 지배하는 힘의 정의와 힘에 관한 세 가지(억압적, 온정주의적, 전환적) 사용을 이야기할 것이다. 이 챕터에서 책의 나머지 분석 내용을 소개한다.

이제 첫 번째 파트는 트라시마코스와 소크라테스, 마키아벨리, 니체로 이어진다. 모두 힘을 이야기한 철학자들이다. 권력이 곧 권리인가? 관념적 도덕과 정치적 신념이란 무엇인가? 권력에 대한 욕망과 한 사람의 기질은 어떤 관계에 있는가? 어떤 성질이 힘을 변화시키는가?

두 번째 챕터에서는 힘과 도덕성이라는 보다 복잡한 관계를 이야기한다. 플라톤의 《국가론》에 등장하는 트라시마코스는 우리가 일반적으로 규범이라고 이해하고 있는 것들이 지배자가 사회에 심어 놓은 힘의 결과물에 불과하다고 주장한다. 올바른 사회생활을 정의하는 강행법을 규정할 때 비정상적으로 많은 권한을 가진 특정 사람이 자신의 욕망을 채우고자 할 때, 권력은 권리(도덕적 옳음)

가 된다. 지배자 개인의 관념이 왜곡된 습관과 사상을 통해 자신의 권력을 강화하는 객관적인 힘으로 재탄생한다. 단순히 관념적이고 불완전하고 이기적인 것이 자연스럽고 당연하고 필요한 것으로 탈바꿈하게 된다. 소크라테스는 트라시마코스의 규범에 대한 분석에 반박하며 우리가 규범이라고 이해하는 것이 대중의 지지를 얻기 위해서는 비인격적이고, 온전한 도덕법칙이어야 하며 힘은 결코 도덕이 될 수 없다고 주장한다. 플라톤이 주장하는 트라시마코스와 달리 소크라테스는 지속되는 힘의 행사, 분배, 결과, 본성에 대한 토론의 장을 열었다.

첫 번째 파트를 마무리하는 네 번째 챕터에서는 마키아벨리를 가장 창의적인 방법으로 활용한 사상가를 소개한다. 19세기 독일 철학자 프레드릭 니체는 "힘에의 의지가 없다면 세상은 아무것도 아니다"(BGE 36)라고 주장했다. 최선을 다해 니체의 '힘에의 의지'를 이해하고자 했고, 그 이해를 바탕으로 이 챕터를 완성했다. 이상적 완벽에 대한 니체의 개념을 비판적으로 바라보았고, 니체가 쾌락을 추구하는 것으로 여겼던 행복을 감정과 경험을 통해 개인의 힘을 기르는 것과 구분하고자 했다. 니체가 노예와 주인에 빗대어 말하고자 했던 또 하나의 권력에 대한 개념을 설명한다. 또한 니체가 어떻게 '가장 부당한 힘은 업적을 숨기는 것'이라고 주장하는 마르크스와 의견을 같이 했는지에 대해서도 이야기한다. 어떤 특정한 환경에서 인간은 다른 사람을 유혹하여 그 사람도 모르게 스스로를 어떤 사상이나 사회 활동에 종속되도록 할 수 있다. 니체는 노예의 도덕적 사상이 억압으로 구성되어 있다는 마르크스의 주장을 뛰어넘어 도덕이 억압적 관계를 구성하는 기초적인 도구라고 주장한다. 니체는 그람시보다 앞서서 기존 지배관계에 반하는 사상은 반란의 수단이며 사회 변화의 도구라고 주장한 학자다.

두 번째 파트에서는 스토아학파와 헤겔, 마르크스와 그람시를 동시에 다룬다. 인간의 의지와 역변적인 힘을 다룬 사상가들이다. 힘에 굴복하던 사람들이 어떻게 우월한 힘을 약화시키는가? 우월한 위치에 있는 사람들이 하급자들을 어떻게 복종하게 만드는가? 힘의 관계는 우월한 인물과 하급자들에 어떤 영향을 끼치는가? 이러한 힘의 관계가 행위자들을 창의적이고 생산적인 노동으로부터 멀어지게 한다면 어떤 결과가 일어나는가? 어떤 사회 구조가 불공정한 힘의 관계를 만들었는가?

두 번째 파트를 시작하는 다섯 번째 챕터에서는 스토아학파를 분석한다. 표면적으로 스토아학파는 힘의 철학을 논하기에 적합하지 않아 보인다. 그들은 삶에서 원하는 것을 최소화한다. 필요한 것을 엄격히 정해놓고 내면의 삶에 집중한다. 힘에의 의지를 휘두르거나 칭송하지 않는다. 스토아학파는 절제를 통해 좋은 삶을 찾고 사람의 완벽한 통제 속에 있는 것들에 주의를 기울이며 이 모든 것을 '안녕well-being'이라 규정한다. 하지만 종속관계와 갈망의 관계에 대해 배우기 위해서는 스토아학파만한 것이 없다. 스토아학파의 힘은 부정적인 힘이다. 억압에 저항할 뿐만 아니라 아예 그들의 삶과 분리시켜 버릴 수 있다. 성공한 스토아학파는 다른 피해자들과는 다르게 종속을 경험하지 않는다. 다시 말해서 스토아학파는 고통이나 종속을 침해로 인식하는 것을 거부함으로써 자신을 지배하고 있다고 생각하는 우월한 힘으로부터 스스로를 격리시키는 것이다. 심지어 가짜 의식에 의한 희생도 아니다. 스토아학파는 스스로의 태도, 판단, 선택 및 행동을 통제함으로써 진짜 관심을 찾을 수 있다고 주장하며, 고통을 주거나 물질적인 것을 앗아가는 사람들은 그들을 해칠 수 없다고 말한다. 스토아학파는 진짜 관심이라 부르는 것을 통해 현재 갈망하는 것과 장기적으로 원하는 것을 알아간다. 성공한 스토아학파는 흔히 작용하는 다양한 감각의 선호 현상을 경험하지 않는다. 어려움에 대해 성찰하기 위해서 당사자는 좌절을 경험하고 관심을 방해받아야 한다. 하지만 스토아학파는 자신의 관심을 아주 좁게 규정함으로써 세상의 많은 사람들이 우월한 존재로부터 지배당한다고 느낄 때 그 힘을 무시할 수 있는 것이다. 마지막으로 스토아학파는 다른 사람이 스스로의 선택을 통제하거나 제한할 수 있는 가능성 자체를 막아버린다. 스토아학파는 힘의 관계에서 종속되었다고 여겨지는 자가 일방적으로 힘의 억압에서 벗어날 수 있는지 극명하게 보여 준다.

　여섯 번째 챕터에서는 복잡하지만 통찰력 있는 헤겔의 억압에 대한 분석을 풀어보고자 했다. 헤겔은 다양한 강의를 통해 힘이라는 현상학을 그려냈다. 첫째, 억압적인 관계는 변화와 반전의 시초이며 지배하고자 하는 힘은 일방적이거나 안정적이지 않다. 둘째,

타인에게 억압적인 힘을 행사하는 것은 우월한 주체의 개인적 발전과 실현을 저해할 수 있다. 셋째, 우월한 주체가 창의적이거나 왕성한 노동을 하지 못하는 등, 힘의 범주에서 벗어난 인간적인 무언가를 발전시키지 못했을 경우에 우월한 주체는 스스로의 가치를 증명하고 자신을 이해하기 위해 종속된 주체에 의존한다. 넷째, 인간은 스스로의 존재감을 얻기 위해 서로에게 의존한다. 하지만 스스로가 우월한 지배자라는 것을 지나치게 강조한다면 그 지배자는 오히려 종속된 주체에게 의존하고 있는 것이다. 이런 지배자는 종속된 주체의 인정에 목말라 있기 때문에 스스로 가지고 있는 권력의 관계에 얽매이게 되는 것이다. 다섯째, 창의적인 노동을 통해 종속된 주체는 자신감을 얻을 수 있고 어쩌면 격리된 상태인 독립적인 관계를 형성할 수 있다. 여섯째, 인간은 타인을 억압함으로써 자유를 얻거나 자아를 실현하지 못한다. 헤겔이 가장 강조하고자 하는 것은 인간은 여러 정황을 통해 성장하며 억압하려는 욕구와 마찬가지로 양심도 가지고 있다는 것이다. 통합과 결속을 통해서만이 완전히 자유로운 양심을 얻을 수 있다. 헤겔은 보증인과 귀족의 대화를 통해 인간이 진정한 자유를 얻고 성장하기 위해서는 스스로를 인정해야 할 뿐만 아니라 타인으로부터 인정을 얻어야 한다는 것을 전하고자 한다. 헤겔은 지배하는 힘의 지나친 사용은 우월한 주체에게 달갑지 않은 결과를 가지고 올 수 있다고 가르친다.

일곱 번째 챕터에서는 칼 마르크스와 안토니오 그람시의 작품을 이야기한다. 마르크스는 이념과 허위 합의가 경제 시스템의 필요에 의해 존재하는 억압을 강화한다고 주장한다. 마르크스는 정권을 유지하는 데 있어서 이념과 사회화의 역할을 강조한다. 마르크스는 사회구성원의 상호 의존성과 끊임없는 협의를 지배하는 힘의 기본 구조로 인지한다. 그는 계급 간 투쟁으로 재생산되고 변화하는 힘을 강조한다. 마르크스는 개개인이 아닌 계급이 왜, 그리고 어떻게 사회 변화의 원동력이자 사회 갈등의 중심인지 설명하고 있다.

그람시는 이 역사적인 마르크스의 작품을 이용해 대안을 제시한다. 그람시는 마르크스의 작품 속에 담겨 있는 민주주의적 요소를 강조한다. 노동자 계급 스스로가 비판적 의식을 기르고 표현해야 하며 스스로를 강요에 의한 압박으로부터 벗어나게 해야 한다고 주장한다. 혁명을 실용적인 정치적 활동으로 보았고, 집권층의 정치적 질서를 유지하거나 동요시키기 위해서는 합의가 필요하다고 보았다. 그람시는 마르크스의 과학주의적 사고방식에서 벗어나고자 했다. 그람시의 역사적 사례와 관계 분석은 경제나 이념 구조 모델에 기반을 두지 않는다. 공산주의 혁명이 예측가능했다거나 어떤 역사적 필연성이 있었다고 생각하지 않는다. 역사를 예측 불가능한 것으로 보는 것이다. 그러므로 그람시의 철학적 통찰은 이념적 스펙트럼에 관계없이 사회적 혁명에 기반한다.

마지막 파트에서는 하버마스와 푸코 같은 현 시대의 사상가와 페미니즘 같은 힘의 철학과 관련된 사회적 운동을 이야기한다. 이런 운동을 한 사상가들은 다음과 같은 질문을 던진다. 힘의 관계는 우리 삶에 얼마나 스며들어 있는가? 규범적 원칙이 잘못된 억압적 관계를 정당화할 수 있는가? 유익한 힘의 관계와 그렇지 못한 힘의 관계를 구분할 수 있는가? 주종 관계에서 종속된 주체가 집단적이고 긍정적인 변화를 위한 대안적인 힘을 구성할 수 있는가?

마지막 파트는 미셸 푸코의 작품을 분석하는 것으로 시작한다. 푸코는 권력과 지식 혹은 진리 사이의 관계를 이야기하며 인류 주체가 유익한 지배관계를 구성할 수 있다고 주장한다. 첫째, 근대 사회에 권력은 특별한 위치나 능력이 있는 개인에 의해서가 아니라 모호한 법칙에 의해 운영되는 비인격적 행정 시스템에 의해 휘둘러진다. 인간은 성적 역할 및 정신분석이나 주체를 유순하고 생산적으로 양성하는 다양한 범죄학적, 의학적, 사회학적 정형화 기술에 의해 관리된다. 둘째, 힘의 행사는 보편적으로 통용되는 지식이나 진리를 필요로 한다. 가장 효과적으로 권력을 행사하기 위해서는 행위 주체를 유혹하여 지배층의 관습이나 가치 안으로 끌어들여 동의를 구해야 한다. 셋째, 역사로부터 기인하는 계보나 고고학적 분석은 지배층의 생각이나 행동을 보여주기에는 객관적이거나 타당하지 않다.

이 챕터는 진정한 관심을 구분하는 역설적인 방법과 성적 억압의 이유와 해결책을 다룬다. 이를 통해 힘의 이론이라 여겨졌던 통합적 변화를 위해 평등적으로 '할 수 있는 힘'을 행사한 페미니스트의 특별한 업적이 드러날 것이다.

마지막 말에서는 이 책에서 말하고자 하는 바를 간단히 요약하고, 결론에 도달한다. 그리고 규범적 타당성의 기준을 세우기 위해서는 힘을 행사함에 있어서 정당성과 비정당성을 구분해야 한다는 문제점을 지적했다. 다양하게 사용된 권력을 설명하고 평가하고자 한다면 이런 기준을 정하는 것이 매우 중요하기 때문이다.

PART
1

1

지배하는
힘이란 무엇인가

"힘은 우리가 이해할 수 없는 의미를 가진 단어이다."

_톨스토이Tolstoy

힘의 개념은 이례적으로 흥미롭지만 지나치게 모호하다. 이 챕터에서는 힘의 일반적인 개념을 그려본다. '할 수 있는 힘Power-to'과 '지배하는 힘Power-over'을 구분하고, 사람의 관심 종류에 따라 나누고 그 관심사가 어떻게 힘의 근원이 되는지 알아본다. 그리고 수동적인 힘을 간단히 설명하고 권력을 행사하는 것과 영향력을 미치는 것의 차이점을 분석해보았다. 또한 사회적 힘의 개념을 소개하고 '지배하는 힘'의 정의와 세 가지 주요 사용법을 다룰 것이다.

힘의 일반적인 개념

우리는 보통 다른 계급을 지배하는 것을 표현하기 위해 '힘'이라는 단어를 사용한다.[1] 힘 안에 이 의미가 내포되어 있는 것은 사실이다. 하지만 보다 더 개괄적으로 말하자면 힘은 어떤 결과물을 창출하거나 그 결과물을 창출하는 데 기여할 수 있는 능력을 의미한다. 이 단계에서 힘은 딱히 어떤 관계에 얽매어 있지 않다. 상대적으로 한쪽이 우월한 두 개의 다른 행동 주체를 필요로 하지 않으며, 힘이 의미를 갖거나 힘의 구조를 설명하기 위해 딱히 사회적인 상황을 필요로 하지도 않는다. 적 혹은 싸워서 이겨야 하는 상반된 이해관계를 필요로 하지도 않고 힘을 행사하기 위해 계획된 어떤 의도도 필요치 않다.

배가 난파되어 작은 유리컵과 함께 무인도에 홀로 남겨진 머핀이라는 한 여자를 예로 들어 보자. 머핀은 무인도에 도착하기 전에도 많은 힘을 가지고 있었을 것이다. 걸을 수 있는 힘, 얼마만큼의 무게를 들을 수 있는 힘, 언어를 사용하고 노래를 부르고 쓰고 생각하고 다양한 환경에 적응할 수 있는 힘 등이 그것이다. 무인도에 머무르는 동안 머핀은 이 다양한 힘을 더 발전시킬 수도 있을 것이고 외딴섬의 바닷사람이 되어 스스로도 알지 못했던 새로운 힘을 발견할 수도 있을 것이다. 머핀이 뾰족한 물체에 발가락을 찧어서 미친 듯이 비명을 지르는 상황을 상상해 보자. 머핀은 자신이 무인도에 함께 난파된 컵을 깨뜨릴 만큼 엄청난 성량의 높은 '도' 소리를 낼 수 있다는 사실을 깨닫게 될 것이다. 의도하지는 않았겠지만 새로운 힘을 발견한 것이다. 머핀은 자신이 그런 힘을 가졌는지 모르고 있었을 것이다.

우리는 우리가 원하고 지향하는 것과 전혀 상관없는 독특한 힘을 가졌을 수도 있다. 노래를 잘 부르는 힘을 가지고도 노래를 부르는 것에 무심하거나 아예 그 힘을 가졌는지 모르는 경우도 있다. 시를 잘 쓰는 능력을 가졌음에도 시라는 예술을 철저히 경멸할 수도 있을 것이다.

이런 의미에서의 힘이라면 무생물에도 힘이 있다고 말할 수 있다. 허리케인은 원치 않는 재앙을 불러일으키는 엄청난 힘을 가지고 있다. 다른 다양한 날씨 또한 농부의 작물에 영향을 미치는 힘을 가졌다. 그러므로 머핀은 여러 가지 능력을 가지고 있지만 무인도에 살면서 환경의 힘에 지배를 받을 수도 있다.

이런 비사회적인 힘은 우리의 흥미를 끌지 못한다. 아마도 힘에 내포되어 있는 의미 중 가장 상위의 개념이기 때문일 것이다. 하지만 이 개념은 힘에 대해 몇 가지 유용한 정보를 제공한다. 힘은 능력 혹은 기질이므로 누군가 힘을 가지고 있다 하더라도 사용하지 않을 수도 있다. 힘을 가지고 있다는 것은 실현 가능하다는 것을 의미한다. 우리는 걷는 방법이나, 언어를 사용하는 것, 노래하는 것을 배움으로써 스스로의 가능성을 발전시킨다. 힘은 지배, 억압 혹은 종속 등과 동의어가 아니다. 세상 모든 생물 및 무생물은 생산하는 능력이라든가 결과물에 영향을 미치는 것 등, 어떤 의미로든 힘을 가지고 있다.

지배하는 힘의 개념

힘을 연구하는 사람이라면 한 주체가 다른 주체에게 지배하는 힘을 행사하는 양자관계에서의 힘이나 주요 기관이 개인이나 개인으로 구성된 단체에 힘을 행사하는 보통의 사회적 권력에 가장 많은 관심을 갖기 마련이다. 그리고 지배, 억압 그리고 사회적 종속 등 힘이 만들어내는 효과에 집중하며, 힘을 행사하는 사람과 강제적인 힘의 행사로 삶의 질이 떨어지는 대상을 연구한다.

타인의 행동을 의도적으로 바꾸는 행위

'우월한 주체가 종속된 주체로 하여금 종속된 주체의 자유의지로는 하지 않을 행위를 하게 하여 의도하던 결과를 이끌어 냈을 때 우월한 자가 종속된 자에게 지배하는 힘을 행사한다고 말할 수 있다. 종속된 주체는 행동하기 전에 자신을 방해하던 망설임을 이겨 내고 우월한 주체를 따랐다.[2]' 이것은 '지배하는 힘'의 기질 중 하나이다.

하지만 지배하는 힘을 온전히 이해하기에 충분하지 않다. 하나씩 반박을 해보도록 하자. 첫째, 우월한 자는 지배하는 힘을 갖고도 그 힘을 행사하지 않을 수 있다. 행사할 수 있는 능력을 가진 것과 이를 행사하는 것을 동일시해서는 안 된다. 둘째, 우월한 자는 의도하지 않고도 힘을 행사할 수 있다. 우월한 자가 아무 의도 없이 종속된 자를 조종하는 단계야말로 최악의 지배이다. 힘의 행사는 종종 의도치 않은 결과를 야기할 수 있고 그 책임은 우월한 자에게 있다. 셋째, 우월한 자는 종속된 자를 설득하는 과정 없이도 종속된 자의 행동이나 선택지를 제한하는 등 행위의 범위를 구속함으로써 권력을 휘두를 수 있다. 이데올로기적 상황 때문에 종속된 자의 삶의 목적, 장기적 선택의 자유 등에 제약이 있다면 이러한 상황을 야기한 우월한 자는 종속된 자에게 어떤 행위를 직접적으로 강요하지 않았다 할지라도 힘을 행사한 것이다. 종속된 자의 인식이나 관심을 잘못된 방향으로 설정하는 것은 매우 위험한 종류의 권력이다. 이 단계에서 우월한 자는 종속된 자를 감시하지 않고도 자신이 원하는 방향으로 힘을 휘두를 수 있게 된다. 넷째, 우월한 자가 종속된 자에게 어떤 행위를 하도록 요구하는 힘을 행사하는 상황이라 할지라도 종속된 자의 특정 행위가 우월한 자의 명령에 의한 것이 아닐 수 있다. 우월한 자는 종속된 자의 행동을 전혀 예상하지 못했거나 심지어 원치 않았을 수 있다. 종속된 자는 스스로의 관심과는 아무 상관이 없다 하더라도, 우월한 자가 원할 것이라고 예상되는 행동을 자의로 할 수 있는 것이다.

이런 복합적 인과관계에서는 원인과 결과를 구분할 수 없게 된다. 서로 다른 두 명의 우월한 자가 한 명의 종속된 자에게 지배하는 힘을 행사한다고 가정해보자. 우월한 자 둘이 동시에 종속된 자에게 같은 행위를 요구했다. 그 말은 즉, 우월한 자 1번이 종속된 자에게 아무런 행위를 요구하지 않았다고 해도 종속된 자는 그 행위를 할 것이다. 우월한 자 2번이 같은 행위를 요구하는 권력을 행사했기 때문이다. 반대로, 우월한 자 2번이 종속된 자에게 아무런 행위를 요구하지 않았다 할지라도 종속된 자는 그 행위를 할 것이다. 우월한 자 1번이 권력을 행사했기 때문이다. 이로써 우월한 자 두 명 모두 종속된 자의 행위가 자신을 위한 것이었다고, 자신이 명령하지 않았다면 종속된 자가 행동하지 않았을 것이라고 말할 수 없게 되었다.

종속된 자가 우월한 자의 요구를 수행하는 것을 망설이거나 강력하게 저항심을 쌓아갈 때 지배하는 힘은 위기를 맞는다. 하지만 종속된 자가 진정한 관심을 발견하지 못했거나 본성이 순종적인 사람, 혹은 지배된 자에게 세뇌 당한 사람이라면 우월한 자가 원하는 행동을 열성적으로 이행하기 마련이다. 익숙함과 합의가 저항심과 갈등의 자리를 대신해 힘을 발휘하는 것이다.

우월한 자가 종속된 자를 군이 억압하지 않고도 지배할 수 있다는 것은 매우 중요한 사실이다. 위에서 보았듯이 지배하는 힘은 우월한 자가 종속된 자의 관심을 저해하는 어떤 힘을 행사하는 것을 전제조건으로 두지 않는다. 오히려 우월한 자의 권력이 종속된 자의 숨겨진 관심을 발달시킬 수도 있다. 가정에서 이런 현상을 볼 수 있다. 종속된 자가 자신의 진정한 관심을 미처 깨닫지 못할 때 우월한 주체의 권력은 종속된 자의 관심을 이끌어 내는 역할을 한

권력의 조건

다. 아무것도 모르는 종속된 자는 자기 뜻대로 하겠다고 반항을 할 수도 있지만 우월한 자가 이길 확률이 높다. 현명한 부모는 자식에게 건강한 음식을 먹고 잠을 충분히 잘 것을 요구하며 지배하는 힘을 행사한다. 우월한 자는 종속된 자의 재능을 발전시켜 우월한 자의 도움이 필요하지 않도록 성장시키기 위해 자신의 능력을 사용한다. 의식 있는 부모는 자식이 온전히 성장하여 능력과 힘이 있는 성인으로 자라나기를 바란다. 올바른 교사는 학생들이 스스로의 선생으로 자라나 교사인 자신이 더 이상 필요하지 않도록 교육한다. 지배하는 힘은 억압, 제한 등과 함께 연상되어 부정적으로 인식되기 쉽다. 하지만 지배하는 힘이 종속된 자를 성장시키고 진정한 관심을 키워주는 힘이 될 수도 있다는 사실을 잊어서는 안 된다.

종속된 자의 행동을 바꾸는 힘의 사용

지배하는 힘의 사용이라 하면 직감적으로 떠오르는 정의를 생각해보자. 한 주체가 다른 주체에게 지배하는 힘을 행사한다고 하면 첫 번째 주체가 두 번째 주체에게 두 번째 주체가 원치 않는 행동을 할 것을 요구하는 것을 떠올린다.[3] 틀린 말은 아니지만 이것 또한 만족스러운 정의는 아니다. 이 정의에 사용된 요소들을 하나씩 반박해보자.

첫째, 종속된 자는 어떤 행위를 강요당할 때 뿐 아니라 어떤 행위를 하지 못하게 될 때에도 지배당했다고 느낀다. 우월한 자는 종속된 자의 안녕과 관련된 행위를 의도적으로 방해함으로써 종속된 자의 행동을 명시적으로 바꾸려 하지 않아도 지배하는 힘을 행사하는 것이다. 종속된 자의 행동에 눈에 띄는 변화는 없겠지만 우월한 자는 권력을 사용한 것이다. 우월한 자는 자신의 선호를, 그 선호와 반대되는 종속된 자의 선호보다 우선시하고 "주요 문제를 결정할 때 편견을 조장해 힘 있는 자의 관심사에 따라 의제를 선점할 때 지배하는 힘을 행사한다"고 할 수 있다.[4]

둘째, 종속된 자가 자신의 관심을 완전히 잃어버리고 우월한 자에 자발적으로 순응하기도 한다. 우월한 자의 지시 없이는 종속된 자가 어떤 행동도 하지 않았을 상황에서만 지배하는 힘이 행사되는 것은 아니다. 피해자가 힘의 지배에 익숙해지거나 내면의 갈등을 완전히 잃어버리고 우월한 자에게 순응할 때 권력은 가장 강력해진다. 셋째, 앞서 말했듯이 이런 복합적인 인과관계에서 원인을 찾기는 더 어렵다. 넷째, 위 정의는 종속된 자의 내면 갈등은 당연한 것으로 가정한다. 하지만 지배하는 힘이 강해질수록 종속된 자는 우월한 자에 순응하게 되므로 내면의 갈등이 존재하지 않을 수도 있다. 마지막으로, 종속된 자가 우월한 자의 개입이 없었더라면 어떤 행동을 하지 않았으리라 예측하는 것은 불가능하거나 매우 어려운 일이다. 지배하는 힘의 행사 없이도 누군가는 같은 행동을 할 수 있기 때문에 종속된 자가 다른 누군가의 명령이 없었더라면 어떤 일을 하지 않았을 것이라고 가정하는 것은 부적절하다. 지배하는 힘을 가지고 있지 않는 평범한 사람도 타인을 설득하고 회유

권력의 조건

하거나 생각하지 못했던 이유를 들어 누군가가 어떤 행동을 하도록 만들 수 있다.

그러므로 상대가 하지 않았을 어떤 행동을 하게 만들었다는 것이 권력 행사의 충분조건이 될 수 없다. 상대의 행동을 바꾸지 않고도 지배하는 힘을 행사할 수 있다. 예를 들어, 교도소장은 수감자들의 특권을 저해하는 명령을 내리고, 수감자들의 삶을 괴롭게 함으로써 지배하는 힘을 행사한다. 하지만 그렇다고 해서 수감자들의 행동을 완전히 바꿀 수 있는 것은 아니다. 다시 말해 상대가 하지 않았을 어떤 행동을 하게 만드는 것이 지배하는 힘 행사의 필요조건 또한 될 수 없다.

조금 더 덧붙여 말하자면, 힘의 효율성은 결과를 창출하기 위해 사용되는 의도적인 행동만으로 측정할 수 없다. 우월한 자와 종속된 자의 관심이 충돌할 때 이 둘이 제로섬zero-sum*의 선택 상황에 놓여 있거나 우월한 자가 지나치게 우위에 있을 수 있다. 힘은 관계가 불투명할 때 가장 효과적이다. 사소한 의사결정을 제한하고 한계를 조정하거나 점점 증가하는 변화만 허용하는 사회 구조는 가치 있는 진짜 분쟁을 잘라내는 합의가 이루어진 사회라고 할 수 있다. 공동체의 가치와 분쟁 조정 절차를 정함으로써 공공의 의사결정을 방해하고 잠재적 분쟁을 억압한다고 볼 수 있다. 언뜻 보기

---

* 어떤 게임이나 대립되는 상황에서 어떤 결과가 만들어지든 쌍방 득실의 차가 무(無)인 상태

에 진실해 보이지만 사실은 불완전한 합의인 것이다. 이는 미래에 더 심각한 '다름'을 만들어 낸다.

　이런 관점에서 본다면, 가장 강력한 권력은 종속된 자가 자기 스스로를 억압함으로써 내면의 합의를 이끌어 낼 때 발생한다. 이런 경우에는 분쟁, 반항, 반란이 일어나지 않는다. 억압당하는 자가 허위의식에 빠졌기 때문이다. 진정한 관심을 스스로 찾지 못하고 자기가 원하는 안녕이 무엇인지 알지 못한다. 자신이 처한 불행한 상황에 스스로 조력자가 되는 것이다. 이것은 마크르스의 사상과 비슷한 개념이다. 지배계급은 경제 구조를 구성하는 이데올로기적 장치를 통제한다. 문화나 이데올로기 전파를 통해 하위계층을 조종하는 메시지를 전파함으로써 억압당하는 자들의 혁명의 불씨를 잠재운다. 이 상태에서 억압당하는 자들은 자신의 진정한 관심을 전혀 알지 못하게 된다. 지배하는 이데올로기에 억압을 받고 세뇌당했기 때문이다. 이념 체제를 변화시킬 만한 능력을 상실한 것이다. 지배하는 이데올로기는 억압당하는 자의 내면의 가치를 사회적 가치와 동일시하여 스스로를 종속되게 만든다. 억압당하는 자는 자신이 현재 처한 상황이 당연하고 자연스러우며 오히려 필요한 것이라고 인식한다. 지배하는 자는 현재의 경제 구조와 지배계층의 특권을 보호하고자 진짜 메시지는 감추고, 억압된 자를 조종하여 그들의 진정한 관심을 속이고 신비한 이데올로기를 퍼뜨리는 것이다. 지배계층은 이데올로기뿐만 아니라 현재의 관성을 강압적으로 유지할 수 있는 군부와 정치적 영향력을 가지고 있다. 억압당하는 자들은 지금의 삶을 유지할 수 있는 현재의 물질적인 상태에 편안함을 느끼며 이 상태를 유지하길 원한다. 그들이 지배계층과 동등한 힘을 요구하지 않는 것은 현재의 삶이 만족스럽기 때문이다. 반면에 반란과 저항은 비용이 든다. 억압당하는 자들은 이런 반란 비용을 감당할 수 있을 만큼의 풍요를 누리지 못한다.[5]

이런 일련의 과정들을 통해 지배계층은 사람들의 인식을 형성하고 사회적 상황, 복종된 자의 가치관과 허위의식을 만들어 나간다. 억압당하는 자들은 잘못된 판단을 하고 자신이 처한 상황을 당연하고 필요한 것으로 받아들인다. 한번 내면의 합의를 얻어내면 힘을 가진 우월한 자는 공공연한 권력을 휘두르지 않아도 된다. 이런 구조는 불완전하고 언제나 저항은 발생하기 마련이지만 억압된 자가 자신의 처지에 익숙해졌다는 것만으로도 어느 정도의 폭동을 저지하기에는 충분하다.

종속된 자의 관심에 악영향을 끼치는 행위

한 주체가 다른 주체의 관심에 반대하는 영향력을 끼칠 때 우리는 한 주체가 다른 주체에게 지배하는 힘을 행사했다고 말한다.[6] 지배하는 힘과 관련된 또 다른 정의이다. 하지만 이것 또한 불완전한 정의이다. 권력이 종속된 자의 관심에 악영향을 끼치는 힘이 될 수 있지만 또 지배하는 자의 관심을 발전시키는 힘이 될 수도 있다. 종속된 자의 관심을 발전시키는 데 목적을 둔 힘의 사용의 한

예로 부모와 자식의 관계를 들 수 있다. 또 한 주체가 다른 주체의 관심에 악영향을 끼쳤다고 할지라도, 그 주체가 다른 주체에게 지배하는 힘을 행사했다고 단정할 수도 없다. 레오나르도가 길을 걸으며 치즈버거를 즐기고 있는 모습을 상상해 보자. 레오나르도는 제로블론스키라는 낯선 사람을 지나쳤고, 그는 레오나르도를 보며 음식이 사람을 행복할 수 있게 한다는 사실에 매료된다. 제로블론스키는 치즈버거를 산다. 하지만 그는 콜레스테롤 수치가 높은 심장병 환자였다. 고지방의 붉은 고기를 피해야 했다. 제로블론스키는 자신의 병을 망각하고 치즈버거를 단숨에 먹어버렸다. 그리고는 심장 마비가 와서 병원으로 이송되었다. 레오나르도는 알지도 못하는 사이에 제로블론스키의 관심에 반하는 영향력을 행사했다. 하지만 그는 지배하는 힘을 행사하지 않았다. 레오나르도는 지나가는 낯선 이가 자신의 관심과 반하는 행동을 하도록 의도치 않게 영향력을 미친 것이다. 이처럼 타인의 행동 결정력에 영향을 미치기 위해서 권력이 꼭 필요한 것은 아니다. 보다 논리적으로 표현해보자. 한 주체가 다른 주체로 하여금 그의 의도에 반하는 행위를 하게 할 수는 있지만 그렇다고 해서 전자가 후자에게 지배하는 힘을 행사했다고 볼 수 있는 충분조건이 되는 것은 아니다.

앞서 살펴본 대로, 우리가 흔히 알고 있는 지배하는 힘에 대한 정의는 완전하지 않지만 이 정의들이 가지고 있는 통찰력을 무시해서는 안 된다. 스티븐 루크스Steven Lukes는 아래와 같이 말했다.

권력의 조건

힘의 효과는 의도와 의지 사이의 어떤 관계에서 나온다. 누군가가 항상 자신의 의도대로 타인을 조종할 수 있다면 그는 이례적으로 강하다고 볼 수 있다. 논란의 대상이 되는 힘의 크기를 다양하게 비교할 때 저항의 흔적은 매우 중요한 단서가 된다. 누군가의 행동에 영향을 미치는 아주 중요한 힘의 종류 중 하나이다. 단지, 영향을 끼쳤다고 해서 힘이 행사됐다고 단정하기 어려울 뿐이다. 협조적인 권한과 원활한 소통을 위해서는 지속적인 관심이 필요하다. 힘이 사회 구조를 유지하고 발전시키기 위해서는 집단적으로 관심을 형성해 나가야 한다.[7]

사람의 관심

지금까지 나는 '관심'이라는 표현을 이견 없이 명확한 의미가 있는 것처럼 사용했지만 사실은 그렇지 않다. 더 늦기 전에 사람의 '관심'에 대해 제대로 이해할 필요가 있다. 여러 가지 의미에서 사람에게 '관심'이라는 개념은 매우 모호하다. 몇 가지 예를 들어보겠다.

1. 나의 관심은 현재 내가 원하는 것을 얻는 것이라고 이해할 수 있다. 감자칩을 먹고 싶은 내가 많은 감자칩을 얻는다면 나의 관심은 충족됐다고 말할 수 있다.

2. 나의 관심은 장기적인 선호를 달성하는 것이라고 할 수
도 있다. 현재 내가 원하는 것을 얻는 것이 장기적으로
관심 형성에 방해가 될 수도 있다. 현재 감자칩을 먹고자
하는 욕구는 날씬하고 건강한 몸을 얻고자 하는 장기적
인 선호와 상충한다. 현재의 욕구를 채우는 일이 장기적
인 목표를 이루는 것과 상충될 때 관심이 방해를 받았다
고 말할 수 있다. 현재의 내가 갈망하는 것이 나의 장기
적인 선호와 맞지 않을 수도 있는 것이다.

3. 나의 관심은 이상적인 상황으로 발전하고 싶은 욕구로
이해할 수 있다. 여기서 이상적인 상황이란 외부의 억압
이나, 부적절한 주변상황, 정보의 부재, 사회 환경 등과
같은 외부 요소로부터 자유로운 상황을 말한다. 이런 독
자적인 상황에 처해 있다면 다른 누군가의 선택에 영향
을 받지 않을 것이다. 이런 상황에서라면 일반적인 상황
에서 만들어지는 목표나 현재 욕구와는 또 다른 장기적
인 선호가 만들어질 수 있다.

4. 나의 관심은 나를 행복하게 만드는 것이라 이해할 수도
있다. 나의 진정한 혹은 실제와 비슷한 욕구나 선호는 목
적이 있는 '안녕'을 촉진시킬 수도 있고 그렇지 않을 수
도 있다. 나의 '안녕'을 증진시키는 것이 무엇보다 중요
하다. 이를 이해하기 위해서는 '안녕'에 대한 정의가 필

요하다. 여기서 말하는 '안녕'은 나의 진정한 욕구나 선호와 관련이 있지만, 이것이 이루어지는 것과 상관없이 존재하는 것이다. 반대로 나의 '안녕'이 충족될 때 나의 욕구와 선호는 동시에 충족되거나 최소한 상충되지 않는다.

5. 나의 관심은 구조적이거나 상황에 의해 만들어진 것이라고 이해해도 될 것이다. 사회의 특정한 상황에 의해 관심이 생긴 것이다. 현재 원하는 것이나, 장기적인 선호 혹은 예측가능한 욕구는 특정 종류의 욕구이며, 사람은 사회 상황에 따라 다른 욕구를 만들어 내게 된다. 현재 아무것도 읽지 않고 그저 침대에 누워있는 것만 원하는 대학생이 있다고 가정해 보자. 이 학생이 지금 가장 하고 싶은 일은 고급 스포츠 잡지를 읽는 것이다. 반면에 추구하는 관심은 고전 문학을 읽는 것이고, 실제 해야 할 일은 수업에서 필수로 요구하는 책을 읽는 것이다. 대학 학위를 얻기 위해서는 현재 듣고 있는 수업의 학점을 따야하기 때문이다. 상황적 관심은 사회적 환경과 한 사람이 맡고 있는 역할에 따라 달라진다. 어떤 수업에서 하이데거의《존재와 시간》을 읽음으로써 가장 완벽한 환경에서의 극심한 고통을 간접 경험하는 것을 요구한다면 학생은 자신이 현재 원하는 것이나 장기적 선호와는 관계없이 이 책을 읽는 것에 관심을 가져야 한다. 몇몇의 정신

나간 학생들은 이성적인 환경에서 이 책을 읽는 것을 자발적으로 선택할 수도 있겠지만 냉정하게 말해서 대부분의 학생들은 이 책에 흥미를 느끼지 못한다. 즉, 구조적인 관심은 사회적 상황을 필요로 하며 사람 사이의 정해진 사회적 관계에서 형성되는 관심을 의미한다.

누군가가 현재 원하는 것을 그 사람의 장기적 선호와 동일시한다거나, 타인이 누군가가 무엇을 원한다거나 중요한 상황에서 그것을 선택할 것이라고 지레짐작하여 사회적 관심을 부추길 때는 갈등이 일어나기 마련이다. 하지만 이런 지레짐작은 실현되지 않을 확률이 높다. 또한 타인이 누군가의 안녕을 위해서는 어떤 특정의 관심을 가져야 한다고 주장하는 경우가 있다. 이런 상황은 더 큰 갈등을 불러일으킨다.

이 갈등의 문제점을 해결하기 위해서는 타인의 관심을 정의하려는 욕구를 버리고 개개인이 외부인의 지레짐작이나 간섭 없이 스스로 진정한 관심을 찾을 수 있어야 한다. 이렇게만 된다면 나의 관심은 온전히 나의 것이며 주관적인 관점에서의 안녕을 추구할 수 있게 되는 것이다. 직관적인 1차적 욕구와 장기적인 2차적 선호 사이에 갈등이 있을 수도 있다. 하지만 이런 문제는 개인의 의지로 해결해 나갈 수 있을 뿐만 아니라 외부의 개입으로 인해 발생하는 갈등보다 훨씬 해소하기 쉽다. 내가 얻고자 하는 날씬하고 건강한 몸매가 감자칩 한 봉지를 먹고자 하는 현재의 욕구와 일맥상통하지 않을 수 있지만 스스로의 판단으로 어떤 관심을 우선시할지 결정할 수 있다. 과자를 버릇처럼 계속해서 먹지 않는다면 지금 과자를 먹는 것이 장기적인 목표에 크게 저해되지 않는다고 판단할 수 있다. 혹은 지금 과자를 먹는다면 버릇이 되어 미래에도 과자를 먹는 것을 합리화하고 장기적인 목표를 망치리라 판단할 수도 있다. 어느 쪽이든 상관없다. 이런 경우라면 나는 내 스스로의 선호를 정확히 파악하여 나만의 주관적인 기준에서 나의 안녕을 위한 결정을 내렸으므로 나의 관심이 충족되었다고 말할 수 있다.

이 해결책은 상황을 단순화하여 개인의 자율성을 최대한 존중했다는 점에서 매우 흥미롭다. '나의' 관심인지 파악하기 위해서는 오직 나에게만 자문을 구하면 된다. 하지만 이런 단순화는 결코 단순한 문제가 아니다. 사람들은 자기 주관적인 기준을 가지고 있으면서도 언제나 그 주관대로 행동하지 않는다. 스스로의 사기를 꺾거나 더 나아가 자멸적인 행동을 하는 것이 사람이다. 이런 현상은 잠재적인 죄의식이나 자격지심, 성공을 향한 두려움, 혹은 보다 깊은 내면의 감정들로부터 발생한다. 이 현상의 존재 그 자체에 집중하는 것이 이 현상의 원인을 파악하는 것보다 훨씬 중요하다. 이런 현상 때문에 우리는 우리 관심에 반하는 행동을 스스로 찾아서 한다. 자주적인 선택이 주관적인 기준과 동일하다고 하더라도 나의 관심과 직결되지 않을 수 있다.

더욱이 이런 자주적인 선택은 우리를 주위를 둘러싸고 있는 지배적인 사회적 이념에 많은 영향을 받는데 이를 '사회화'라 한다. 사회 이념은 사회 기관을 통해 발표되며 국민의 의식을 형성하는 데 결정적인 영향을 미친다. 우리의 자조적인 선택이 진정 '우리의' 선택인지 확신할 수 없다. 우리가 누군가의 행동이 어리석거나 신중하다거나, 무모하거나 현명했다고 판단하기 위해서는 그 사람의 선택과 그 사람이 진정으로 추구하는 삶의 목표를 잘 비교해 보아야 한다. 판단을 정확히 하기 위해서는 사람의 관심을 보다 넓게 이해해야 한다. 여기서 관심은 한 사람의 선택, 더 넓은 의미의 관심을 말한다. 안녕의 주관적인 기준은 합리적으로 정당화할 수 없다. 누군가는 아주 기본적인 육체적, 감정적, 사회적 욕구를 이루지 못해 우울할 수 있다. 주관적인 기준은 사회도덕이나 정의가 될 수 없다. 주관적인 기준을 타인에게 강요하는 것은 사람 개개인의 속성을 모욕하는 것이고 누군가의 창조성을 저해하는 것이다.

상반되는 관심의 개념에 대한 해결책은 더 높은 기준이나 한 사람의 주관적 기준을 적용함으로써 찾을 수 없다. 사회 현실과 누군가의 선택과 업적을 판단하기 위해서는 그 사람의 관심을 이해하기 위해 노력해야 하며 나의 관심과 억지로 동일시하지 않아야 한다.

내가 관심이라고 이야기하는 것은 넓은 의미에서는 위에서 말한 다섯 가지의 관심 모두를 의미하지만 좀 더 좁은 의미에서의 진정한 관심은 네 번째나 다섯 번째에 가깝다. 두 번째 개념에서는 단지 개인 차이를 언급한 것 뿐이다.

수동적인 힘과 영향력

힘은 수동적일 수도 있다. 누군가는 원하는 결과를 얻기 위해 노력하지도 않았고 딱히 힘을 사용하지 않고도 혜택을 누릴 수 있다. 수동적인 힘은 운과 구분되어야 한다. 정말 아무것도 하지 않고 이득을 얻었을 때 운이 좋았다고 말한다. 기가 막힌 타이밍에 기가 막힌 양의 비가 내려 농작물이 풍년일 때 농부는 운이 좋았다고 할 수 있다. 농부는 날씨 변화에 아무런 영향을 받지 않았고 단지 매년 하던 대로 농작물을 심었을 뿐이다. 원하는 시기에 원하는 만큼 비가 내리지 않을 가능성이 훨씬 높기 때문에 운이 좋았다고 할 수 있다. 수동적인 힘은 운보다 우호적이고 체계적인 상황을 필요로 한다. 원하는 결과를 얻기에는 힘이 부족한 한 주체가 의도대로 행동하지 않고도 원하는 것을 얻는 것을 '수동적인 힘'이라 할 수 있다. 수동적인 힘은 참을성과 같은 타고난 기질을 필요로 한다는 점에서 운과는 다르다. 어떤 사람들은 사회 네트워크를 통해 자신의 능력보다 풍족한 삶을 얻기도 한다. 딱히 어떤 행동을 하지 않더라도 필요한 자원을 얻을 힘이 있는 것이다. 이런 사회 환경에서 태어난 것 자체가 행운이지만 일단 그 상황에 놓이게 된다면 특정 결과를 얻기 위해 애쓰지 않고도 이득을 얻는다. 사회적 상황이 그들이 가지고 있는 수동적인 힘과 함께 작용하여 원하는 자원을 얻게 하는 것이다. 이들은 약하지 않다. 원하는 것을 얻을 수 있기 때문이다. 어떤 결과를 얻기 위해 애쓰지 않기 때문에 강력한 힘은 가지고 있지는 않지만 단순히 운이 좋다고 단정지을 수는 없다. 이들이 얻는 결과물은 체계적인 상황을 필요로 하기 때문이다. 수동적인 힘의 수혜자는 자기가 원하는 것을 얻기에는 힘이 부족하지만 언제나 원하는 것을 손에 넣는다.

우리는 직감적으로 이 수혜자가 자신이 가진 자원만큼의 수동적인 힘을 가졌으리라 생각하기 쉽다. 자원이 많으면 힘도 많을 것이라 생각하는 것이다. 하지만 이 직감은 틀렸다. 사회 상황에 따라 자원, 즉 무엇을 만들어 내는 데 필요한 것을 규정하는 방법이 다르다. 부(富)도 자원과 동의어로 사용되기는 어렵다. 아주 가난한 사람들이 모여 회의를 하고 있는 상황에서 부유한 사람은 상대적으로 약한 힘을 가지게 된다. 부유한 사람이 가난한 사람들이 견뎌내야 하는 문제에 대해 무지할 수도 있고 혹은 이 사람이 부유하다는 이유만으로 그 사람의 의견을 무시할 수도 있을 것이다. 또한 같은 자원을 가지고 있는 사람들이 사회적 상황에 따라 서로 다른 정도의 힘을 가지게 될 수도 있다. 다섯 명의 고등교육 관련 종사자들이 모여 있는 위원회에서 나 혼자 교직원이고 두 명은 학교 관리자 대표, 나머지 두 명은 교수 대표인 상황을 가정해 보자. 교직원과 교수가 대립하는 의사결정을 내릴 때 나의 의견이 결과를 결정하게 될 것이다. 다섯 명의 위원들은 모두 같은 자원을 가지고 있다. 하지만 사회적 상황에 따라 나에게 더 많은 힘이 부여된 것이다.

권력의 조건

만약 나머지 네 명의 위원이 이 상황이 불합리하다고 판단되어 동맹을 맺기로 한다면 나의 권력은 소멸될 것이다. 나의 자원은 그대로지만 권력은 한없이 약해진 것이다. 한때는 나의 투표가 결정적인 한 표였고, 공고한 힘을 가지고 있었지만 이제 나의 한 표는 의견의 표출 그 외에 아무런 영향력을 행사하지 못한다. 권력을 얻기 위해서 자원은 필수 요소지만 자원이 권력을 얻는 충분 요소는 되지 못한다. 그러므로 자원의 변화에 따라 한 사람이 가지고 있는 힘의 크기가 변하지는 않는다.

힘과 영향력의 차이는 미세하다. 영향력은 최소 두 개의 주체를 필요로 한다. 존스가 스스로에게 영향력을 미친다고 말하기는 어렵다. 하지만 존스는 많은 것을 할 수 있는 힘을 가지고 있다. 영향력은 할 수 있는 힘보다는 지배하는 힘과 밀접한 관련이 있다. 하지만 존스는 힘을 사용하지 않고도 누군가에게 영향력을 행사할 수 있다. 아주 더운 여름날 존스가 아름다운 옷을 입고 여행객 주변을 걸어갔다고 생각해 보자. 존스는 자신도 모르는 사이에 여행객이 그 옷을 구매하는 데 영향을 준 것이다. 존스의 기품 있는 모습은 여행객의 구매 욕구를 불러일으켰지만 존스는 직접적으로 지배하는 힘을 행사하지 않았다. 여행객은 자신의 욕구를 바꿔 비슷한 옷을 구매했다. 하지만 존스가 지배하는 힘을 행사했기 때문이 아니다. 존스는 여행객을 설득하기 위해 그 어떤 행동도 하지 않았지만 자신도 모르게 설득한 것이라고 가정할 수 있다. 여행객은 지나가는 존스와 그녀가 입고 있는 옷을 보았고 존스의 의류 선택을 모방한 것이다. 존스는 여행객이 존스 자신이나 자신의 옷에 반응을 보일 만한 어떤 기질도 가지고 있지 않다.

타인에게 지배하는 힘을 행사하려면 참을성 같은 특수한 기질이 피지배자의 관심이나 행동 변화에 작용해야 한다. 고용주인 존스가 여름 산책을 하다가 허락 없이 농땡이를 치고 있는 직원을 지나쳤다고 가정해 보자. 엄격한 존스는 어쩔 줄 모르는 직원에게 당장 회사로 돌아갈 것을 명령한다. 이 경우 존스는 자신의 직원에게 지배하는 힘을 행사했다고 볼 수 있다. 이 상황에서 힘은 어떤 결과나 관심에 작용하는 능력이나 기질을 의미한다. 하지만 영향력은 이런 능력이나 기질을 필요로 하지 않는다. 힘의 행사는 관심의 대립 등과 같은 영향력을 주는 행위와는 관련 없는 요소들을 필요로 한다. 영향력은 유인이나 응원 혹은 설득 등과 같은 주체 간의 관심의 대립에서 찾을 수 없는 요소들과 관련이 있을 수도 있다. 하지만 존스와 여행객의 상황에서 보았듯이 이런 요소들을 꼭 필요로 하는 것은 아니다. 존스는 여행객에게 영향을 미쳤지만 유인, 응원, 설득 등과 같은 그 어떤 영향력의 요소도 필요치 않았다.

심지어 이미 죽은 사람들도 미래 세대에게 엄청난 영향력을 행사할 수 있다. 죽은 자들은 누군가를 유인할 수도, 응원할 수도, 설득할 수도 없는 상황에 있다. 하지만 아브라함 링컨이나 마틴 루터 킹, 조지 워싱턴 등과 같은 유명 인사들의 말과 행동은 미래의 우리들에게 많은 영향력을 미친다. 유명 인사들은 아무런 힘의 행사

없이도 우리에게 영향력을 미친다. 죽은 사람에게는 지배하는 힘을 행사할 어떤 기질도 능력도 없기 때문이다.

사회적인 힘

우리는 흔히 '지배하는 힘'에 대해 그것을 행사하는 우월한 자와 지배를 받는 자 사이, 즉 양자관계로 이해하지만 사실은 보다 넓은 사회적 상황을 고려할 필요가 있다. '사회적 힘'을 구성하는 넓은 관계가 양자관계로 이어지기도 하고, 어떤 경우에는 사회적 힘은 양자관계가 성립되는 것을 방해하는 역할을 한다. 학생과 교사는 사회적 상황에서 형성된 양자적 힘의 한 예이다. 이 관계가 형성되기 위해서는 물론 많은 요소들이 필요하지만 일단 가장 핵심적으로 교사는 학생을 평가하는 위치에 있다. 교사는 학생에게 점수를 매기고 학생 간의 경쟁을 부추긴다. 모든 학생에게 같은 점수를 준다면 점수를 주는 의미가 없을 것이다. 물론 점수가 학생을 평가하는 유일한 수단은 아니지만 말이다.

점수는 교사가 학생에게 권력을 가지고 있다는 것을 보여주는 하나의 매개이다. 졸업이나 더 높은 교육기관으로의 진학을 희망하는 학생들이나, 장래희망을 가지고 있는 학생, 혹은 부모의 불만을 최소화하기 위해서 등의 어떤 이유에서든 학생들에게 점수는 중요하기 때문에 교사는 학생과의 관계에서 힘을 가졌다고 할 수 있다. 평가자로서의 교사와 평가받는 자로서의 학생 관계에서 교사는 학생에 대해 지배하는 힘을 가진다. 이런 교사와 학생 사이의 지배하는 힘 관계는 교육 체제의 사회 구조에서 나온다. 교사의 권력이 효과적인지에 대해서는 논란의 여지가 있지만 일단 힘이 성공적으로 행사된다면 교사는 학생에게 사사건건 간섭함으로써 자신의 힘을 남용할 필요가 없어진다. 자신이 권력을 가지고 있다는 것을 알려주는 것만으로 충분하다. 교사는 학생에게 특정 행동을 하도록 유도할 수 있다. 교사와 학생은 지속적인 관계 구조에 놓여 있기 때문에 학생의 행동을 제한하거나 선택을 통제할 수 있다. 이 관계는 넓은 사회적 관계와 제 3자의 개입에 의해 만들어지는 것이다. 점수 그 자체가 의미 있는 것이 아니다. 하지만 부모와의 소통, 진로와 진학 문제, 교육감독관 등과의 관계에서 점수는 굉장히 중요하다. 만약 점수가 교사와 학생 사이의 비밀로 존재한다면 학생의 태도는 달라질 것이고, 교사가 학생과의 관계에서 행사할 수 있는 힘의 크기는 크게 줄어들 것이다.

점수는 교실 밖에서도 중요하기 때문에 학생들이 에밀리 디킨슨의 시를 읽고 발표하는 것이다. 학생들은 이 시가 시험에 나올 것이고, 시를 읽는 것이 학생의 의무라는 것을 알고 있기 때문에 가능한 일이다. 그들은 시를 읽고자 하는 어떤 단기적 욕구나 장기적 선호도가 없어도 시를 읽어야 한다. 설령 이 시가 자신들의 '안녕'

추구에 도움이 된다고 누군가 이야기해 주더라도 믿지 않을 것이다. 학생들은 오직 교사의 지배하는 힘 때문에 시를 읽는다.

당연히 교사의 권력은 제한적이다. 교사가 편협하게 힘을 행사하는 등 태도가 부당하다면 학부모나 학교 관리자, 학생들까지도 격분할 것이다. 요즘은 학생들도 교사를 평가하며 이는 교사의 자질을 판단하는 주요 요소로 사용된다. 교사가 심하게 불합리한 행동을 한다면 학생들은 단체로 수업을 거부하기도 한다. 학부모의 불만 사항도 학교 관리자나 상급 기관에서 교사를 판단할 때 매우 중요하게 작용하는 요소이다. 물론 A학점을 받았다고 해서 선생에 대한 불만을 제기하는 학생이나 학부모는 없을 것이다.

또한, 더 넓은 사회적 상황은 평가 체제에 압박을 줄 수도 있다. 내가 일하는 고등교육기관을 예로 들어 보자. 한 교육학 교수가 동료교수들이 75%의 학생들에게 A학점을 부여하는 이유를 설명해 주었다. 대학을 졸업하고 직장을 찾는 학생들은 좋은 성적이 필요하기 때문에 교수들은 좋은 점수를 부여한다. 과도한 취업 경쟁이 점수를 받기 쉽게 만든 것이다. 우리 대학을 졸업하는 학생들이 다른 학교 학생들에 비해 좋지 않은 학점을 가지고 있다면 일반 고등학교까지 소문이 퍼질 것이고 신입생 지원율에 안 좋은 영향을 끼칠 것이다. 신입생 지원율은 떨어질 것이고, 학교 재정은 어려워 질 것이며 결국 교수는 직장을 잃을 것이다. 그렇기 때문에 학생들이 심각하게 부주의하거나 절망적으로 가망이 없다고 판단되지 않는

한 대부분의 수업에서 A를 받는 것이다. (고용주들이 이런 상황을 곧 파악하게 될 것이고 졸업생들의 능력을 평가하는 데 있어서 학점을 크게 고려하지 않을 것이다. 조만간 취업 시장에서 학점 대신에 대부분의 교수가 경멸하는 표준화 시험 결과에 더욱 더 의존하게 될 것이라는 것은 참으로 역설적인 상황이 아닐 수 없다.) 위에 언급했듯이 양자 사이의 권력은 보기보다 복잡한 구조를 갖고 있다. 더 넓은 사회적 환경, 주체의 변화, 입장 사이의 투쟁 때문에 생겨난다.

우월한 자의 경험, 인식, 비전이 보편적인 것으로 자리 잡거나, 지배 집단이 사회적 삶을 이해하고 정의하는 특권을 가지고 있을 때 사회적 힘은 억압적으로 생성된다. 우월한 자는 문화적 표현을 보편적인 인간의 삶을 정의하는 데 사용하기보다 지배 집단의 가치와 경험을 언제나 옳고 자연적이며 거부할 수 없는 것으로 그리는 데 사용한다. 종속된 자는 지배 집단의 가치에 세뇌되고 억압적인 환경을 불가항력적으로 받아들인다.

하지만 종속된 집단을 억압하는 사회 구조라고 해서 우월한 집단이 의도적으로 종속된 집단에게 권력을 행사한다고 주장해서는 안 된다. 교육, 사회화, 관료제, 기업 운영, 의료적 치료, 소비자 제품의 생산과 분배 같은 기관들의 사회 활동 결과는 우월한 집단이 종속된 집단을 음해하려는 의식을 가지고 행동한 결과라고 볼 수 없다. 우월한 자와 종속된 자는 억압적인 사회 구조 속에서 의식과 의도를 갖고 많은 행동을 하지만 그 행동은 일상의 일부분일 뿐이다. 개인의 이상을 내면화하기 위해 강압적으로 힘을 행사하는 사회는 오히려 현실을 부정하는 것이다. 사회는 제약을 두면서도 기회를 주어야 한다. 사회는 한 인간이 자아을 찾고 인간으로서의 삶을 영위하는 역할을 하는 데 도움을 주어야 한다. 이런 행동이 사회를 변화시키고 질서를 유지시킨다. 사회는 필연적 상황과 인간 행동 양식의 결합체이다. 사회 주체의 관계 형성 과정에서 생겨나는 능력과 기질이라고 볼 수 있는 '사회적 힘'은 사회를 구성하고 사람이 살아가는 데 필수 요소이다. 힘의 소유와 행사는 사회 구성원들의 투쟁의 결과이고 끊임없는 협상의 대상이다. 그러나 사회적 삶에 만연해 있는 힘은 이런 협상이나 투쟁이 권력이라고 말해 주지 않는다. 이 모든 것이 힘을 행사해야 얻어짐에도 불구하고 말이다. 사회적 힘을 분석하기 위해서는 권력의 저변에 있는 사회적 관계를 공부해야 한다.

이쯤 되면 지배하는 힘의 개념이 매우 혼란스러울 것이다. 지배하는 힘을 소유하고 있다 하더라도 행사하지 않을 수 있다. 또 지배하는 힘이 행사되었다고 하더라도 의도적이지 않을 수 있다. 두 사람이나 두 주체의 관계가 필요할 수도 있고 필요하지 않을 수도 있다. 서로의 관심에서 발생하는 갈등으로부터 야기될 수도 있고 아닐 수도 있다. 종속된 자에게 어떤 행동을 요구할 수도 있고 아닐 수도 있다. 저항과 마주할 수도 있고 아닐 수도 있다. 종속된 자로부터 합의를 얻을 수도 있고 아닐 수도 있다. 종속된 자의 관심과 안녕을 침해할 수도 있고 아닐 수도 있다. 이렇게 밤새 토론할 수도 있다. 누군가는 지배하는 힘의 개념이 너무 넓어서 공허하다는 결론을 내릴 수도 있을 것이다. 하지만 너무 성급하게 판단하지 말자.

지배하는 힘의 주된 사용

지배하는 힘을 정의할 때 가장 많이 나타나는 문제점은 각자 다른 원인과 목적으로 사용된 지배하는 힘을 하나로 정의하려 하는 것이다. 지배하는 힘은 누군가를 억압하려고 사용할 수도 있지만 반대로 부모와 같은 마음으로 긍정적인 방향으로 인도하기 위해 사용할 수도 있는 것이다. 다양하게 사용하는 지배하는 힘을 하나로 정의하려는 것은 잘못된 접근 방식이다. 지배하는 힘의 세 가지 주요 사용을 모두 포함하는 중립적인 정의를 통해 지배하는 힘을 이해해 보자. 물론 중립적인 개념으로부터 이 세 개념을 따로 구분해 내기 위해서는 따름 정리*를 설정해야 한다. 우월한 자가 종속된 자의 행동 선택 범위를 통제하거나 제한함으로써 행동 결과나 관심에 영향을 미칠 수 있는 능력, 혹은 기질을 가졌을 때 우월한 주체가 종속된 주체를 지배하는 힘을 가지고 있다고 할 수 있다.

---

* 수학에서 명제나 정리에서 바로 유도되는 명제이다. 따름 정리의 선언은 보통 그를 유도하는 명제나 정리의 선언을 뒤따른다. 따름 정리의 선언은 주관적이다.

위의 정의는 우월한 주체가 종속된 주체에 지배하는 힘을 가졌음에도 그 힘을 행사하지 않을 수도 있다는 것을 전제로 한다. 지배하는 힘이 사용되었을 때에는 종속된 자의 행동 결과나 관심이 긍정적이거나 부정적으로 영향을 받았을 가능성을 포함하기도 한다. 어찌 됐든, 지배하는 힘이란 종속된 자의 선택 권한을 다양한 방법으로 조정하고 통제하는 것을 의미한다는 것을 알려주는 정의이다. 이 경우에 우월한 자는 종속된 자의 행동반경을 제한한다.

'우월한 주체'와 '종속된 주체'를 용어로 사용했다고 해서 지배하는 힘이 양자관계라고 단정 지으면 안 된다. 우월한 자는 한 사람일 수도 있고 집권 계급 같은 한 단체일 수도 있으며 정부나 경제 시스템 같은 사회적 기구일 수도 있다. 종속된 주체 또한 개인일 수 있고 프롤레타리아 계급 같은 특정의 단체일 수 있고 힘을 가진 계급과 구별되는 대중 같은 시민일 수 있다. 힘의 보유 여부뿐만 아니라 모든 면에서 봤을 때 어떤 주체가 군이 우월하거나 종속될 필요 또한 없다. 앞서 말한 정의에서의 우월한 자는 종속된 자의 선택지나 행동 범위를 구조적으로나 개인적 개입을 통해서나 철저히 제한할 수 있다. 사회에 내재되어 오랫동안 지속되어온 구조적 관계망에 사람이 참여함으로써 힘은 지속된다. 제도적 장치와 끊임없는 상호 작용으로 지속되어 오고 있는 사회적 관계망은 반복되고 되풀이되는 권력의 필수 요소이다. 양자의 힘 관계는 둘의 관계에서만 형성되는 것이 아니고 제 3자의 행동에 영향을 받는다. 지속되어온 사회와 구조적 관계가 양자의 권력 형성에 영향을 미치기도 한다. 구조적 한계는 보통 정부, 이데올로기적 및 생산 구조적인 지배하는 힘을 말하는데 이때의 힘은 보통 억압적이기 마련이다. 이런 상황에서 발생하는 개입은 대개 산발적이고 의도적이다.

여기서 흥미로운 질문을 하고자 한다. 우월한 자가 종속된 자의 행동 선택 범위를 통제하거나 제한함으로써 권력을 반복적으로 행사해야만 종속된 자에게 '지배하는 힘'을 사용했다고 말할 수 있는가? 다시 말해, 지배하는 힘의 개념은 힘을 소유하고 있는 사람이 체계적으로 힘을 행사하는 것을 전제 조건으로 하고 있는가? 그게 아니라면 단 한 번이나 어떤 특정한 상황에서 몇 번만 사용했을 때에도 권력을 행사했다고 할 수 있는가?

체계적이고 반복적으로 힘을 사용하는 능력을 지녔다면 그 주체는 다른 주체를 상대적으로 오랜 기간 지배할 수 있을 것이고 그렇다면 아주 강력한 힘을 가졌다고 말할 수 있다. 하지만 나는 이 요소를 보편적 정의에 포함시키지 않기로 했다. 한 주체가 다른 주체에게 단 한 번이라도 힘을 행사했다 하더라도 권력을 행사했다고 보려 한다. 폭력배가 행인에게 다가가 무기로 위협하며 지갑을 요구하는 상황을 상상해 보자. 이 상황에서 폭력배는 행인에게 지배하는 힘을 행사했다. 이 둘이 이 사건 이후 다시는 만나지 않았다고 하더라도 지배하는 힘을 행사한 사실은 변하지 않는다. 폭력배는 협박을 해서 행인의 선택과 행동을 제한했으며 그의 행동은 행인의 행동 결과와 관심에 악영향을 끼쳤다. 임시 교사가 학생들에게 지배하는 힘을 끼치는 상황에서도 마찬가지다. 임시 교사는, 비록 단 한 번 뿐이지만 아이들을 가르치고 지도했다. 사회적 구조는 교사에게 지속적인 힘을 부여하지만 임시 교사의 경우 그 기회는 한 번뿐이다. 아주 특별한 카리스마를 가진 유명인사가 팬 미팅에서 일시적으로 지배하는 힘을 갖게 되는 경우도 있다. 팬 미팅 전후 몇 시간 동안 참석자는 유명인사에 매료되어 있을 것이다. 이런 경우에도 이 미팅에 한에서는 유명인사가 팬에 대해 지배하는 힘을 가지고 있었고 그것을 사용했다고 볼 수 있다. 그러므로 제도적 능력이나 종속되는 자에게 행사하는 권력의 반복성을 힘의 보편적인 정의에 포함시키지 않으려 한다.

앞서 말했듯이 지배하는 힘의 보편적인 정의는 지배하는 힘이 주로 사용되는 억압적, 온정주의적, 전환적 사용, 이 세 가지 상황에서의 따름 정의에 의해 뒷받침되어야 한다. 지배하는 힘의 보편적인 정의가 그렇듯, 지배하는 힘을 행사하지 않아도 이 세 종류의 힘을 가지고 있다고 말할 수 있다. 이제 이 세 가지 지배하는 힘의 '사용'을 설명하기 위해 세 가지 따름 정의를 구체화할 것이다.

'억압'이 그 첫 번째 사용이다. 우월한 자가 종속된 자의 행동 선택 범위를 통제하거나 제한하여 종속된 자의 행동에 악영향을 미칠 때, 우월한 자가 종속된 자를 억압한 것이다. 억압은 지배하는 힘 사용의 가장 흔한 유형이다. 억압한다는 것은 물리적인 압박이나 협박, 속임수, 사적인 유혹, 허위의식을 기르는 이데올로기 확산, 사회적 토론의 장 최소화, 정보나 지식의 힘을 이용해 심리적·감정적 약점 공략, 권력을 사용한 종속된 자에 대한 판단력 약화 등을 포함한다. 사용된 수단과 처한 환경에 따라 종속된 자는 억압에 반항할 수 있다. 특히 진정한 관심을 구분할 수 있는 단계에 있거나 권력자의 악의적인 의도를 파악할 수 있을 때 반항이 가능하다. 종속된 자가 허위의식에 사로잡히거나 사회적 구조에 압도당해 판단력이 흐려지고 의지가 약해졌을 때에 종속된 자는 우월한 자의 명령에 복종하고 굴복한다. 억압은 양자적이거나 사회적이다. 의도적으로 일어날 수도 있고 특정 사회 계층이 이득을 추구하는 과정에서 다른 계층에 속해있는 사람들의 권리를 박탈하면서 일어나기도 한다. 억압은 반복적이고 제도적으로 일어날 수 있고 또 단발적으로 끝나거나 개별적으로 발생하기도 한다. 억압은 고정적이지 않고 가변적이다. 종속된 자의 저항은 미비하다. 억압의 강도와 범위는 다양하다. 억압의 강도는 우월한 자의 권력의 크기에 따라 달라지고 범위는 우월한 자가 조종하고 있는 분야나 주제를 말한다. 전체주의 체제 같은 가장 강력하고 분명한 억압도 있지만 보다 부드러운 억압도 있다.

친밀한 관계 형성을 통해 상대적으로 부드러운 통제를 행사할 때 가장 효과적으로 지배 이데올로기를 전파하고 허위의식을 고조시킬 수 있다. 구조적 환경에서 우월한 자가 종속된 자에게 해를 끼칠 때까지 계속해서 지배하는 힘을 행사하는 등 연속적인 양자

및 사회적 관계를 필요로 하기도 한다. 마지막으로, 종속된 자의 복종심은 영원하지 않다. 사회적 관계나 힘의 관계는 언제나 가변적이다.

지배하는 힘을 억압적으로 '행사'하기 위해서 우월한 자는 종속된 자를 다스릴 힘을 가지고 있어야 한다. 하지만 힘을 가지고 있다는 것만으로는 상대에게 악영향을 미칠 만큼의 억압을 행사하기에 충분하지 않다. 더욱이, 종속된 자에게 지배하는 힘을 행사하고 종속된 자의 관심에 악영향을 미친다는 것만으로 억압이 성립되지는 않는다. 예를 들어 교사가 학생에게 지배하는 힘을 어느 정도 행사했다고 가정해 보자. 모든 조건이 동일할 때, 한 교사가 학생에게 낮은 점수를 준다면 학생의 관심에 악영향을 미쳤다고 할 수 있다. 그러나 교사가 학생을 합리적이고 편견 없이 평가했다면 교사가 학생을 억압했다고 볼 수 없다. 억압은 종속된 자의 관심을 빼앗기 위해 부당하고 악의적인 행위를 했을 때에만 발생한다.

우월한 자가 종속된 자의 관심과 행복을 증진시키는 방향으로 권력을 사용할 수 있다. 부모나 멘토의 지배하는 힘이 그것이다. 몇몇 학자들은 '지배'의 개념을 나와는 다르게 해석하기도 한다.[8] 이들은 '지배'를 종속된 자의 판단력을 흐리게 함으로써 선택지를 제한하는 의미로 사용한다. 이런 관점에서 본다면 지배는 강압적인 방법으로 피해자의 기호와 관심을 좌절시킨다. 피해자의 판단력을 흐리게 만들어 우월한 자와 자신을 동일시하게 하거나 피해자를 설득하여 우월한 자의 판단이 더 나은 것이라 받아들이게 한다. 하지만 나는 지배라는 단어를 이렇게 사용하지 않으려 한다. 누군가 다른 사람을 지배한다고 말할 때 종속된 자의 관심과 행복 추구를 위하여 그들을 통제하고, 다스리고 지도하는 의미를 포함할 수 있다고 생각하기 때문이다. 장애를 가진 아이를 둔 부모는 아이의 행복을 위해 지배하는 힘을 종종 행사하는 것을 넘어서 아이를 통제하기도 한다. 나는 '지배'를 부정적인 단어라고 생각하지 않는다. 대신 '억압하다'와 '억압'이라는 단어를 부정적인 의미로 사용하여 위에서 언급한 학자들이 말하는 '지배'를 표현하는 데 사용할 것이다.

온정주의는 지배하는 힘의 두 번째 사용 예이다. 우월한 자가 종속된 자의 행동 선택 범위를 통제하거나 제한함으로써 종속된 자의 기호나 관심에 긍정적인 영향을 미칠 때 우월한 자가 종속된 자에게 온정주의적으로 행동한다고 할 수 있다. 우월한 자는 종속된 자가 스스로 진정한 관심을 찾고 행동하기에 필요한 능력을 갖추지 못했다고 판단할 때 온정주의를 사용한다. 나이가 어리거나 정신적, 신체적 결함이 있거나 심리적 불안감 등의 이유로 다양한 관심 속에서 진정한 관심을 찾을 만한 능력이 부족하다고 판단될 때. 대상이 성인이라 할지라도 극심한 고통을 겪었거나 특정 환경 때문에 일시적으로 자신을 파괴하는 부정적인 선택을 할 때. 장기적인 흥미를 찾지 못하고 당장의 욕구에만 집중하는 등 심신이 미약할 때. 이런 다양한 상황에서 온정주의적 힘을 사용한다. 온정주의적 힘의 사용은 종속된 자의 행복 추구를 목적으로 한다. 온정주의의 대표적인 예로는 정부의 규제가 있다. 노동자들은 사회 보장 제도에 기여해야 하고 운전자들은 안전벨트를 착용해야 한다. 안전 요원이 있어야만 해변에서 수영을 할 수 있으며 사람에게 해가 되는 것으로 판단되는 약품이나 마약은 의사의 처방전 없이 구할 수 없다. 공익을 침해하는 것으로 판단되는 계약은 성사될 수 없다. 이런 규제는 규제 대상자가 스스로 행복을 찾을 수 없다는 가정 하에 대상자의 진정한 관심을 발전시키기 위해 제정되었다. 개인이 온정주의적인 행위를 할 수도 있다. 부모가 자기 자식을 감독하고 지시하여 특정 행동을 하게 만들거나 혹은 하지 않도록 유도할 수 있다. 정신과 의사들이 우울증 환자 옆에 위험한 물건을 두지 않는 것도 온정주의적 행동이다. 술에 취해 인사불성이 된 친구가 술을 더 마시지 못하게 하는 것 또한 마찬가지다. 온정주의적 행위를 위해 사용할 수 있는 수단은 억압을 위해 사용하는 수단만큼이나 다양하다. 강압, 설득, 법치, 개인적 부탁, 심리학적 조작, 협박 등이 있다. 누군가는 이런 행위 속의 관심과 보살핌이 가식이라고 주장한다. 종속된 자가 원치 않는 행위를 강요하는 것은 자주성의 침해라는 것이다. 종속된 자의 자주성 안에서의 진정한 관심이 있기 때문에 온정주의적 행위가 억압이 될 수도 있다고 주장한다. 하지만 이 주장은 옳지 않다. 첫째, 온정주의 행위는 주로 종속된 자가 자신의 자주성을 행사할 능력이 부족한 상황에서 일어난다. 그러므로 온정주의와 자주성 안에서 성립된 관심 대상은 대립하지 않는다. 둘째, 종속된 자가 온전한 자주성을 행사할 능력을 가지고 있다고 할지라도 종속된 자가 자신의 진정한 관심을 파악하지 못하거나 당장의 욕구를 채우기 위해 존엄성을 잃어버리고 재앙을 일으킬 만한 잘못된 행동을 하는 경우에 온정주의적 행동이 정당화될 수 있다. 정당한 온정주의적 행동의 범위는 논란의 여지가 있다. 하지만 당장의 욕구를 채우고자 하는 한 개인의 자주성과 상충된다는 주장만으로 온정주의적 행동이 정당하지 않다고 할 수는 없다.

　종속된 자는 온정주의적 힘에 저항하기도 하지만 결국에는 순응한다. 처벌을 두려워하기 때문이다. 우월한 자가 온정주의적 행동을 할 때에는 종속된 자를 올바른 내면으로 이끌려고 노력한다. 진정한 관심을 구별하여 온정주의적 행동에 지배당하지 않도록 만들고자 하는 것이다. 세상 모든 부모의 마음이 그렇다. 친구, 의사, 교수도 종속된 자를 긍정적으로 변화시키기 위한 수단으로 온정주의적 행동을 한다. 이런 의미에서 온정주의적 행동은 종속된 자의 자율성을 촉진시킨다. 법적 제재와 규제는 이보다 영구적이다. 온전한 정신과 육체적 능력을 가지고 있는 성인이 자신이 가지고 있는 진정한 관심을 지속적으로 지키기 위한 규제가 만들어져야 한다. 온정주의는 의도적이며 보통 명시적이다. 또한 온정주의는 가변적이다. 종속된 자가 자신의 진정한 관심을 발견하고 그에 따라 행동할 수 있다면 온정주의적 행위는 더 이상 필요치 않다. 그러나 앞서 말했듯이 온정주의적 법규는 언제나 존재할 것이다. 사람의 의지는 약해지기 마련이고 자신의 진정한 관심을 알고 있다 하더라도 게을러서 당장의 욕구를 채우기 위해 올바르지 않은 방향으로 행동할 수 있기 때문이다. 술이나 마약으로 인해 자기 파괴적인 행동을 할 수도 있고 심리적인 동요와 정신적인 문제가 있을 수도 있다. 사람은 당장의 즐거움을 추구하기 마련이므로 보다 장기적인 선택을 하고 진정한 행복을 찾을 수 있도록 도와주어야 한다.

세 번째 지배하는 힘은 '역량 증진'이다. 우월한 주체가 종속된 주체의 행동 선택 범위를 통제하거나 제한함으로써 관심이나 행동의 결과를 호의적으로 변화시키는 긍정적인 영향력을 역량 증진이라 한다. 역량 증진은 온정주의의 일환으로 종속된 자를 성장시키는 것을 목표로 한다. 이 목표를 이루는 수단은 다른 두 지배하는 힘만큼이나 다양하지만 오직 역량 증진을 위한 행위들로 제한된다. 그러므로 강압적인 유형의 지배하는 힘은 효율성이 떨어지지만 또 언제나 그런 것은 아니다. 부모나 교수가 청소년의 심리적 불안감을 조성하여 이들을 조정하려는 상황을 마주했다고 생각해 보자. 부모나 교수는 보다 강압적인 방법을 사용해 청소년을 재교육해야 그들의 역량을 증진시킬 수 있다. 하지만 역량 증진을 위해서는 구속을 최소화하는 부드러운 수단이 효과적이다. 역량 증진에 사용되는 수단은 결과에 투영된다. 허위의식에 빠져있는 억압의 피해자를 재교육하는 것 또한 역량 증진의 힘이다. 끔찍한 억압의 피해자가 진정한 관심을 찾기 위해서는 빠른 처방이 필요하다.

부모가 아무것도 모르는 어린 자식이 진정한 관심을 찾을 수 있도록 지도하는 경우라든지, 교사가 학생들의 자유를 제한하여 교사 자신이 없이도 스스로를 지도할 수 있도록 성장시킨다든지, 감독이 운동선수를 훈련시켜 운동 실력을 강화하고 재능을 활용할 수 있도록 하는 것 등은 덜 극적인 역량 강화의 예라고 할 수 있다. 정부가 노동자의 퇴직 이후의 삶이 안정적일 수 있도록 노동자 월급 일부를 사회보장 기금에 지불하도록 하고 또 노동자뿐만 아니라 고용주도 일정 금액을 지불하게 하는 것 또한 역량 강화를 위한 노력이다.

역량 강화의 권력을 행사하는 것은 양자적이거나 사회적일 수도 있지만, 거의 모든 경우가 의도적으로 이루어진다. 종속된 자가 자신의 자유를 제한하려는 목적을 완전히 이해한다면 저항은 최소화된다. 역량 강화는 변화를 목적으로 한다. 우월한 자는 종속된 자가 발전하거나 진정한 관심을 찾고 발전시킬 수 있는 능력을 가지고 있다고 믿는다. 역량 강화는 우월한 자와 종속된 자의 현재의 관계를 초월하여 변화를 가져올 때 성공했다고 할 수 있다. 종속된 자가 발전하거나 진정한 관심을 찾고 발전시킬 수 있는 능력이 없을 때 역량 강화는 무의미하다. 이런 경우에는 온정주의적 지배하는 힘의 행사가 영구적으로 필요하다.

앞서 언급한 세 가지 지배하는 힘의 사용 예시들은 완벽한 분류 체계가 아니다. 그렇기 때문에 다양한 힘의 사용이 동시 다발적으로 일어나기도 한다. 내가 억압이라고 표현한 지배하는 힘의 다양한 사용이 다른 힘으로 분리되어 또 다른 힘을 설명하는 데 사용될 수도 있다. 누군가는 지배하는 힘을 강압적이거나 허위의식을 심어주기 위해 사용하는 권력이라든지 개인의 매력을 이용하여 타인을 지배하는 힘으로 표현할 수도 있다. 지배하는 힘이 종속되는 자의 관심에 아무런 영향을 끼치지도 않고 단지 자유를 제약하거나 행동의 자율성을 제한하는 역할만 한다고 보는 경우도 있다. 이와 같이 나의 지배하는 힘 사용의 분류법은 필연적이거나 완전하지 않다. 무수히 많은 분류법 중 하나일 뿐이다.

예를 들면 나는 불평등과 억압을 사회적 단계에서의 지배하는 힘이라고 분류하였으나 한나 아렌트는 이러한 힘을 합의된 개념이라 설명했다. 그녀는 사회 주체가 모여 자신의 삶을 어느 정도 규정할 것인지 합의에 도달했으며 상호 간의 협조가 이루어진 것이라 보았다.

힘은 한 개인의 소유물이 아니고 단체의 것이며 단체가 지속되는 한 힘도 지속된다. 우리가 누군가가 '힘을 가지고 있다'라고 표현하는 것은 여럿으로 구성된 단체가 누군가의 이름을 빌어 권력을 이양한 것이다. [힘은] 정당성을 필요로 하지 않는다. 현존하는 정치 사회에 내재되어 있는 것이다. 힘에는 합법성이 필요할 뿐이다. [힘은] 상황에 따라 단체의 목적을 달성하기 위한 수단으로 분류된다.[9]

아렌트는 힘과 폭력의 연관성을 명시적으로 다루지 않는다. 힘의 일반 개념은 설득될 수 없는 명령-복종 모델로부터 형성되었다고 보았기 때문이다. 우월한 자는 종속된 자가 자신의 명령에 복종한다고 가정할 때 종속된 자에게 지배하는 힘을 행사한다고 보았다. 궁극적으로 종속된 자의 복종은 불복종 뒤에 따라오는 폭력에 대한 불안감에서 나오는 것이다.

하지만 아렌트는 힘은 지배당하는 자의 합의를 선행하며 온전히 폭력을 행사함으로써 얻을 수는 없다고 주장한다. 아렌트는 혁명을 설명하면서도 힘은 폭력으로 행사될 수 없다고 주장한다. "[정부의] 우월성은 정부가 활성화되어 있을 때만 유효하다. 명령에 복종하고 군대와 경찰이 무기를 사용할 준비가 됐을 때를 의미한다. 만약 그렇지 않다면 상황은 급격히 변하기 마련이다."[10] 그러므로 아렌트는 명령하는 힘에 복종이 뒤받쳐 주지 않을 때 폭력이 등장한다고 말한다. 성공적인 폭력의 사용은 남아있는 힘의 구성에 따라 달라지며 힘은 폭력으로부터 생겨나지 않는다고 주장한다. 성공적인 혁명에서 혁명가들이 승리자가 될 수 있는 이유는 사람들이 암묵적으로 폭력의 사용에 동의했기 때문이다. 폭력을 허용했던 시민들이 지도자들에게 더 이상 충성하지 않는다면 우월한 자는 힘을 잃게 된다.

아렌트가 말하고자 하는 정치적인 힘의 성격은 분명하다. 그녀가 말하는 '힘'은 하고자 하는 힘을 설명하기에는 부적절하고 지배하는 힘의 행사를 설명하기 위해 사용된다. 보편적인 사회적 힘의 성격은 다르다. 다양한 양자적 힘의 사용이 있다. 아렌트는 정치적 힘을 설명하며 성공적인 혁명은 합의로부터 나오며 군사 전략이나 뛰어난 무기로부터 만들어지는 것이 아니라고 말한다. 그녀의 이런 주장에 몇 가지 질문을 던져보자. 폭력을 위한 무기를 가지고 있는 기득권층이 그 힘을 사용하고 싶어 하지만 단순히 효과적으로 사용하지 못하는 경우라면? 아렌트의 '폭력에 저항하는 폭력에 대한 동의'는 일반적으로 옳다. 기득권층은 강력한 특권을 가지고 있다. 하지만 항상 그럴까? 외세의 지원을 받는 탄탄한 혁명 집단은 특권을 가지고 있는 기존 정부의 군대를 참패시킬 만한 힘을 가지고 있을 수도 있다.

무엇보다 아렌트는 정치적 힘을 유지시키는 강압적인 관계의 역할을 무시하거나 경시한다. 대중의 사전 동의가 있었다 할지라도 특정 개인이나 집단에 정치권력이 집중되어 있는 한, 집권층은 종속된 개체들에게 지배하는 힘을 행사할 것이다. 종속되는 자들이 기존의 약속을 어기고 물리적 위협을 가할 수 있다면 힘의 관계는 가변적이라 말할 수 있다. 공동의 자발적인 동의에 의해 힘이 보호되고 있다는 사실이 양자관계가 물리적 위협으로부터 안전하다는 것을 의미하지 않는다. 아렌트는 혁명을 설명하면서 이 부분을 명료하게 다루지 않는다. 이런 상황에서 사회적 합의는 무너졌다고 볼 수 있다. 몇몇의 소심한 보복은 사회를 재건하기에는 부족하다. 일반적 상황에서도 묵시적·명시적인 폭력의 위협이 산발적으로 불복종을 진압하기도 한다. 정치적 힘은 완전히 합의된 것도 아니고 또 완전히 강압적인 것도 아니다. 합의와 강압의 합의체이다.

합의에 의해 탄생된 권력이라 할지라도 '억압'으로 발전하기 쉽다. 특정 단체가 사회를 구성하고 발전시키는 데 비정상적으로 많은 힘을 갖고, 사회에서 이득을 얻는 자와 부담을 갖는 자는 구분되어 있다. 문화를 형성하고 전파하는 힘은 명시적으로 동의되지 않았고, 때로는 의식적으로 의도하지 않았을 수 있지만 힘을 가진 특정 계층의 결과물일 수 있다. 정치적 힘은 우월한 자가 종속된 자를 회유하여 우월한 자의 힘이 자신의 관심과 일치하고 정당하다고 인지할 때 가장 건재하다. 이렇게 만들어진 정치적 힘은 종속된 자에게 '억압'으로 느껴지지 않는다. 반란의 가능성을 최소화하기 위해서는 협력을 이끌어 내고 인지도를 끌어올릴 수 있는 능력이 필요하다. 정치적 힘은 종속된 자가 당장의 욕구나 장기적인 선호 그리고 상황에 따라 다른 관심을 구성하는 데 영향을 끼친다. 정치적 힘의 행사는 종속된 자가 객관적으로 자신의 안녕을 추구할 수 있는 관심을 교묘하게 감추어 둔다.

아렌트의 주장이 완전히 틀리지는 않았다. 정치적 힘은 특정한 부분에 관련된 사람들의 합의로부터 나올 수 있다. 정치적 힘은 부정행위나 억압적인 의도를 필요로 하지 않는다. 나는 힘이 이전에 사용하던 사람으로부터 다른 사람에게 양도될 수 있는 물건 같은 것이라고 주장하려는 것이 아니다.

내가 우월한 자나 종속된 자 등의 용어를 사용함으로써 양자의 의미로 이야기하고 있지만 사회적 힘은 미셸 푸코의 주장과 같이

권력의 조건

여러 사람으로 구성되며 관계로서의 기능과 사회 연결망의 상호 작용을 통해 분산된다고 본다. 하지만 모든 양자의 힘이나 사회적 힘이 복잡하고 보편적인 것이라고 주장하는 것은 아니다. 내가 푸코나 하버마스, 페미니스트 같은 근현대적 사상가들의 의견에 동의하거나 동의하지 않는 부분에 대해서는 뒤에서 설명할 것이다.

많은 이론가들이 그렇듯 힘의 이론에는 사람들의 지지가 필요하다. 이론을 현실에 적용하여 타당성을 설명하기보다는 서로 다른 이론과 비교하여 타당성을 설명한다. 이 경쟁의 승자는 가장 타당한 이론이 된다. 이 경쟁에서 요구되는 몇 가지 조건이 있다. 현상과 결과, 그리고 새로운 현상을 발견하고 설명하는 힘, 알려진 현상과 그 이유를 현상과 독립시켜 설명할 수 있는 독립적인 원인, 내면적, 논리적인 일관성이 바로 그것이다. 해석의 구조 없이 이론의 경쟁상대를 평가할 수 없지만 그렇다고 해서 특정 해석의 구조가 특별한 권한을 갖는 것은 아니다.

힘의 철학자들의 통찰력과 주장하는 바가 가장 잘 드러날 수 있도록 철학자들을 그룹으로 나눠서 분석했다. 플라톤의 대화에 등장하는 두 명의 유명 인사를 먼저 만나 보자. 우악스럽고 위협적인 트라시마코스와 고결한 소크라테스가 다음 장에 등장한다.

2

권력이 곧 권리인가

트라시마코스Thrasymachus(BC 459-400)와
소크라테스Socrates(BC 470-399)

"지혜 없는 힘은 폭군이며 힘 없는 지혜는 의미가 없다."

_이안 피어스Iain Pears

반항적인 자녀가 학교 공부에 매진하기를 바라는 부모나 교육 예산을 늘리고 싶은 국회의원은 '지식이 힘이다'라는 명언을 읊어댄다. 지식을 쌓으면 힘을 키울 수 있다는 것이다. 하지만 그게 어떤 종류의 힘(할 수 있는 힘, 지배하는 힘, 어떤 목적으로 사용되는 힘)인지는 모호하다.

보다 심오한 이론이나 현실의 문제에서 지식과 힘은 사실 서로 반대 방향으로 흐른다. 사회학 개론에서 사실이라고 일컬어지는 지식은 억압적으로 사용된 힘의 결과물 그 이상도 이하도 아닌 것일까? 조금 더 구체적으로 말하자면, 그동안 소중히 지켜왔던 도덕적, 정치적 규범 그러니까 그동안 삶의 정의로 여겨지던 규범적 기반이 억압적인 힘의 관계에서 우월한 주체가 형식적으로 만들어 놓은 결과물에 불과한 것일까? 만약 그렇다면 억압당하는 자는 어떻게 그리고 왜 이 규범에 충성했던 것일까?

이 문제를 둘러싼 개념과 논쟁을 풀어내는 것은 매우 중요하다.

타인을 억압하기 위해 권력을 휘두르는 것과 공익을 위해 힘을 사용하는 것을 구분해야 하기 때문이다. 권력 관계의 근원과 역동성을 이해하기 위해서는 사실과 지식에 관한 사회적 담론과 정사를 막론하고 행사할 수 있는 존재의 연관성을 분석해야 한다.

플라톤(BC 427-347)은 그의 저서 《국가론》에서 트라시마코스와 소크라테스를 등장시켜 이 문제와 직면했다. 역사적인 인물인 트라시마코스는 칼케돈의 시민으로 궤변가이자 수사학자이다. 이 책에 등장하는 트라시마코스는 역사가 기록한 그대로다.[1] 《국가론》의 대화에 등장하는 인물이 대게 그렇듯 그가 주장하는 바는 트라시마코스의 매너리즘과 괴팍한 성질을 대변한다. 트라시마코스는 그가 추구하는 바, 딱 그대로 시끄럽고 포악하며 과장스럽게 대범하다.

정의의 본질에 대한 대화에 그가 등장한다. 정의의 개념에 대한 잘못된 예시를 듦으로써 혼란을 야기하거나 정의와 선을 구분하지 못하는 등 '정의'를 정의하려는 가소로운 노력이 이어지자 인내심의 한계에 달한 트라시마코스가 대화에 뛰어든다. 그는 인간은 근본적으로 자기중심적이라는 것을 전제로 사람은 모두 자신의 이익을 위해 행동한다고 주장한다. 가장 강하고 힘이 센 사람이 성공한다. 정치의 법칙이 '정의'를 절차적으로 구체화한다. 가장 강한 자, 곧 지배자만이 법 체제를 쥐락펴락할 수 있다. 지배자는 사리사욕을 채우기 위해 법을 만든다. 그러므로 정치적인 의미에서 '정의'는 가장 강한 사회 주체의 이득을 위해 만들어지고 강요되는 규범

권력의 조건

그 이상도 이하도 아닌 것이다. '정의'는 가장 강력한 자의 욕망의 범주를 벗어나지 않으며 손에 쥐고 있는 권력이다. 이런 의미에서 권력(힘을 행사할 수 있는 능력)은 권리(규범적으로 옳다고 이해되는 행위)가 된다.

트라시마코스는 그의 가설에 가치를 바꾸어 쓴다. 지배층을 제외한 다른 사람에게 '정의'라고 일컬어지는 것은 타인, 즉 지배층의 이득을 위한 것이다. 이 진실과 마주하게 된 일반 시민은 지배층의 이득을 대변하는 기존의 규범과 맞서 싸우는 '불의'를 선, 지배층이 정해놓은 '정의'에 따르는 것을 악이라고 인식한다. 피치 못할 사정이 있을 때에 '정의'에 순응하지만 권력의 보복을 피할 수만 있다면 '불의'를 저지른다(R 336b-354c). 트라시마코스에 따르면 지배층은 대중 위에 군림하기 위해 법을 정하고 사회적 담론을 설정한다.

트라시마코스의 주장은 근대에도 여전히 논란이 되고 있는 힘, 규범의 타당성, 인간의 의도 등을 둘러싼 '지배'라는 주제의 초석을 다졌다.

- 규범의 타당성은 고압적 힘으로 구성된 법에 기초한다.
- 이런 법은 규범을 구체화하고 강제한다. 대부분의 시민들이 습관, 관습, 처벌에 대한 두려움 등의 이유로 법에 내면화되고 법은 과분한 (선험적인) 대우를 받는다.

- 현실적으로, 사회에서 가장 강한 요소들이 사회 존재를 규정한다. 가장 강한 주체들만이 자신의 의지와 관심사를 사회에서 일반적 규범이라고 이해되는 '정의'라는 이름으로 꾸며낼 수 있기 때문이다.
- 일반적 규범이라고 이해되는 것은 사실 단순히 관습적이고 힘을 가진 사회 요소의 입장을 대변하는 것이다.
- 일반적으로 규범이라고 이해되는 것은 선험적이지도, 객관적이지도 자연적이지도 않다. 단순히 사람들의 동의를 얻기 위해 규범이라는 이름을 빌린 것뿐이다. 이런 겉모습 덕분에 시민들은 큰 불만 없이 규범을 받아들이고 이에 내면화된다. 사실 규범적 기준은 지배층의 권력에 의해 만들어지고 강요되는 것 그 이상도 이하도 아닌 것이다.
- 규범을 선험적이라 받아들이고 여기에 내면화되는 일반 시민들은 무의식 속에 스스로를 종속시키는 것이다. 내면화된 일반 시민들은 지배하는 규범에 의해 판단력이 흐려졌기 때문에 스스로의 진정한 관심을 찾기 어려워진다.
- 사회에서 통용되는 규범은 가짜다. 규범이라는 것이 마치 공익적이고, 선험적이고 객관적이며, 자연적이고, 일반적인 충성 가치가 있는 것으로 포장되고 있다. 규범은 비정상적으로 많은 힘을 가지고 있는 사회 요소들이 자신의 이익을 위해 만들어 낸 임시적이고 부분적이고 뒤틀린 협정이다. 일반 시민들에게는 불합리한 것이다.

권력의 조건

트라시마코스는 지식과 힘의 연관관계를 명시적으로 이야기하지 않는다. 하지만 그가 궤변론자와 수사학자라는 것을 고려한다면 우리는 몇 가지 주제를 더 도출해 낼 수 있다.

- 주장을 사실로 만드는 것은 내면화에 결정적인 요소이다. 우연적이고 관습적인 것이 사회 전반에 걸쳐 보편적이고 객관적인 명령으로 받아들여지는 것이다. 이런 '사실'은 보편적 규범이라 이해되고 받아들이는 '정의'를 만들어 낸 특권층의 작품이다.

나는 트라시마코스의 주장 몇 가지를 재구성해서 보다 명확한 이해를 돕고자 한다. 예를 들면, 트라시마코스는 정의와 정의의 효과를 신중히 구분하지 않는다. 트라시마코스는 '정의는 통치자의 관심이다', '정의는 타인의 이득이다', '정의는 강한 자의 관심이다'라는 표현을 자주 사용한다. 정의를 정의하는 데 있어서 이 세 가지 표현은 동의어가 아니다. 개념의 모호성을 풀어내기 위해서는 트라시마코스가 궤변가이고 그렇기 때문에 소크라테스의 순정철학을 부정했다는 사실을 이해해야 한다. 소크라테스는 선이 선험적 명령이기 때문에 객관적이라고 주장했다. 역으로 트라시마코스에게 정의와 일반 규범의 타당성은 실제 인간의 객관성이나 혹은 인간 그 자체와 일치하지 않으며 지배층이 대중에게 지배하는 힘을 행사하기 위해 만들어 낸 세속적인 것이다. 일반 사람들이 사회에서 '정의'라고 부르는 명령에 복종했을 때 이들은 '타인의 이득'

을 향상시키고 지배층의 관심을 충족시킨다. 이런 의미에서 '정의는 강한 자의 관심이다'. 정의라고 알려져 있는 법의 준수는 통치자의 관심을 비정상적으로 진보시킨다. 사회적 힘의 차이는 '정의'라고 부르는 명령을 복종함으로써 규범적인 효과로 나타난다. 정의와 규범적 명령은 그 본질을 숨기고 사회에 내재화되어 있다. 객관적인 명령이거나 모두의 관심을 고양시키는 문명화에 필수적인 요소인 듯 포장됐지만 사실 정의를 만들어 내는 자리에 있는 지배층의 이득을 위해 법으로 만들어진 규칙에 불과하다.

요약하자면, 트라시마코스는 정의를 '정의'라 하지 않는다. 특정 사회에서 '정의'라고 부르는 것이 그 사회의 지배층에 의해 만들어진 규범적 명령에 복종하는 것이라고 보았다. 정의 순응의 효과로 지배층의 관심이 고양된다고 보았으며 지배층, 혹은 강한 자를 제외한 모든 사람에게 있어서 사회에서 '정의'라고 불리는 것은 '타인의 이득'을 위한 것이라 하였다. 더 위험한 것은 이 모든 것이 정치적 선동에 의해 은폐된다는 것이다. 지배자는 '정의'를 그럴듯하게 포장하여 일반 시민에게 강제한다.

정의를 객관적이고 합리적이고 공익을 위한 초월적이고 영광스러운 것처럼 과대 포장해서 일반 시민에게 보여줌으로써 지배자 자신의 이득을 취하는 것이다. 이 상황에서 정의는 진짜 '정의'가 된다. 오직 소수의 관심만을 위한 것이라 하더라도 필요한 충성심을 얻었기 때문이다.

권력의 조건

현 시대의 관점에서 보면 트라시마코스가 설명하고자 했던 권력의 효과와 기질에 대한 분석은 정교하지 못하다. 그는 힘의 관계가 전복될 수 있는 가능성을 염두해 두지 않았다. 시민들이 자신의 진정한 관심을 거스르면서 지배 개념에 흡수되는 과정 또한 제대로 설명하지 않았고, 규범이 탄생하는 배경 또한 너무 간결하다. 트라시마코스는 인간의 동기를 제한적으로 그렸으며 관심을 유발하는 요소를 물질적인 것으로 제한하였다. 제로섬의 상황에서도 강한 자가 약한 자로부터 이득을 취하는 것이 현명한 것인가 하는 문제도 제대로 다루지 않았다.

소크라테스는 트라시마코스가 강조하는 '정의'를 우연히 형성된 관습이라고 주장하였다. 소크라테스에게 정의는 선험적이고 객관적이며 순응하는 자의 관심을 위한 것이다. 정의는 행복한 삶을 위한 영혼의 미덕이다. 정의는 본질적이고 수단적인 선이다(R 352d-354c).

소크라테스는 국가를 '거대한 개인(R 368b-369b)'이라고 보고 정의로운 국가를 설명하는 데 많은 시간을 보내지만 결국 정의의 객관성을 보장하는 핵심은 "사람의 영혼"이라 주장한다. 소크라테스의 주장 중심에는 "미덕은 개인의 덕이고 악덕은 개인의 벌"이라는 전제가 있다. 미덕을 행하는 것은 사람의 건강하고 균형 잡힌 내면을 만드는 것이다. 악을 행하는 것은 내면의 병, 뒤틀림, 혼란을 야기한다. 그러므로 미덕에 순응하는 것은 모든 도덕적 주체의 관심이며 외부 주체의 반응과는 상관이 없다. 악덕한 사람은 자신의 영혼을 타락시키고 스스로에게 해악을 가하는 것이다. 자신이 저지른 악행을 다른 사람은 모르고, 악행이 부를 축적시켜주거나 명성을 높여준다 하더라도 내면은 진실을 알고 있다. 이는 신체의 건강과 비유할 수 있다. 나의 몸이 아프더라도 나는 내가 건강하다고 믿을 수 있고 내가 건강하더라도 아프다고 믿을 수 있다. 나의 내면과 건강 상태는 객관적이지만 스스로 모를 수도 있는 것이다.

소크라테스가 말하고자 하는 정의와 미덕은 명확하다. 정의와 미덕은 관습일 뿐 아니라 미덕, 진실, 아름다움의 형상에 기초한다. 이런 형상은 다른 것들과 마찬가지로 물질적이지 않고, 영원하며, 불변하는 초현실적인 것들로 이루어져 있다. 우리 세상은 다만 이 형상의 복사본이나 가상의 이미지일 뿐이다.

철학적 논증은 형상에 대한 불완전한 이해를 돕는다. 영혼은 죽음 이후에 몸과 분리될 때 구체적인 형태를 지니며 그때야 비로소 완전히 진실과 아름다움, 덕을 깨닫게 된다. 만약 지배층 누군가가 트라시마코스가 말한 대로 행동했다면 그는 정의를 행한 것이 아니며 사회의 일반 규범을 제대로 이해하지 못한 것이다. 이전의 폭력적 상황 때문에 습관이나 관습으로 남아있는 잘못된 규범을 대중에게 강압적으로 받아들이게 한 것이다. 이런 사회에서의 '정의'는 왜곡됐으며 이런 잘못된 규범에 순응하는 것은 영혼을 부패하게 한다. 소크라테스는 선, 진실, 아름다움의 형상을 가장 잘 표현한 철학적 논증을 사용하여 타당성 시험을 통과한 규범, 버릇, 법규, 사회의 관습을 정의하는 행위로부터 나오는 서술적인 규범을 구분하였다.

이런 의미에서 힘과 지식, 타당한 규범, 인간의 안녕은 모두 연결되어 있다. 소크라테스는 가치 있는 힘은 철학적 논증의 결론으로부터 만들어진다고 보았다. 미덕 자체와 미덕에 순응하는 효과를 이해하는 주체는 이에 필요한 행위를 행할 것이므로 미덕은 곧 지식이다. 규범의 타당성은 형상으로 만들어진 기초에 기반한다. 인간의 안녕은 영혼 내면의 상태에 투영되며 올바른 힘의 행사, 진정한 지식에 대한 올바른 이해 그리고 타당한 규범에 순응하는 행위에 달렸다.

트라시마코스는 제로섬의 상황에서 사람은 자신의 영향력을 넓히고 관심을 만족시키기 위해 힘을 수단으로 사용한다고 말한다. 여기서 관심은 부, 정치적 권리, 유명세 등의 좁은 물질적인 의미이다. 소크라테스에게 힘의 행사는 사람의 발전하고자 하는 관심을 촉진시키며 지식과 정당한 규범적 명령 속에 새겨져 있는 것이다. 소크라테스의 주장에 의하면 우리 모두가 스스로의 관심을 촉진시킬 수 있지만 트라시마코스는 누군가의 관심을 위해 사용되는 힘의 행사는 모두가 성공할 수 없는 경쟁의 상태에서 나타난다고 보았다.

트라시마코스는 정치적 권력만으로 한 계층의 관심에 영향을 줄 수 있다고 말하며 정의의 역량을 과장해서 말한다. 한 계층이 정부의 힘을 좌지우지하고 정책과 법을 원하는 방향으로 바꿔갈 수 있다고 할지라도 일반 시민들이 단순히 그 억압의 결과를 받아들이지는 않을 것이다.

종속에서 완전히 벗어날 만한 힘이 없다 하더라도 일반 시민들이 억압당하는 자신의 상황을 인지하고 있다면 우월한 계층의 특권은 안전하지 못하다. 종속된 자는 작은 저항을 계속할 것이며 기존의 계층은 반란을 방지하기 위해 노력하겠지만 변화를 막기에는 역부족할 것이다. 지배층이 가지고 있는 힘을 장기적으로 유지하기 위해서는 일반 시민의 내면에 지배 가치를 이식하고 자기 자신의 것으로 받아들이도록 해야 한다. 트라시마코스가 소크라테스와의 대화에서 이 부분을 명시적으로 언급하고 있지는 않지만 '정의'가 관습적이고 공공의 관심을 위한 것처럼 보여지게 한다는 점을 봤을 때 이런 의미가 내포되어 있다고 말할 수 있다. 이런 속임수는 지식을 진실로 만들 때 가능하다. 현실을 숨기고 일반 시민들이 진정한 관심을 찾는 것을 방해하는 것이다. 이는 쉬운 일이 아니다. 매우 복잡한 과정으로 사회 구조상 일반 시민들도 부의 축적 같은 물질적인 것을 원하는 등 진정한 관심을 발전시키게 될 것이다. 이런 내면화가 성공하기 위해서는 대중이 이 모든 과정을 본능적으로 받아들여야 한다. 이 주장은 만연해 있는 사회 구조가 지배층에게 비정상적으로 많은 이득을 주고 종속층을 부당하게 착취한다는 논지와 양립한다. 우리가 사회 구조가 지배층을 위한 것이고 사람의 동기는 온전히 이기적인 것이라고 주장하는 트라시마코스의 냉정한 주장을 그대로 받아들인다 하더라도 그가 말하고자 하는 정의, 법, 규범의 본질은 지나치게 단순화됐다는 것이다.

소트라테스는 초월적인 형상, 영생하는 영혼, 환생의 과정 등 플라톤의 형이상학을 지나치게 받아들여 현 시대 학자들의 동의를 얻지 못하고 있다. 미덕은 우리 자신의 상이고, 악덕은 벌이고, 덕은 자신의 이득을 위한 것이라는 주장은 논쟁의 여지가 있다. 그러나 이 형이상학적인 주장을 자세히 들여다보면 소크라테스의 주장을 재창조할 수 있다. 정의, 법, 도덕이 사람들의 지지를 얻으려면 규범적 타당성 시험을 통과해야 한다는 것이다. 법이 합법적이고, 도덕적 명령으로 인정받기 위해서는 힘 있는 자가 단순히 자신의 관심을 진보시키고 대중을 효과적으로 지배하는 수단으로 포장하는 것으론 부족하다. 형상에 기초한 타당한 규범만이 합법적인 지배하는 힘이다. 이렇게 만들어진 진실과 지식은 사람의 영혼을 발전시키고 공익을 위해 사용된다.

트라시마코스와 소크라테스가 동의하는 부분이 아예 없는 것은 아니다. 트라시마코스도 도덕적 법적 명령이 대중의 인정을 받기 위해서는 정치적 징벌과 보복의 두려움을 넘어선 진정한 규범적 타당성 시험을 통과해야 한다고 보았다. 하지만 트라시마코스는 이러한 타당성의 기준은 힘의 관계에서 억압의 효과 그 이상도 이하도 아니라고 보았다. 트라시마코스에게 권력(억압적인 힘 행사)이 곧 권한('정의'라 불리는 것)이다. 트라시마코스는 진정한 규범적 타당성은 어쨌든 극히 평범하고 전통적인 것이 될 수 없기 때문에 말 자체가 속임수라고 주장한다. 트라시마코스의 침울한 주장에 반박하기 위해서는 규범적 타당성 시험이 무엇인지 정확히 정의할 수 있어야 한다. 도덕적 법적 규칙과 원칙이 그 영향을 받는 사람들로부터 동의를 얻었기 때문에 합법적이라 할 수 있는가? 편견, 특권, 힘의 차이 등에서 발생하는 왜곡된 영향력을 분석하여 특별한 선택 방법을 만들어야 하는가? 정당한 도덕적 법적 규칙과 원칙은 성립될 수 없는 것인가? 사람들이 현실이나 이상적인 환경에서 동의하는 모든 것을 초월하는 합리적 시험을 통과해야 하는가? 이런 규칙과 원칙이 세상과 사람으로부터 자연적으로 생겨나는 것인가? 아니면 신으로부터 내려온 명령으로 무조건 선하고 강한 전지전능한 것인가? 우리는 앞으로 유명한 철학자들의 글을 분석하면서 이 질문에 대한 답을 찾아갈 것이다.

플라톤의 대화에서 소크라테스는 다정한 영혼을 가진 사람으로 그려진다. 형이상학적 이원론을 받아들이며 영혼(혹은 마음이나 정신)이 신체적인 것과 다르다는 것을 이해한다. 소크라테스에게 몸과 분리된 영혼은 아름다움, 진실, 덕의 형상으로 받아들여지며 세속 세계에서의 지식은 영혼이 받아들였던 것들을 기억해 내는 것이라고 보았다. 철학적 분석 즉 소크라테스식 문답법은 타인에게 잠재되어 있는 것들을 도출해 내기 위함이다. 소크라테스는 스스로를 조산자라고 보았다. 타인에게 무엇을 더해주는 역할은 하지 않고 단순히 타인의 내면에 가지고 있는 것을 꺼내주는 역할을 하는 것이다. 우리 영혼은 전생에서 얻은 지식을 가지고 있다. 단지 이생으로 이끌어 내기 위해서는 조력자가 필요한 것뿐이다.

소크라테스는 권력의 행사가 대화 상대자의 역량 증진에 목적을 가지고 있다고 보았다. 우월한 자는 자신에게는 필요하지 않지만 종속된 자에게는 절실한 더 높은 단계의 힘을 발전시키는 역량 증진을 위해 자신의 힘을 사용한다. 끝없이 지속되는 온정주의와는 다르게 역량 증진에는 끝이 있다. 니체는 교사-학생 관계의 예시를 통해 이 개념을 설명한다.

"학생이 학생으로 남는다면 그것은 교사에게 배은망덕한 행위이다. 나를 버리고 스스로를 찾아라. 나를 온전히 부인할 수 있을 때 나에게 돌아오라(EH Preface 4)." 최고의 교사는 학생의 삶을 교육하는 데 있어서 교사 자신을 퇴화시키기 위해 부지런히 일한다. 자신의 발전 능력을 학생의 역량 강화를 위해 사용한다. 교사는 자신의 학생이 자신을 뛰어넘기를 바란다. 학생이 교사를 뛰어넘어야만 교사의 노고에 감사할 수 있고 교사는 공로를 인정받을 수 있다.

소크라테스는 자신의 대화 상대나 청중이 내면의 화합을 찾고 건강한 길을 걷기를 바랐다. 소크라테스는 자신이 질문하는 대상자의 참여를 강요할 수 없다고 믿었다. 질문 대상자가 스스로 철학적 질문에 뛰어들기를 희망할 때 지배하는 힘의 행사가 가능하다. 모든 역량 강화의 관계가 그렇듯 종속된 자는 우월한 자에 비해 약점이 많지만 그것은 그만큼 얻을 것이 많다는 뜻이라고 주장한다.

하지만 나는 소크라테스의 역량 강화 이론을 너무 낙관적으로 보지 않으려 한다. 아무리 의도가 좋다 하더라도 우월한 자가 자신의 역할을 제대로 못할 수도 있기 때문이다. 선도자와 피보호자 관계에서 혜택을 받은 선도자는 무의식적으로 자신의 역할을 다하는 것을 주저할 수 있다. 많은 부모와 아이의 관계가 그렇다. 부모가 아이가 가진 가능성이 실현되는 것을 두려워하기 때문에 아이를 잃는 경우가 생긴다. 관계의 노후화가 아니라 유지하는 것이 우월한 자의 유일한 목적이 될 때 이 관계는 위험해진다. 의존하는 자가 퇴화하면 두 주체 모두에게 독이 될 수 있으며 역량 강화가 의도를 가진 억압으로 악화될 수 있다.

이 책에서 플라톤과 소크라테스의 형이상학 연결고리는 그다지 중요하지 않다. 단지 소크라테스가 전환을 위한 권력을 언급했다는 점에 집중하려 한다. 소크라테스가 지혜로운 이유는 자기 자신의 한계를 명확히 알았다는 점이다. 소크라테스가 말한 "자신이 무엇을 모르는지 알고 있다"의 역설에 대한 답은 단순하다. 소크라테스는 자신이 형상을 직접적으로 이해함으로써 철학적 이해를 깊게 표현하고 잠재적인 것 외에는 어떤 진실도 얻을 수 없다는 것을 알고 있었다. 그가 알고 있는 지식이나 지혜는 철학적 분석, 신의 지

권력의 조건

도 그리고 삶의 일부분으로 얻어지고 알게 되는 일반적인 것일 뿐이라고 판단했다. 하지만 소크라테스 본인이 알고 있는 지식은 세상의 영원한 진실과는 거리가 멀다고 주장했다. 미덕은 지식이며 덕은 좋은 일을 받아들이고 행하는 것이며 얕은 지식은 사람들의 삶에 악영향을 끼치기 때문이다. 아폴로 신전의 신탁의 메시지는 소크라테스나 소크라테스 학파의 가장 현명한 학자보다 현명하지 않으며 (이 둘은 같은 것을 의미하지 않는다) 소크라테스는 다른 사람과 다르게 자신에게 한계가 있다는 것을 이해했다고 전하고 있다. 소크라테스는 광장에서 많은 유명인사들과 대화를 나눴다. 소크라테스는 이들이 세상에 존재하는 철학적 이해의 존재를 모르고 있거나 자기가 가지고 있는 지식의 한계를 알고 있거나 아니면 스스로 가지고 있는 지식보다 더 많은 것을 알고 있다고 착각하고 있다는 사실을 깨달았다.

소크라테스의 역할은 자신을 따르고 철학적 대화에 참여하는 사람들을 발전시키는 것이었다. 이런 관계에서 소크라테스는 참여자들을 헷갈리고 부끄럽게 하였으며 지적으로 모욕감을 주었다. 가학적 행동은 아니다. 소크라테스는 철학적으로 우월한 입장으로 반박을 하며 토론에 참여하는 자를 지배하는 힘을 가지고 있었다. 이런 지배하는 힘을 타인의 역량을 강화하고 변화시키기 위해 활용했을 뿐이다.

자신의 한계를 깨달았다면 스스로 진일보하는 첫 번째 단계에

접어들었다고 볼 수 있다. 소크라테스의 대화 참여자들은 모욕감을 겪음으로써 철학적 조산자가 될 수 있었고, 자기 내면에 가지고 있는 무언가를 분출할 수 있었다. 이런 지식을 손에 넣어야만 미덕을 온전히 이해하고 자기 자신의 삶을 이끌 수 있다. 소크라테스가 '신의 지시'라고 강조했던 소크라테스식 문답법은 권력을 행사하여 타인을 변화시키는 것을 목적으로 했다. 하지만 소크라테스의 대화에 참여했던 사람들이 스스로 대화에 뛰어들었는지에 대해서는 많은 논란이 있다. 소크라테스는 광장에서 아테나의 유명 인사들에게 다가가 난해한 철학적 질문을 던졌으며 질문을 받은 유명 인사들은 자신의 유명세 때문에 그의 대화를 거절하지 못했다. 이것은 지속적인 관계라기보다 우연한 만남이었다. 소크라테스가 상대를 변화시킬 목적으로 다가갔다 하더라도 대화 상대가 신뢰와 상호 이해를 바탕으로 대화에 참여하거나 관계를 형성하지 않았을 가능성이 높다.

소크라테스에게 질문을 받은 자들이 "소크라테스가 나쁜 주장을 좀 더 나아보이게 하려 한다"며 소크라테스의 철학적 문답의 목적을 오인한 이유를 이해할 만하다. 올바르지 못한 관계가 형성되었기 때문에 소크라테스의 대화 방법이 적대적이고 모욕적인 것으로 받아들여지기도 했다. 이 일화에서 말하고자 하는 것은 힘의 행사가 좋은 의도의 변화를 가지고 오는 필요조건이지만 충분조건은 아니라는 것이다. 신뢰와 상호이해가 바탕이 된 두 주체가 철학적 논증 이전에 긍정적인 관계를 형성해야 한다.

권력의 조건

플라톤은 트라시마코스와 소크라테스를 등장시켜 '지속되는 힘'의 행사와 성격, 그것이 주는 효과와 분배하는 법 등을 광범위하게 다룬다. 이제 심도 있는 토론을 위해 19세기를 대표하는 힘의 철학자, 니콜로 마키아벨리를 만나러 가 보자.

3

존경받는 군주에 관하여

니콜로 마키아벨리 Niccolò Machiavelli (1469-1527)

"그 누구도 권력을 내려놓기 위해 권력을 쟁취하지 않는다."

_조지 오웰George Orwell

사상가 마키아벨리는 트라시마코스와 달리, 그리스도교적인 도덕적 명령에 기초하는 진정한 규범의 타당성을 받아들인다. 또, 소크라테스와 다르게 힘의 행사는 정치적 환경에서 단순히 주어진 상황에 도덕적 규범을 적용하는 것이라고 주장하지 않는다. 대신 마키아벨리는 묵시적으로 진정한 규범 타당성을 통과한 규범이라 할지라도 그 규범 간 충돌 가능성을 배제하지 않는다. 국가 통치자는 자신이 속해있는 당파의 의무를 위해서 때로는 더 넓은 인간적 국가적 이득을 규정하는 완전한 도덕적 규범도 포기할 줄 알아야 한다. 통치자는 정치적 신념과 자신의 사회적 지위가 요구하는 권력을 행사하기 위해서라면 규범적 도덕성을 버리고, 자기 손과 영혼을 더럽힐 각오가 되어있어야 한다. 그러므로 마키아벨리는 정치적 힘이 권력을 행사하는 주체를 변화시킬 수 있다는 것에 주목한다.

마키아벨리의 저서가 의미하는 바에 대해서는 다양한 해석이 있지만 이 다양한 해석도 단 한 가지의 사실에는 모두 동의한다. 피렌체*가 힘을 얻고, 유지하고, 행사하는데 많은 관심을 가지고 있었다는 것. 마키아벨리는 《군주론》을 통해 군주가 되고자 하는 사람에게 조언을 해주고자 했다.

군주가 되고자 하는 사람에게

기존의 도덕적 명령으로부터 자유로울 것

사람이 이상을 추구하는 방향과 사람이 실제로 사는 방법에는 좁혀질 수 없는 간극이 있기 때문에 도덕적 신념을 따르는 군주는 멸망할 수밖에 없다. 전통적인 도덕성을 뛰어넘는 것을 거부하는 군주는 멸망할 것이다. 생각보다 많은 사람들이 도덕적으로 청렴하지 않기 때문이다. 군주는 좋지 못한 사람이 되는 법을 배워야 하고 지식을 사용해야 할 때와 그렇지 않아야 할 때를 잘 구분해야 한다(P15; P18).

---

* 마키아벨리의 고향으로 15세기 이탈리아 5대 동맹세력-교황, 나폴리, 밀라노, 베네치아, 피렌체- 중 하나

군중은 긍정적인 결과에만
관심이 있다는 것을 받아들일 것

사람들은 겉모습에 쉽게 현혹된다. 결과만으로 타인과 군주를 판단한다. 군주가 힘을 얻고, 유지하고, 재건하고, 확장하는 단계로 시민들의 안녕을 증진시키는 모습을 보여 준다면 군중은 환호할 것이다(P18).

기회와 가능성,
행동 노선을 택할 때는 냉정하게 판단할 것

마키아벨리는 군주가 인지도를 얻기 위해서는 언제든 안정을 기대해서는 안 된다고 경고한다. 모든 선택에는 위험이 있기 마련이고 위험을 하나 막고 나면 다른 위험이 도사리고 있다. 현명한 군주라면 다양한 위험의 가능성과 그 심각성을 감지하여 가장 덜 위험한 선택을 해야 한다 (P21).

군중의 충성심을 얻을 것

묵시적이기는 하지만 마키아벨리는 강압적인 법과 직접적으로 기능하는 법의 차이를 구분한다. 처벌에 대한 두려움을 원동력으로 삼는 방법이 바로 트라시마코스가 집요하게 파고들었던 강압적인 법의 힘이다. 다른 모든 조건이 동일하다면Ceteris Paribus, 사람은 자신의 잘못으로 생겨나는 두렵고 고통스러운 보복을 피하려고 한다. 하지만 고압적인 힘만으로 사람들을 다스리는 것은 불가능하다. 시민이 법에 복종하고 군주의 명령에 순응하는 이유가 오직 처벌에 대한 두려움 때문이라면 칼날의 끝이 무뎌질 때쯤 사람들은 망설임 없이 법을 무시할 것이다. 트라시마코스가 말했듯이 복종하지 않았을 때 더 많은 혜택을 얻을 수 있다면, 사람들은 더 이상 군주의 명령을 듣지 않을 것이다. 시민들이 법의 효력과 금령의 가치에 내면화될 때 법은 직접적 기능을 하게 된다. 이것은 시민들이 법이 외부에서 강요된 것이 아니라 자신들 스스로의 가치라고 여기게 되는 상태를 말한다. 마키아벨리는 반복적으로 강력한 군대와 법에 대해 이야기한다. 군주는 질서 있고 안정적이며 안전이 보장되는 국가를 이뤄야 한다고 강조한다(P12). 국가의 질서는 관습과 전통을 유지시키는 사회화 과정의 전제조건이며 법이 직접적으로 기능하기 위한 필수요소이다.

사람은 생물학적으로
비행을 저지를 수밖에 없는 존재라는 사실을 인정할 것

사람은 생물학적으로 약한 존재이며 강한 무력이 동반될 때에만 옳은 길을 걷는다(P15; P18 P23). 시민들이 군주가 정한 법을 받아들이고 그 법이 정당하고 꼭 필요한 것이라고 판단할 때에만 국가는 부패하지 않는다. 국가는 군주의 안녕과 직접적인 힘의 행사가 군중의 관심과 직결되어 있다는 것을 보여주기 위해 강한 군대를 양성하고 법제를 만들어야 한다. 귀족의 야심을 억제해야 하고 질

권력의 조건

좋은 교육을 제공해야 한다. 올바른 관습과 전통을 발전시키고 군주의 평판을 높여야 한다. 또한, 거대한 군대를 성공적으로 지휘하고 상벌 시스템을 강화함으로써 현 체제가 올바르게 작동하고 있다는 사실을 보여주어야 한다.

금욕적인 삶을 살 것

군주에게 필요한 품성 몇 가지를 열거해 보자. 첫째, 군주는 건장한 체력과 건강한 정신을 갖고 있어야 한다. 둘째, 군주는 사치하지 않아야 한다. 셋째, 군주는 군대를 장악하고 있어야 하며 스스로를 무장하고 군대를 지휘해야 한다(P14). 넷째, 군주는 여성을 유린하지 않아야 하며 시민과 공공의 재산을 약탈하지 말아야 한다(P17; P19). 악덕한 군주는 대중의 반발을 사고 결국 멸망하게 될 것이다. 마지막으로 다섯 번째, 군주는 여성성animo effeminato을 보이지 말아야 한다. 군주는 변덕스럽고 경박하고, 연약한 모습을 보여서는 안 된다. 이런 모습을 보이는 군주는 대중으로부터 멸시당할 것이다. 일반적인 사람들도 분명 여성성을 가지고 있겠지만 이런 자신의 약점을 인지하고 있는 사람은 많지 않고 군중은 자신의 대표자가 일반적이지 않기를 바란다. 군주는 기품 있는 위대한 모습을 보여주어야 한다. 위대한 업적을 남겨야 하며 강인하고 단호하고 참을성 있는 모습을 보여야 한다(P19).

시대에 맞는 행동을 할 것

군주는 과거의 행운Fortuna*을 좇아서는 안 된다. 행운은 사기꾼이며 가변적이다. 지배자는 현재에 적응해야 하며 그에 맞는 행동을 해야 한다. 몇몇의 군주는 특정 상황에서만 영향력을 행사할 수 있다. 하지만 지배자로 군림한 성공한 군주의 대부분은 더 다양한 상황에서 영향력을 행사할 능력이 있다. 위대한 군주는 다른 여러 상황에 맞춰 행동함으로써 위엄을 보여 준다. 이런 군사적, 정치적 자질vitru이 있어야만 건강한 국가를 건립하고 유지하며 확장시킬 수 있다. 승리만이 인간을 위대하게 한다. 그러나 마키아벨리는 인간이 모든 상황에 적응할 수 없다고 보았다. 타고난 성품이나 과거의 전쟁으로부터 형성된 기질이 있기 때문에 변화의 가능성은 유한하다. 그러나 운명은 무한하다. 모든 상황에서 소심함보다는 대범함이 요구되기는 하지만 운명 앞에서 언제나 대범할 수는 없다. 충분한 시간이 지나면 모든 인간은 멸망하기 마련이다(P25).

강인한 군대를 양성하고 확실한 법을 제정할 것

군주는 용병을 고용하거나, 원군**을 쓰거나 혹은 자신만의 군사를 양성할 수 있다. 당연히 마지막 방법이 가장 현명한 선택이다. 용병은 무용지물이다. 전시가 아닐 때는 안정적인 고용을 요구하며 군

---

* 운명의 여신; 그리스 신화의 Tyche에 해당. 이 책에서는 행운 또는 악운, 운, 운명으로 상황에 따라 다양하게 해석했다.

** 인접한 국가로부터 필요에 의해 파견돼 온 군대

권력의 조건

주의 재정을 갉아먹고 전쟁이 시작되면 불에 덴 고양이마냥 도망 간다. 이들은 야만적이며 훈련시킬 수도 없으며 충성심도 없다. 아 군에게는 허세를 부리겠지만 적군에게는 겁쟁이다(P12). 원군은 힘 있는 외부군주의 군대로 군주가 자신의 국가를 위해 차용할 수 있다. 하지만 이들은 용병만큼이나 무익하며 그보다 더 위험한 존 재다. 이들이 패하면 군주도 패한다. 하지만 이들이 이기면 이들은 군주에게 해가 된다. 원군은 충성심이 있지만 그건 자신의 국가와 주인에 대한 충성심이지 함께 싸운 군주에 대한 충성심이 아니다. 용병은 무지한 게으름뱅이고 원군은 열성적인 약탈자다. 성공적인 군주라면 자신만의 군대를 양성하고 이끌어야 한다. 다른 모든 일 에도 마찬가지다. 군주는 자급자족할 줄 알아야 하며 타인에 대한 의존도를 최소화해야 한다(P10).

전쟁 지식을 얻을 것

군주는 위협적인 존재가 되기 위해서는 언제나 무장되어 있어야 하고 자신의 군대를 직접 지휘할 줄 알아야 한다. 나태한 삶을 살 면서 존경받기를 바랄 수는 없다. 전쟁 배우기를 게을리하는 것은 힘을 잃고 국가를 빼앗기는 지름길이다. 군주는 역사를 배워야 한 다. 강력한 군사덕목을 지녔던 위인을 보고 배워야 하며 그의 영 광스러운 전통을 이어나가야 한다. 알렉산더 대왕*은 아킬레우스

---

* [BC 356-323] 마케도니아의 왕으로 그리스, 페르시아, 인도에 이르는 대제국을 건설

Achilleus[*]를 모방했고, 율리우스 카이사르^{Julius Caesar}^{**}는 알렉산더를, 스키피오^{Scipio}^{***}는 키로스^{Cyrus}대왕^{****}을 모방했다. 군사 문제에 있어서 역사를 무시하는 군주는 재앙을 면치 못한다(P14). 현명한 군주는 군사를 지휘하고 전장에서 장군이 된다. 질서 있는 공화국은 시민을 대표한다. 건강한 국가를 위해서 군주의 지식과 훈련은 이론에만 그쳐서는 안 된다(P12).

현실에 집중할 것

마키아벨리는 군주가 자신의 저서 그대로 통치할 것을 강조했다. 현실의 문제에 집중하고 실질적인 통치를 강조하며 추상적이거나 유토피아적 이념을 멀리해야 한다고 주장한다(P15). 철학 세계에서의 상상력은 창조적이라 평가받을 수 있을지 몰라도 현실 정치에서는 무익하다. 사람의 본성에 대한 환상에 미혹되는 군주는 자기 자신과 국가를 파멸로 이끈다. 역사는 몽상가나 천진난만한 도덕적 통치자를 관대하게 평가하지 않는다.

---

* 트로이 전쟁을 배경으로 한 호메로스의 서사시 '일리아스'에 나오는 전사

** [BC 100~44] 공화정을 파괴하고 제정의 기초를 쌓은 로마 정치가

*** [BC 236-183] 위기에 처한 로마를 구한 장군으로 소(小)스키피오라고 불렸던 양자 아이밀리아누스 아프리카누스 누만티누스Aemillianus Africanus Numantinus와 구분하기 위해 대(大)스키피오라 불림

**** [BC 590-529] 이집트를 제외한 오리엔트 전역을 지배하고 페르시아 제국의 기초를 만든 페르시아의 왕자

권력의 조건

좋은 평판과 존경을 받기 위해 노력하고
동시에 영특하게 행동할 것

군주는 위엄 있는 겉모습뿐 아니라 실제로 존경받을 만한 기질을 가지고 있어야 한다(P18). 하지만 위대해지기 위해 모든 기질을 다 갖출 수는 없다(P15). 군주는 변덕스럽고 우유부단하고 겁쟁이 같은 여성성을 외부에 보이지 말아야 한다. 적의 사기를 떨어뜨리고 아군의 힘을 돋우기 위해서는 확고한 결단력, 예지력 등의 기질을 통해 위엄 있는 모습을 보여주어야 한다. 앞에서 말했듯이 대중으로부터 미움을 받지 않으려면 군주는 몇 가지 요소를 갖춰야 한다. 준비된 군대와 강인한 무장력으로 외세의 적군의 근심을 사야 한다. 군주가 외세의 침략을 막아낼 수 있다면 자국에 질서와 안정을 가지고 올 것이다. 그러면 내부음모의 가능성은 줄어든다. 군주가 어려움을 극복하고 저항을 이겨 내는 모습을 보여줄 때 명성은 극대화된다. 군주는 위대한 업적을 통해 자부심을 쌓아간다. 위대한 군사적 승리, 영토의 확장, 외세로부터 영토보호 등이 바로 그 위대한 업적이다. 하지만 내부업적도 중요하다. 자국민의 우수한 업적은 상으로 보상해야 하며 악덕은 벌로 다스려야 사람들이 행동하기 전에 군주의 눈치를 본다. 상을 받기 위해 그에 합당하는 행위를 하려고 노력할 것이며 고통을 피하기 위해 처벌을 당할 만한 행위를 피할 것이다(P12).

국가의 궁극적인 목표를 이해할 것

국가의 궁극적인 목표는 군주의 영광과 시민의 안녕이다. 마키아벨리는《군주론》뿐만 아니라 그의 다른 저서《로마사 논고》에서도 영토의 확장이 국가의 궁극적인 목표임을 강조한다(P3; P7; D II 2; D II 4; D II 6; D II 9; D II 21).

명심할 것:
대중에게 사랑받기보다는 두려움의 대상이 되어라.
하지만 증오의 대상이 되어서는 안 된다.

군주는 잔인하기보다는 자비로워야 한다. 하지만 자비로운 모습은 생각보다 복잡하다. 잔인한 군주라 하더라도 군주의 통치 방법이 국가의 질서와 안전 확립에 기여하고 사람들의 안녕을 가져온다면 군주의 권력은 위태롭지 않을 것이다(P17). 가장 이상적인 군주는 사람들에게 사랑받음과 동시에 두려움의 대상이 되는 것이다. 하지만 이 두 가지가 양립하기는 쉽지 않다. 군주가 국민으로부터 이 두 가지의 감정을 동시에 얻어낼 수 없다면 사랑받기보다는 두려움의 대상이 되는 것이 낫다. 사람은 본능적으로 배은망덕하며 연약하고 이기적이며 남을 잘 속이고 욕심꾸러기이며 변덕스럽기 때문이다. 군주가 자신의 관심을 만족시킨다면 군주에게 충성하고 과도한 맹세를 할 것이다. 하지만 사람은 호기에는 대범하고 위기에는 소심하다. 사랑은 책임으로 연대된 관계이다. 인간이란 근본적으로 이기적이고 사악한 존재이므로 필요시에는 모든 책

권력의 조건

임을 저버릴 것이다. 하지만 두려움은 처벌을 동반하므로 사랑보다 더 강력한 연대를 형성하게 한다. 사랑은 천사의 속삭임처럼 달콤해 보이지만 가변적이며 신뢰하기 어렵다. 사람이 강압적이고 고통스럽고 가학적인 것을 두려워하는 것은 변하지 않는 진실이며 언제나 예측가능하다. 사람들이 군주를 사랑하게 만드는 것은 어렵지만 두려워하게 만드는 것은 쉽고 통제가능하다. 자신을 두려워하는 존재는 자신을 사랑하는 존재보다 예측가능하며 신뢰할 수 있다(P17; P18). 그러나 증오는 최대한 멀리해야 한다(P17; P19). 사람들은 군주가 자기의 재산이나 여자를 탐할 때 군주를 증오한다. 군주가 누군가를 사형시켜야만 한다면 설득력 있는 명백한 이유가 있어야 한다. 무엇보다 군주는 시민의 재산을 탐해서는 안 된다. "사람은 유산의 상실보다 부친의 죽음을 더 빨리 잊기 때문이다(P17)."

사자와 여우의 기질을 모두 갖출 것

군주는 사자와 여우 모두를 이상향으로 삼아야 한다. 사자는 늑대를 두려움에 떨게 할 수 있으며 여우는 위기대처 능력이 뛰어나다. 사자처럼만 행동하는 통치자는 정치적 덕목을 이해하지 못한 사람이다. 전쟁에서 용맹스러움을 의미하는 사자는 영악한 적의 속임수에 속아 넘어가기 쉽다. 여우는 영특하고 간사하다. 여우같기만 한 통치자는 강한 적의 공격을 이길 수 없다. 성공한 군주가 되려면 이 두 동물의 기질을 모두 갖추어야 한다(P18; P19).

다행히 사람은 쉽게 속는다. 군주는 여우처럼 행동하고 있다는 사실을 드러내지 말아야 한다. 영특하고 교활하게 진짜 의도를 숨길 줄 알아야 한다. 군주는 눈앞의 이익만을 추구하고 착각에 빠져 있는 얼간이를 옆에 둘 수도 있다. 하지만 군주 본인은 자비롭고 신뢰할 수 있고, 신실하고, 진실한 사람으로 보여야 한다. 좋은 평판을 얻은 후에는, 사람들을 속이는 것이 쉬워진다. 군주의 행동은 운과 시대적 요구Necessita와 맞아 떨어져야 한다. 윤리적 덕목만 엄격하게 따지고 든다면 군주의 행동에는 제약이 있을 것이다. 마키아벨리는 군주는 경건한 신앙심이든 편법이든 다양한 사람의 행동을 모방할 수 있어야 한다고 말한다.

결단력 있게 행동하고 중립을 피할 것

마키아벨리는 자율성과 실천을 강조하며 첫 번째 행동 양식을 제시한다. "해보고 후회하는 것이 해보지도 않고 후회하는 것보다 낫다(Ltr. 231: 2/25/14)"는 보카치오의 성욕에 관한 명언을 인용하여 자신의 정치적 철학을 한 줄로 요약한다. 여성, 어린아이, 학문적 철학가들은 공상가가 될 수 있지만 정치적 황야에 홀로 서 있는 사람은 독립적이고 결단력이 있어야 한다.

마키아벨리는 형편없는 결단력을 경멸하며 두 번째 행동지침을 제시한다. 타인을 강하게 만드는 자는 자신의 위치를 약화시킨다. 자신의 창의력과 힘을 동원해 누군가를 강하게 만들어 주었겠

권력의 조건

지만 이제 힘을 얻은 사람으로부터 불신을 얻을 것이다(P3). 세 번째 행동지침은 새로 정복한 국가에 관한 것이다. 군주는 정복한 지역 사람들을 회유하기 위한 가혹한 수단을 정리해야 하며 신속하고 단발적으로 그 수단을 사용해야 한다고 강조한다. 잔혹함의 반복은 사람들을 불안하게 만들며 증오를 살 수 있다. 단발성으로 사용된 잔인함은 오래가지 않고 사람들은 금세 잊어버릴 것이다. 혜택은 점진적으로 주어야 한다. 사람들이 혜택의 기쁨을 천천히 느껴 지속적으로 원하도록 해야 한다. 마키아벨리의 네 번째 행동지침은 시기와 관련된다. 전쟁을 피하기 위해 혼란, 악, 난제가 계속되도록 방치하지 말 것. 전쟁은 사라지지 않고 다만 늦춰질 뿐이다 (P3). 즉, 마키아벨리는 유화정책의 위험성을 강조한 것이다.

마키아벨리는 다섯 번째 행동지침으로 결단력의 중요성을 강조하며 중립을 피할 것을 강조했다. 군주는 갈등이 있을 때 한쪽 편에 서야 하며 다른 쪽은 철저히 반대할 수 있어야 존경심을 얻는다. 군주가 중립적이면 분쟁의 승리자는 군주의 약점이 될 것이고 패배자는 군주의 약점을 이용할 것이다. 전자에게 지배당할 것이며 후자는 아무런 도움도 되지 않을 것이다. 승자는 전쟁의 시기에 중립을 고수한 군주를 신뢰하지 않을 것이고 패자는 필요할 때 도움을 주지 않은 군주의 비위를 맞추려 하지 않을 것이다(P21).

각료를 분별력 있게 선발할 것

어떤 사람을 각료로 선발할 것인지에 따라 군주의 성패가 좌우된다. 때로는 각료가 군주를 판단하는 기준이 되기도 한다. 제대로 된 각료를 선택하지 못하는 군주는 치명적인 문제를 가지고 있는 것이다. 군주는 군주의 관심보다 자신의 이득을 취하려는 각료를 멀리해야 한다. 분명 현명하지 못한 조언가가 될 것이다. 모든 상황에서 군주의 관심이 최우선되어야 한다. 군주는 각료에게 적절한 보상을 하고 충성심을 확보해야 하며 명예, 대중의 인정, 물질적 보상 등을 수여해야 한다. 각료들에게 자신들의 위치가 매우 가치 있다는 것을 지속적으로 인지시켜주고 그들의 모범적인 행위에 대한 보상을 해야 한다. 이를 통해 각료와 군주 사이에 특별한 연대가 형성된다(P22). 마키아벨리는 오직 사리사욕만이 충성심, 신뢰, 연대의 기반이 된다고 강조한다. 군주는 각료의 안녕과 군주 자신의 안녕을 동일한 것으로 보고 관계를 유지하기 위해 노력해야 한다. 마키아벨리는 측근의 선택에 만전을 기해야 함을 강조한다.

아첨꾼을 멀리할 것

군주는 아첨꾼, 앞잡이, 입속의 혀 같은 사람들을 멀리해야 한다. 군주는 권력 앞에서 진실을 말할 수 있는 각료를 선택해야 하지만 지나치게 솔직하거나 진실한 사람은 추천하지 않는다. 모든 사람에게 진실을 말할 수 있는 기회가 쉽게 주어진다면 그들은 더 이상 통치자를 존경하지 않을 것이다. 아첨이나 지나친 직설적 화법, 둘

다 바람직하지 않으며 위험하다. 군주는 군주가 허락한 주제에 대해서만 진실을 이야기할 현명한 각료를 곁에 두어야 한다. 그리고 선택받은 각료만이 군주에게 말을 할 기회를 얻어야 한다.

힘을 얻는 것과 유지하는 것을 구분할 것

힘을 얻은 군주라 할지라도 그 힘을 유지하는 데 어려움이 있을 수 있고, 권력을 효과적으로 유지하는 군주라도 힘을 얻는 데는 무능할 수 있다. 군사 및 정치적인 자질을 사용해 군주가 된 자는 힘겹게 힘을 얻었지만 손쉽게 유지해 나갈 것이고, 운을 통해 쉽게 힘을 얻은 군주는 지켜나가는 데 어려움이 있을 것이다. 주변 상황과 외부 동맹의 조력으로 쉽게 힘을 얻을 수 있을 것이다. 하지만 그렇게 얻은 힘을 유지하기 위해서는 운이나 동맹보다 더 많은 것이 필요하다. 군주 자신의 자질이 매우 중요해지는 것이다. 군주는 운이나 연줄만으로 살아남을 수 없다(P6; P7).

성공한 정치가로부터 배울 것

군주는 대중의 인기를 얻기 위한 행동과 법제를 책임져야 하고, 대중적으로 환영받지 못할 행동은 적절한 사람에게 그 역할을 맡겨야 한다. 가능한 한 귀족을 존중해야 하고 시민들의 증오를 피해야 한다. 대중, 귀족 혹은 군대 같은 주변의 환경이 부패한 경우에는 군주가 선한 업적을 남기고 전통적인 의미의 도덕을 지킨다 하더라도 증오의 대상이 될 수 있다. 그러므로 힘을 유지하기 위해서라면 선할 필요가 없고 대신 다른 사람들의 악한 기질에 대적하기 위해 노력해야 한다. 마키아벨리는 악한 사람들에 둘러싸인 군주가 선하기만 하다면 좋지 않은 결말이 기다리고 있을 것이라고 말한다(P19). 군주의 성공은 운과 자질의 양립에 달려 있다. 올바른 환경과 개인의 능력이 맞아 떨어질 때 성공할 수 있다.

마키아벨리는 이런 조언을 통해 통치자가 되려는 이들에게 자국민이나 국제사회에 지배하는 힘을 행사하고 유지하는 방법을 알려준다. 물론 정치적 영향력을 행사하기 위해서는 군주가 가진 힘을 극대화하는 것이 가장 효과적이며 마키아벨리가 또한 이 부분을 강조하고 있다. 강화된 개인 역량과, 정치적인 권력, 대내외적으로 인정받는 힘의 행사 등이 적절하게 조화를 이룬다면 보다 안정적이고 장기적인 영광을 누리고 '시간의 할아버지'* 와 '죽음의 신'** 을 피할 수 있을 것이다.

마키아벨리가 말하는 힘 있는 군주의 조건은 다음과 같이 정리할 수 있다. 폭력만을 수단으로 하여 통치하려고 하는 군주는 효과적으로 힘을 행사할 수 없다. 강압적인 힘만으로는 충분하지 않다. 군주의 욕망을 유지하기 위해서는 직접적인 힘을 길러 군중에 내면화하여 군주의 관심이 곧 대중의 관심이라는 것을 설득시켜야

---

* 시간을 의인화한 가상의 존재. 큰 낫과 모래시계를 든 노인의 모습
** 해골 모습에 긴 망토를 걸치고 큰 낫을 든 가상적 존재로 저승사자를 의미

권력의 조건

한다. 대중은 겉모습을 중요시하고 결과로서의 업적만을 평가하며 습관과 전통을 따르는 경향이 있다. 건전한 군대와 강력한 법으로 국가의 질서와 안정을 보장할 수 있다. 이는 군주의 목적을 이루기 위한 사회화 과정에 필수적인 요소다. 군주는 일반 시민들의 증오를 피해야 하지만 굳이 사랑받을 필요는 없다. 두려움의 대상이 되는 것이 더 안전하다. 군주는 불필요한 폭력을 행사해 시민의 재산이나 사람을 탐해서는 안 된다. 이런 행동은 복수심을 불러일으킨다. 군주는 국제적인 영향력을 얻기 위해서 각료를 신중하게 선택해야 하고, 단호해야 하며, 사자와 여우의 기질을 동시에 가지고 있어야 한다. 그리고 어떤 경우라 할지라도 현실을 냉정하게 받아들이고 상황을 올바르게 판단해야 한다. 군주는 자기 자신의 내적인 만족을 위해 이상향을 쫓거나 현실을 부정해서는 안 된다. 군주는 대내외적으로 힘을 행사하기 위해서는 전통적인 도덕성을 필요로 하지만 정치를 위해서라면 도덕성을 포기해야 할 때도 있다.

마키아벨리는 힘의 소유와 행사에 대해 방대한 저서를 작성했다. 마키아벨리의 힘에 대한 조언은 혁신적이며 트라시마코스의 힘의 개념에 대한 정의를 우회적으로 반박한다. 트라시마코스는 사람들이 '정의'라고 이해하는 것이 단지 법으로 정해놓은 통치자의 관심일 뿐이라고 말한다. 하지만 마키아벨리는 '도덕성'(일반적으로 받아들여지는 규범)은 보다 심오한 의미를 가지고 있지만 통치자가 권력을 효과적으로 사용하기 위해서는 도덕성을 버려야 한다고 말한다. 트라시마코스는 통치자가 자신의 물질적인 관심을 파악하고 통치자 본인과 '정의' 사이에 충돌이 일어나지 않는다면 권력이 곧 권리가 된다고 하였다. 마키아벨리는 통치자의 힘의 행사와 도덕적 명령이 충돌할 때 가장 위협적인 상황이 일어난다고 보았다. 성공적인 통치자가 되기 위해서는 도덕적 명령을 언제 그리고 어떻게 뛰어넘어야 하는지 알아야 한다고 강조한다.

마키아벨리식 힘의 개념은 강압적인 힘을 직접적인 힘으로 바꾸는 것으로 해석되고 있다. 강압적인 힘에 의존하는 것은 지푸라기를 잡고 있는 것과 같다고 말한다. 마르크스의 주장을 예상이라도 한 듯 마키아벨리는 권력을 유지하기 위한 이데올로기와 사회화의 필요성을 강조한다. 마키아벨리는 법의 직접적인 지휘를 활성화하기 위한 내면화 과정을 촉진시키는 방법과 이를 방해하는 생물학적, 대중적, 심리학적 요소들을 언급한다. 마키아벨리는 힘의 철학가로서 통치자가 폭력, 사기, 속임수 등을 효과적으로 사용하는 방법에 대해 조언한다.

마키아벨리의 모든 저서들은 1559년 가톨릭 정교에 의해 금서로 지정되었다. 국가를 운영하는 데 있어 폭력, 사기, 속임수, 살인 등의 악덕을 조장하고, 사랑과 우정을 경시하고, 냉소적이고, 종교를 모독하고 전제군주를 칭송하고, 끝없는 모략과 배반과 눈속임을 조언한다는 이유였다. 마키아벨리안Machiavellian 이라는 말은 표리부동과 폭력의 상징이 되었다. 몇 세기동안 마키아벨리는 위험한 인물로 비쳤다. 세상을 속고 속이는 관계로, 정치적 폭력과 그 피해자로 나뉘기 때문이다. 마키아벨리는 정치적 힘의 정복, 유지, 확장을 위해서 도덕적·정신적 가치를 희생시켰다.

이 때문에 교파를 불문하고 모든 성직자, 작가, 시인, 군주 및 도덕적 사상가 등 많은 사람들이 이구동성으로 마키아벨리를 폄하했다. 마키아벨리에 대한 이런 분석은 지금까지도 이어지고 있으며 마키아벨리안 또한 여전히 기회주의적 개인과 편법적 정치가를 일컫는 것으로 사용된다.

마키아벨리를 바라보는 이런 시선을 부정할 수는 없지만 여러 세기 동안 그의 저서에 대한 또 다른 분석이 자리 잡았다. 이런 새로운 분석은 《군주론》뿐만 아니라 《로마사 논고》, 《전술》, 《피렌체의 역사》 등 마키아벨리의 다른 저서와 그가 지인들과 외교 사절단에게 남긴 개인적인 서신을 비교 분석하는 과정 속에서 심화되었다. 여기에 마키아벨리에 대한 다른 분석들을 몇 가지 소개한다. 마키아벨리식 힘의 개념을 바라보는 우리의 시선에 변화가 있을지도 모른다.[1]

애국자로서의 마키아벨리

어떤 사람들은 마키아벨리의 《군주론》을 국수주의적 전술이라고 보았다. 뼛속까지 이탈리아의 애국자였던 마키아벨리가 《군주론》을 통해 이탈리아 통일의 청사진을 그리고자 했다는 관점이다. 《군주론》은 이탈리아의 재건을 위한 행동지침이라고 볼 수 있다. 하지만 성공에는 희생이 있기 마련이다. 새로운 통치자는 유약한 이탈리아를 건강하고 확장된 공화국으로 만들고 부패를 척결하기 위해 힘을 사용해야 한다고 말한다. 여우같은 책략과 사자같은 위협적인 정책을 행사하는 교묘하고 폭력적인 통치수단은 마키아벨리의 다른 저서 《로마사 논고》에 공화국의 신화를 이루기 위한 필수 요소로 등장한다. 영광스러운 군주가 되려면 군주 자신이나 자신의 권력을 퇴화하게 만드는 것이 군주의 궁극적인 목적이어야 한다. 그렇기 때문에 《군주론》은 마키아벨리가 말하고자 하는 영광스러운 정치적 승리의 시작선일 뿐이다.

마키아벨리를 애국자라고 분석하는 사람들은 《군주론》을 불안정한 정세 속에서 통일을 이룩하기 위해 만들어진 행동지침이라고 보았다. 군주가 국가의 통일을 이룩하고 공익을 실천함으로써 국가가 강대국으로 성장하게 되면 군주의 힘은 분산되어야 한다. 《로마사 논고》에서 마키아벨리는 공화국이 자리 잡을 만한 상황이 준비되면 공화정을 이룩해야 한다고 말한다.

마키아벨리는 16세기 초 사분오열*된 이탈리아를 처치 곤란한 대상으로 생각했다. 서로 다른 다섯 개의 국가로 독립해 주변국가의 약탈대상으로 전락하거나 강한 통치자를 앞세워 강력한 통일 국가로 거듭나야 한다고 보았다. 희생당하거나 통일되거나 양자택일을 해야 한다고 주장한 것이다. 《군주론》에서 마키아벨리는 이탈리아 사람들 대부분이 매우 부패해 있다는 사실을 지적한다. 이들은 시민의 자질이 없기 때문에 군주가 속임수와 강제력을 행사해서라도 국가를 통일하고 시민들을 일깨워 주변국으로부터의 압박에 대비해야 한다고 주장한다. 부패를 척결하기 위해 속임수와 강제력을 행사해야 한다고 말하다니 우습지 않은가? 마키아벨리는 군주가 최소한 자신의 통치기간 동안은 개인이 정해놓은 도덕적 규범에 따를 필요가 없다고 말한다. 악한 통치행위라도 필요하다고 판단될 때에는 '잘 사용된 악'으로 받아들여야 한다는 것이다. 외부 요소나 전례, 특정 상황에서 불가피한 경우가 있기 때문이다. 시대적 상황은 군주에게 도덕적으로 용납될 수 없는 행위를 하게 한다. 이는 정치적인 상황이 아니라면 용납되지 않았을 행위들이다. 정치적인 상황에서는 잔인하고 인색하고 기만적이고 신뢰를 저버리는 행위가 자비롭고 정직하고 신의 있는 행위보다 우선시되어야 할 때가 있다. 《군주론》의 목적은 명백하다. 마키아벨리는 질서와 안보를 바로잡고 부패한 시민과 대중을 개혁함으로써 영원한 영광을 누리는 미래를 그렸던 것이다.

---

* 마키아벨리가 활약하던 16세기 초 이탈리아는 교황, 나폴리, 밀라노, 베네치아, 피렌체 등 5대 세력이 각축을 벌이며 정치적으로 분열되어 있었음

마키아벨리는 완전한 군주만이 부패한 사회를 개혁할 수 있다고 보았다. 이탈리아의 시민들의 자질은 붕괴되었기 때문에 민주적 공화국의 건립은 불가능하다고 판단했다. 자질은 법과 훈련 교육을 통해서만 만들어진다. 부패는 국가를 분열시키기 때문에 한번 부패한 국가는 스스로 재건할 수 없다. 온전한 법과 강한 군대를 사용할 수 있는 전능한 통치자만이 사회 기반을 구축할 수 있다. 강하고 통일된 국가는 주변 국가의 침략을 막아낼 수 있고 결국에는 시민들의 연대 의식을 고취시키고, 물질적·정신적 삶의 질 향상을 가능하게 만든다. 개인도 국가도 자질을 얻게 되는 것이다.

마키아벨리식 힘의 개념이 의미하는 바는 명확하다. 군주는 단순히 자기만족을 위해 국민들에게 지배하는 힘을 행사하거나 외세와의 경쟁에 참여해서는 안 된다. 군주는 폭동가가 아니다. 군주는 공익과 대중을 위하는 온정주의적이고 전환적 의미의 '지배하는 힘'을 행사해야 한다. 좋은 교사가 학생에게 그렇듯, 군주 또한 대중의 내면이 변화되었을 때 자신의 정치적 힘과 전제 군주 정치를 내려놓는 것을 목표로 해야 한다. 이런 결말에 다다르기 위해서 군주는 자신의 정치적 힘을 극대화하고 국가 전반에 온정주의적이고 전환적인 권력을 행사해야 한다. 그것이 외세와의 경쟁이나 내부의 방해분자를 억압하는 행위를 포함하더라도 말이다.

권력의 조건

풍자작가로서의 마키아벨리

어떤 사람들은《군주론》을 있는 그대로 받아들이지 말아야 한다고 주장한다. 이 분석은 오랫동안 계속되어왔고,《군주론》을 아주 독창적인 방법으로 해석한다. 마키아벨리는 독재자를 반대하기 때문에《군주론》은 권력가를 양성하기 위한 것이 아니라 반대로 그들의 허세를 드러내고 그들이 사용하는 악덕한 책략을 세상 밖으로 알리는 데 목적이 있다고 주장한다. 즉 마키아벨리가 독재자의 힘과 영향력을 무력화하기 위해 탐사보도를 했다고 주장하는 것이다. 전제정치를 조롱하고 군주의 가면을 벗김으로써 군주의 이중성을 드러내려 한 것이다. 이 해석에 따르면 마키아벨리는 그 시대의 왕자Prince에게 거울을 비추었던 것이다. 그는 왕자의 행위를 기록한 것일 뿐 옹호하지는 않았다. 마키아벨리의 진정한 목적은 통치자가 사용하는 억압의 방법을 알림으로써 힘 있는 자의 책략을 드러내고 그 영향력을 분산시키려는 것이다. 마키아벨리는 통치자들의 억압하는 힘을 무너뜨리기 위해 작가이자 정치 변화 관찰자로서 자신이 가지고 있는 힘을 행사하여 군주의 강압적인 성향과 사기성을 드러내고 사회화의 명목으로 법을 이용한다는 것을 알리고자 했다. 그러므로 마키아벨리의 저서를 군주를 위한 지침서로 받아들이기보다 대중과 지지자들의 지침서라 보아야 한다.

사실주의 작가로서의 마키아벨리

어떤 사람들은 마키아벨리가 사실주의 작가로서 당시의 현실을 그대로 글에 반영한 것뿐이라고 해석한다. 이는 사실이다. 마키아벨리는 당시 시대상황에서 군주가 해야 하는 것들을 열거했고, 그 당시 군주는 계략적이고 도덕적이지 못했다. 마키아벨리의 방법은 그 시대에 사용됐던 정치적 수단이었고, 어쩌면 그 시대뿐 아니라 모든 시대에 정치적 성공을 원하는 사람들 모두에게 적용되는 수단일지도 모른다. 정치적 지도자는 원하는 목적을 달성하고 자신의 정치적 관심을 진일보시키기 위해 때때로 거짓말, 속임수, 협박, 책략, 공포심 등을 수단으로 활용한다. 마키아벨리는 어디서 이 아이디어를 얻었을까? 플라톤은 유토피아를 그리며 세상이 변화되기를 바랐지만 마키아벨리는 정치가들이 있는 그대로의 세상에서 성공하기를 원했다. 마키아벨리가 도덕성과 정치적 자율성 사이에서 정치적 자율성을 옹호하거나 현실 그대로에 만족했던 것은 아니다. 하지만 성공적으로 국가를 운영하기 위해서는 현실 그대로의 상황에서 경쟁력을 지녀야 한다고 본 것이다.

마키아벨리는 세상이 변하지 않을 것이라고 보았다. 인간본성의 결점과 국제 사회의 제로섬 경쟁, 자원의 한계가 우리가 처한 현실이기 때문이다. 강한 자는 언제나 자신의 입지를 다지고, 유지하고, 확장하기 위해 최선을 다 할 것이다. 마키아벨리는 이런 환경과 상황에서 도덕성이 중요하다고 생각하지 않았다. 마키아벨리는 트라시마코스와는 다르다. 권력이 곧 권리라고 주장하지 않으며 전통적 도덕성이라는 것이 사회에서 강한 자가 만들어 놓은 행동지침이라 주장하지 않는다. 대신, 도덕성을 벗어나 무력과 사기를 효과적으로 활용하여 정치적 성공을 이루는 방법을 설명했다.

마키아벨리는 도덕성과 정치를 분리할 줄 아는 예비 통치자들에게 조언한다. 정치적 힘은 온정주의적 혹은 전환적으로 행사될 수 없다. 지배받는 주체나 국제적인 상황이 본질적으로 제로섬의 기질을 가지고 있고, 모두가 제한된 자원을 얻기 위해 싸워야 하기 때문이다. 이런 상황에서 정치적인 힘의 행사는 도덕적 평가로부터 독립적이어야 한다. 오직 신뢰성, 효과성 그리고 국가의 성공에 의해서만 평가되어야 한다. 소규모 그룹, 한 국가의 내부적 상황이나 국제적인 상황에 상관없이 정치적 힘은 본질적으로 강압적이고 억압적이다. 마키아벨리는 권력을 논하며 도덕적 승리를 말하지 않는다. 도덕적 평가와 정치적인 힘을 철저히 분리하는 것이다.

로마 도덕 철학자로서의 마키아벨리

이 분석법은 마키아벨리의 주장을 도덕적, 정치적으로 분리하는 것은 그리스도교적 도덕의 관점에서 바라보는 것이라 주장한다. 마키아벨리는 한 국가의 안정을 모든 종교보다 우선시하며 충성심과 통치성을 강조하는 이교도와 그의 정치적 신념을 함께하는 것뿐이다. 《군주론》은 전통 그리스도교와 대립하는 로마 제국의 이교도식 도덕성을 다룬다. 마키아벨리가 도덕적 영역을 벗어난 정치의 영역에서 자율적인 행동 양식을 이야기하는 것이 아니라 두 개의 대립하는 도덕성 사이에서 투쟁하고 있다는 견해이다. 이 관점에서 마키아벨리는 전통적인 그리스도교가 바라보는 정치 도덕과 다른 도덕성을 갖고 있는 것일 뿐이다.

이교도 혹은 로마의 도덕성은 그리스도교와는 다르게 목적 달성에 집중하는 것이 궁극적이고 타당하다고 보았다. 그리스도교는 신에 대한 믿음, 희망, 자선, 사랑, 자비, 경배, 용서, 자신을 내려놓음, 타인에 대한 자비, 영혼의 구원, 세속적인 것의 배척, 행복한 사후세계를 얻는 것 등을 가치 있는 것으로 여긴다. 하지만 마키아벨리 입장에서 이 모든 것은 초월적인 구원을 갈망하는 개인적인 윤리다. 로마의 종교는 질서 있는 사회의 지배, 보존, 확장을 가치 있는 것으로 보았다. 이 목표를 달성하기 위해서 로마 종교는 "내면의 강한 도덕성, 관대함, 정신력, 활력, 충성심, 공공정신, 시민의식, 안정을 위한 헌신, 영광"을 가진 자를 필요로 했다.[2] 로마 종교는 화려한 외면, 피나는 희생, 정상적인 법, 잘 계획된 교육을 성스러운 미덕이라고 판단한 것이다. 힘, 위대함, 자긍심, 금욕, 영광추구, 정신력, 복종…… 이것들이 국가를 위대하게 한다고 보았다.[3] 그러므로 통치자가 자기 자신의 영광을 위해 정치적 안정, 재건, 보존, 확장을 추구하는 것이 곧 공익이고 도덕적인 것이다. 마키아벨리는 인간이 이런 사회적 목적을 이루는 것이야 말로 자연스럽고 신중한 것이라 주장한다.

그리스도교적 도덕성을 추구하는 것은 정치적인 책무를 경외시하는 것이다. 힘의 크기와 지속성을 이야기하기 위해 로마 역사를 아는 것은 중요하다. 마키아벨리는 로마가 아주 긴 시간 동안 많은 사람들에게 영향력을 미칠 수 있었던 것은 공동 자질의 덕분이라고 말한다. 마키아벨리는 고대 로마를 연구하면서 경쟁을 위한 열망, 영광을 위한 열정, 공동체를 위한 갈망, 다른 국가에 대한 불신같이 마키아벨리 개인이 본능적으로 가치 있다고 여겼던 주장에 대한 근거를 찾은 셈이다. 로마인들은 도덕적 가치와 평판을 구분짓지 않았다. 자기 개인의 가치를 공동체의 가치보다 상위에 두는 것은 미개하다고 여겼다. 시민들은 공익에 기여하도록 교육받았으며 다른 국가나 외부 세력과의 관계가 좋지 못했을지는 몰라도 로마인들의 확장·경쟁 본능을 막을 수는 없었다.

그러므로 정치적 힘의 행사는 전통적인 가치와 맞아 떨어졌다. 오직 로마에만 해당되는 도덕성이지만 말이다. 도덕성은 국가를 구성하는 시민들의 성향에 맞춰진다. 그러므로 국가 내에서 행해지는 정치적인 힘은 때때로 억압적이고, 가끔은 온정주의적이고 또 전환적이다. 국가를 구성하는 시민들의 자질에 따라 달라지는 것이다. 국외적으로 행사되는 정치적인 힘은 지배와 억압의 연구 대상이다. 대내적으로나 대외적으로나 로마의 정치적인 성공은 앞서 말한 가치에 의해 평가될 것이다. 그리스도교 같은 종교적인 의미에서의 정치를 평가하는 것은 불필요한 실수 같은 것으로 치부된다. (다른 인간 무리에 적용될지 몰라도 이 인간 무리에는 불필요한 것으로 받아들여졌다.)

정치 파괴자로서의 마키아벨리

조금 특이한 이 분석 방법은 마키아벨리가 대중에게 정치적 억압의 현실을 알리고 반란이나 반항의 불씨를 마련하고자 하는 것이 아니라, 역으로 이 책을 읽을 통치자나 군주를 잘못된 방향으로 이끌기 위해 이 책을 썼다고 주장한다. 군주에게 억압을 통한 최적의 통치 방안을 제시하려는 것이 아니라 지도자에게 멸망의 지름길을 알려주려 했다는 것이다. 정말이지 마키아벨리안스러운 해석 방법이 아닐 수 없다.

마키아벨리는 사람은 버릇과 고정된 성품에 따라 행동한다고 말한다. 운이 허락한다면 상황에 따라 성공을 거머쥘 수도 있을 것이다. 그러나 운은 지속적이지 않고 사람은 변하는 운을 따라가지 못

권력의 조건

하고 몰락을 맞이하게 될 것이라고 주장한다(P25). 사람이 시기에 맞춰 유연하게 행동해야 한다는 마키아벨리의 주장은 사람은 불변의 성향과 기질을 가지고 있다고 주장하는 더 강력한 자신의 또 다른 주장과 대립된다. 결국 군주는 가변적인 영광을 얻는 것이다. 모든 것에는 끝이 있기 마련이다. 그러므로 우리는 마키아벨리의 저서가 군주의 성공을 위한 행동지침서라고 오해해서는 안 된다.

마키아벨리는 군대나 정치적 성공을 위해 특별한 자질이 필요한 것으로 그리지만 한편으로는 자질이라는 개념을 산발적으로 적용하고 개념화함으로써 사용할 가치가 없는 것이 되었다. 마키아벨리는 체사레 보르자Cessare Borgia*가 자질을 가진 사람이라고 칭송하지만 거의 동일한 행동을 한 시칠리아의 왕 아가토클레스Agathocles of Sicily**는 부정적으로 평가했다(P7; P8). 비슷한 영광을 이룬 두 핵심 인물을 판이하게 평가하고 있는 《군주론》을 정부 운영을 위한 지침서라고 바라볼 수 있을까?

마키아벨리는 운Fortuna 또한 이중적인 의미로 사용한다. 인간의 노력과 야심을 뒤흔들고 군사·정치적 성공을 좌지우지하는 제어기제로 보았다가 또 자질을 가진 어떤 사람은 운을 효과적으로 관

---

* [1475-1507] 이탈리아의 전제군주, 아버지이자 교황인 알렉산데르 6세의 지원으로 로마냐 지방을 정복. 마키아벨리는 《군주론》에서 보르자를 이상적인 군주의 모델로 평가
** [BC 361-289] 도공의 아들로 태어나 군인이 되어 BC 304년에 스스로 시칠리아의 왕이 되어 잔인하고 가혹한 통치를 행한 인물로 마키아벨리는 아가토클레스가 무자비하고 잔인하여 위인이라고 볼 수 없다고 평가

리할 만한 능력이 있다고 말한다(P7; P13; P25). 자질^{Vitru}과 운은 마키아벨리 저서의 핵심 개념이다. 마키아벨리가 이 개념들을 혼란스럽게 사용한 것은 논리적 결함이 아니고 숨겨진 메시지를 전달하기 위해서이다. 마키아벨리 스스로를 희생시키지 않고 메디치가(家)*를 멸망하게 하려는 것이다.

이것 뿐만 아니다. 마키아벨리는 《군주론》을 통해 인간은 근본적으로 신뢰할 수 없는 존재라는 점을 강조한다. 하지만 성공적인 군주라면 믿을 만한 고문을 옆에 두어야 한다고도 말한다(P22; P23). 앞뒤가 맞지 않는다. 군주가 과연 진정으로 현명하고 독립적이고 이타적인 고문을 얻을 수 있을까? 군주가 사자의 성품을 가지고 있다고 하더라도 측근으로 둔 고문이 여우같은 기질로 군주를 위험에 빠뜨릴 수 있다. 《군주론》에서 일관된 내용은 마키아벨리가 그의 목적을 이루기 위해 그의 저서를 도구로 사용하고 있다는 것 단한 가지뿐이다.

마키아벨리는 그의 조언을 따르는 군주에게 성공을 선사한다. 하지만 달콤한 성공의 뒤에 실패가 뒤따를 것이라는 사실은 말해주지 않는다. 마키아벨리는 《군주론》 서론에서 메디치 가문이 극복해야 할 장애물 세 가지를 언급한다. 그들은 새로운 왕자 세력이고, 이들이 공화국의 잔재를 통치하고 있고, 이들이 외부 동맹과 운 덕

---

* 마키아벨리의 고향인 이탈리아 피렌체 지방을 가장 오래 통치한 가문으로 영욕의 상징. 마키아벨리는 《군주론》을 메디치 가문-줄리아노 데 메디치-에 헌정함

권력의 조건

분에 세력을 형성했다는 점이다(P3; P6). 하지만 모든 갈매기가 그렇듯, 메디치 가문은 결국 보고 싶은 것만 볼 것이며, 성공에 눈이 멀어 《군주론》 속 진실을 알아차리지 못할 것이라고 예상했다. 그러므로 메디치가 사람들이 마키아벨리의 조언을 따른다면 그 힘은 금방 분산될 것이고 피렌체 공화국이 재건되리라 믿었다. 《군주론》은 군주에게 성공 가도를 알려주는 것 같지만 사실은 멸망의 지름길로 인도한다. 이 책은 정치적 이론이 아니라 정치적 행위인 것이다.

이 분석법은 《군주론》을 표면적으로만 받아들이고 부패 국가를 척결하고 확장된 공화국을 세워 절대 권력을 얻고 싶어 하는 통치자들에게 최고의 조언을 해주고 있다고 생각하는 현대 사상가들에게 일침을 가한다. 이런 해석은 이 책을 마키아벨리식으로 해석하는 것이 아니라 근대의 구미에 맞게 해석한 것이다. 이런 근대 사상가들은 마키아벨리와 피렌체가 메디치 가문을 위해 만들어 놓은 덫에 빠지는 것이다.

마키아벨리는 작가로서의 자신의 힘을 활용하여 당시의 억압 정권을 약화시키고자 했다. 마키아벨리는 종속된 자가 무력하거나 상황을 전복시킬 힘이 없는 것이 아니라는 것을 보여 준다. 메디치 가문의 억압 속에서 마키아벨리는 자신이 가지고 있는 기록할 수 있는 힘을 사용하여 메디치 가문에 위기를 가지고 올 수도 있는 책략을 전달한다. 마키아벨리는 통치자가 자신의 의지와 반하는 방향으로 힘을 행사하도록 이중적인 모습의 저서를 집필한 것이다.

마키아벨리는 매우 영리하게도 무력을 사용하지 않으면서 억압된 힘을 전복시킬 방법을 알고 있었던 것이다.

지금까지 마키아벨리를 바라보는 다양한 시선을 통해 마키아벨리 저서 속 내면을 살펴보았다. 앞서 다룬 분석들이 모두 정확하다고 말할 수는 없다. 서로 동의하는 부분도 있지만 대립하는 부분도 있다. 보다 상세한 내용은 나의 다른 저서에서 다루기로 하자.[4]

나는 마키아벨리를 애국자로 바라보는 분석을 지지한다. 나의 의견을 정리해 보자. (1)마키아벨리는 전통적인 도덕적 원칙을 인정한다. 불변하다는 의미에서의 순수 원칙이 아니라 그 법칙을 어기는 것이 대부분의 경우, 그릇된 것으로 인식된다는 점에서 순수하다는 것이다. (2)마키아벨리는 공공기관의 역할을 가치 있는 것으로 여긴다. 무거운 책임을 갖고 외세의 압박으로부터 자국민을 보호하고 국가의 안녕을 도모하는 것 등 국가의 역할을 중요시 여겼다. (3)그러므로 비인격적이고 공평무사한 규범적 도덕성과 부분적으로 명령적인 공공의 업무 사이에 존재하는 간극을 인정했다. (4)마키아벨리는 운의 개입, 제로섬의 상황, 인간 본성의 악, 제한된 자원 사이에서 발생하는 국제관계의 필연성을 강조했다.

정치적 지도자는 앞서 말한 네 가지 요소에 영향을 받으며 긴장감 속에 살아간다. 왕자가 군주의 자리에 오를 때마다 규범적 도덕성의 옷을 벗고 자유분방한 로마 이교도의 옷을 차려입는 것이 아

권력의 조건

니다. 만약 그렇다면 불필요한 폭력과 잔인함을 앞세우는 폭군으로 변할 확률이 증가할 것이다. 마키아벨리는 도덕적·정치적 요소 사이에는 보다 심오한 무언가가 존재한다고 보았다. 도덕과 정치, 이 두 상충되는 단어에서 요구되는 것이 동시에 존재할 수 없다고 보았다.

이는 사실이다. 군주가 '더러운 손'* 없이 업적을 이룰 수는 없다. 마키아벨리는 더러운 손의 정치에 대해 다룬 첫 번째 주류 정치 철학가다.[5] 더러운 손 정치는 역설적이다. 도덕적 제약의 범위를 넘어서는 것이 특정 정치적 상황이나 우리 일상에서 요구되는 경우가 있다. 좋은 사람은 이 도덕적 제약을 어긴 것에 대해 죄책감을 느끼겠지만 정치인들은 자신이 속해있는 집단의 안위를 위해 필수적이었다고 볼 것이다. 군사·정치 통치자들은 우리 일반인들을 대신해서 규범에 명백히 어긋나는 행위를 한다. 특정 상황에서 통치자들의 비도덕적 행위는 더 큰 피해를 막아주며 위대한 업적을 이루는 도구로 사용된다.

정치적 권력자들은 폭력적이고 위협적인 방법을 합법적으로 사용할 수 있는 독자적인 권한을 가진 국가 통치자들이다. 이들은 무수히 많은 부도덕한 존재와 경쟁한다. 자신이 통치하고 있는 자들

---

* 7막으로 이루어진 장-폴사르트르의 희곡 작품. 순수한 이상주의자인 위고와 목적을 위해서는 손을 더럽힐 각오를 마다하지 않는 현실주의자인 외데레르 두 지식인의 내면의 갈등을 다루고 있음

에 대한 책임을 다하기 위해 때로는 일반적인 인간의 관심을 침해하기도 한다. 권력을 얻기 위해 자기 자신의 진정한 모습이 아닌 다른 모습을 보여주기도 해야 한다. 결정권이 있는 이들의 목소리는 일반 시민의 목소리보다 더 많은 의미를 갖는다. 그러므로 일반 시민과는 달라야 하며 군주는 구조적 상황에 따라 더러운 손을 사용할 준비가 되어있어야 한다.

국제적인 차원에서 군주는 이상적 관찰자의 입장에서 바라보는 공평무사한 비인격적 도덕규범과 자신이 통치하는 국가의 책무를 위한 편파적인 도덕성, 이 두 가지의 도덕적 역설과 마주해야 한다. 이것은 동일한 도덕성 내에서의 갈등이지, 앞서 다룬 것과 같은 그리스도교와 이교도같이 두 개의 다른 도덕성의 모순이나 정치적이거나 도덕적인 두 개의 다른 규범의 충돌이 아니다. 마키아벨리는 군주가 국제사회에서 폭력이나 위선을 행하는 것이 세상의 자연적 이치에 맞는 것이라고 주장하지 않는다. 세상을 무자비한 제로섬의 경쟁사회로 보는 마키아벨리의 견해가 틀렸다고 가정하더라도 그가 군주에게 정치적인 위엄을 보여줄 수 있는 사자의 모습을 갖추고 책략을 꾸며내거나 타인의 속임수를 피해갈 수 있는 수 있는 여우의 기질을 가지라고 전하는 조언은 타당하다.

국가 내에서도 군주는 도덕적 역설을 피할 수 없다. 공익을 증진시키면서도 시민 개개인의 관심을 존중해야 하기 때문이다. 민주주의나 공화정의 정치형태에서 군주는 다양한 이익집단과 끊임없이 협상해야 한다. 군주의 결정은 일반 시민의 결정보다 더 많은 사람에게 영향을 미치기 때문에 훨씬 치명적이다. 그렇기 때문에 군주의 결정이 강압적으로 행사될 때가 있다. 서로 다른 이익집단이 군주가 자신의 요구를 들어줄 것을 원한다. 인식론Epistemological 상*의 불확실성과 규범적 의견 불일치의 상황에서 양립할 수 없고 비교 불가능한 가치가 생겨난다. 이때 군주는 독단적인 결정을 피할 수 없다.

'더러운 손'을 사용하는 정치적 상황에서는 악을 더 잘 활용하는 사람의 손에 국가의 운명이 결정된다. 이들은 자신들의 업적이 잘못된 선택으로부터 이루어졌다거나 자신들에게 더 나은 선택의 여지가 있었다고 믿지 않는다. 하지만 영혼을 가진 정치가는 자신이 비인격적인 도덕적 원칙을 위반함으로써 업적을 이루었다는 것을 인지한다. 업적을 이루는 데 희생양이 된 사람들 또한 자신들이 억압을 당했다는 사실을 인지한다. 영혼이 위험에 빠지는 것은 막을 수는 없겠지만, 그래도 영혼을 완전히 잃고 싶지 않다면 국익을 위한 일이라도 더러운 손을 사용하기 전에는 심사숙고해야 한다. 통치자는 꼭 필요한 일이라 하더라도 행동으로 옮기기 전에 자신이 희생하고자 하는 도덕성의 가치를 다시 돌아봐야 할 것이다. 더러운 손을 쉽게 사용하는 통치자는 꼭 필요한 상황이 아닐 때도 악을 선택한다. 이런 통치자는 스스로의 영혼을 잃어버리고 국가의 공

---

* 인식 · 지식의 기원 · 구조 · 범위 · 방법 등을 탐구하는 철학적 학문

익도 위태롭게 할 것이다. 마키아벨리식 군주라면 좋은 사람이 되려고 해서는 안 되지만 상황이 허락하는 한 옳은 방향으로 일을 하려고 해야 한다. 무엇보다 영혼을 잃어서는 안 된다. 세상의 자연법칙과 도덕적 규범은 충돌하기 때문에 통치자는 플라톤이 말하는 이상적이고 완벽한 영혼을 얻을 수 없다. 하지만 인간성을 잃지 말아야 한다. 아니, 최소한 잃지 않기를 바라야 한다.

군주는 자신의 영혼보다 국가를 사랑하는 열성적인 애국자여야 한다(Ltr. 331:4/16/27 Ltr. 224:12/10/13; Ltr. 270: 5/17/21; FH III 7; AW I 7). 도덕적으로 잘못된 것을 알고도 악을 활용하는 것은 국가를 위해 자신의 영혼을 희생한다는 것이다. 영혼을 위험에 빠뜨리는 것은 사람 자체를 위험에 빠뜨리는 일이며 한 사람을 쓸모없는 사람으로 전락시킬 수도 있다. 군주가 영혼을 잃어버리면 필요악의 사용과 잘못된 악의 사용을 구분하지 못하게 되고 악을 너무 쉽게 사용하게 된다. 이런 군주는 폭군이 된다. 하지만 또 비인격적인 도덕적 규범만 강조하는 군주는 책임을 다하지 않는 비(非)애국자가 되기 쉽다. 자기 영혼을 희생시키면서도 영혼을 지킬 줄 아는 군주는 인간으로서 얻을 수 있는 가장 높은 영광을 누릴 것이며, 우리 중 가장 위대한 자로부터 내려오는 불멸의 영광을 누릴 자격이 있다(P7; P8; P14; P24; P26; D I 10). 이런 군주는 가능한 가장 늦게 '죽음의 신'을 맞이하게 될 것이다.

우리는 마키아벨리식 통치자의 행위와 사고방식을 힘의 관점에

권력의 조건

서 설명할 수 있다. 마키아벨리식 통치자는 그가 가지고 있는 자질만큼 풍부한 힘을 가지고 있으며 이를 사용해 권력을 행사한다. 더러운 손의 상황에서 국가의 공익을 위해 대내외적으로 지배하는 힘을 행사하는 것이다. 마키아벨리식 통치자는 자신이 다스리는 주체가 시민자질이 부족하여 온전한 정치적 참여가 불가능하다고 판단될 때 온정주의적 힘을 행사한다. 또한 이러한 통치자는 진취적이며 힘의 분배를 목적으로 시민을 다스린다. 공국*에서 공화국이나 공화국 초기 단계로의 변화를 꿈꾼다. 시민자질의 발전은 국가이익을 위한 중요한 요소이다. 이 시기의 통치자들이 억압적인 지배하는 힘 행사에만 집중하거나 마키아벨리식 힘을 잘못 해석한다면 피렌체가 저지른 실수를 반복하는 것이다.

위기를 두려워하지 않고도 영혼을 잃지 않기 위해서 통치자는 몇 가지 사항을 기억해야 한다. 통치자는 일반적인 인간의 관심보다 통치 대상의 관심을 발전시키기 위해 자신이 가지고 있는 특권을 사용해야 한다. 공익을 진일보시키기 위해 개인의 관심을 침해할 수도 있다. 통치자 가족이나 측근의 이익을 위해 일반시민의 관심을 희생해서는 안 된다. 이런 조언들이 통치자들의 어깨를 가볍게 해주지 않는다. 오히려 통치자들에게 더러운 손의 사용을 강요하며 고위관리직을 유지하기 위해 영혼을 담보로 잡힐 것을 요구하고 있다. 통치자는 통치 대상의 공익을 위해 자신을 악의 희생양

---

* 군주가 아닌 공(公)이 통치하는 소국

으로 삼아야 한다. 마키아벨리의 저서를 해석하는 방법에 대해서 더 많은 이야기가 남아있지만 여기서 이만 정리하고자 한다.[6]

마키아벨리의 저서를 해석하는 방법은 다양하지만 그가 권력을 이야기한 가장 고전적인 철학자임은 분명하다. 마키아벨리가 대중적이거나 《군주론》을 해석한 어떤 절대적 해석 때문이 아니다. 마키아벨리의 문체와 책의 내용이 현대 사상가들이 알아야 할 힘에 관한 모든 내용을 함축해놓았기 때문이다. 마키아벨리는 '지배하는 힘'의 세 가지 사용(억압적, 온정주의적, 전환적), '할 수 있는 힘'의 무한한 발전가능성, '지배하는 힘'의 행사를 위한 '할 수 있는 힘'의 활용, '지배하는 힘'과 규범적 타당성의 관계, 현존하는 힘의 전복 가능성 등을 고르게 다뤘다. 서양 전통 철학과 마키아벨리의 관계를 표현하기 위해서 유럽 전통 철학과 플라톤의 관계에 대해 이야기했던 앨프리드 화이트헤드Alfred Whitehead의 표현을 잠시 빌려야겠다. "힘의 본성에 대한 서양 전통 철학을 가장 완벽하게 표현하려면 마키아벨리를 각주로 달아야 한다."

마키아벨리식 힘을 가장 혁신적으로 사용하고 있는 한마디가 있다면 아마도 19세기 철학자 니체의 말일 것이다. "세상은 힘에의 의지가 아니면 아무것도 아니다(BGE 36)."

권력의 조건

4

힘 있는 의지에 관하여

프레드릭 니체 Friedrich Nietzsche (1844-1900)

"힘에의 의지는 성장한다. 업적은 힘에의 의지를 겪는다. 힘에의 의지는 성취하며 성장해야 한다. 성취를 다음 단계를 위한 발걸음으로 삼아라. 가진 힘의 양만큼 더 원하게 된다. "

_어슈러 르 귄Ursula K.Le Guin

힘의 추구가 인간 존재의 근본적인 원동력이 되는 것이 가능한가? 힘의 축적이 권력을 쟁취함으로써 자격지심을 보상받겠다는 심보를 가진 몇몇 사람들만의 집착이 아니라 모든 인간의 잠재의식 속에 존재한다면? 이것이 사실이라면 힘을 쟁취하는 것은 정의, 도덕, 정치를 포함한 모든 인간 규범의 원동력이라고 주장하는 트라시마코스의 말에도 일리가 있는 것은 아닐까?

이런 의문들을 고민해온 니체는 힘의 관계가 사회생활의 원동력이라 말한다. 니체는 개인의 힘과 이 힘이 가진 전환적인 효과를 위주로 힘의 관계를 분석한다. 그 결과 힘에의 의지를 완벽주의자적 철학연구의 기반으로 둔다. 하지만 니체의 '힘에의 의지'가 정확히 어떤 의미이며 어떻게 적용되고 이해될 수 있는지에 대해서는 다양한 해석이 있고, 완벽한 해석을 위한 노력은 지금까지 계속되고 있다.

많은 철학자들이 힘에의 의지가 주변 환경을 지배하거나 권력욕을 가진 인간 행동의 근본적인 원동력이라는 큰 그림에는 동의하고 있다. 인간 내면 속 힘에의 의지가 때때로 사람 자체를 지배해 무차별적인 폭력의 원인이 되기도 하지만 대부분의 경우 창의력, 용기, 혁신을 만들어 낸다.

타인을 지배하고자 하는 열망이 힘에의 의지를 만들어 낼 수는 있지만, 이것이 힘에의 의지의 본질은 아니다. 힘에의 의지는 하나의 과정이다. 성장하고, 확장하며, 축적된다. 힘에의 의지는 평온, 즉 안정된 상태를 갈망하거나 목적으로 하지 않는다. 많은 학자들이 이런 몇 가지 기본 개념에 동의하지만 그 외의 세부적인 해석은 제각각 다양하다.

힘에의 의지란 무엇인가

니체는 성장, 확장, 축적은 인간사의 핵심이며 힘을 규정하고 발전시키려는 욕망 그 자체가 우리의 가치를 말해준다고 주장한다. 니체는 힘에의 의지를 갈망하는 단명이 보호만을 목적으로 하는 장수보다 낫다고 말한다. 니체는 자기 보호를 위해 열정적인 삶에의 의지가 아니라 성장, 확장, 축적하는 의지를 말하고 있다(Z II, "On Self-Overcoming"; WP1067).

여기서 힘에의 의지란 무엇인가? 니체에 대해서는 다양한 해석이 있으며,[1] 여기서 그의 저서를 열거하는 것은 무의미하다. 대신 나는 내가 바라보는 시선을 이야기하고자 한다. 니체는 종종 힘에의 의지가 근본적인 것보다 더 나아가 단 하나뿐인 삶의 원동력이라 말한다. "세상은 힘에의 의지가 아니면 아무것도 아니다! 그리고 당신 또한 힘에의 의지가 아니면 아무것도 아니다." 그의 유작*《힘에의 의지》에서 그는 강력하게 표현하고 있다(WP 1067; Z I, "On the Thousand and one Goals"; ZII, "On Self-Overcoming"; ZII, On Redemption"; BGE 13, 36, 259; GS 349, GM II12). 누군가는 니체의 인간은 힘을 위해서만 살며 힘만이 세상을 사는 유일한 이유이고 목적이고 바람이라고 볼 수도 있다. 니체는 인간의 복잡한 심리를 지나치게 단순화했기 때문에 니체의 말 속에서 정확한 의미를 찾기 어렵다. 표면적으로만 보자면 단 한 가지의 동기만으로 인간의 모든 행동을 정의하려고 한 니체의 시도는 잘못된 것이다. 사람이 자기의 욕구를 채우고 영향력을 행사하기 위한 것이 아닌 다른 의도를 가지고 행동할 가능성은 없을까? 사랑이나 행복 추구가 동기가 되어 하는 행동들도 결국 힘의 연장선인가? 니체를 이해하려는 많은 사람들이 힘이 모든 것을 아우른다고 생각한다. 하지만 이런 해석은 잘못됐다. 사실 힘에의 의지는 아무것도 아니다.

힘에의 의지에 대한 해석 중에서 가장 설득력 있는 주장은 힘

---

* 니체는 유작을 마무리 하지 못하고 사망했고 그의 여동생이 니체의 작품을 모아《힘에의 의지》를 출판했기 때문에 그의 유작의 진위 여부에 대해서는 이견이 많음

에의 의지가 인간사의 원동력이나 동기라고 보지 않는다는 견해이다. 대신 힘에의 의지를 다음과 같이 해석한다. (1)첫 번째 욕망을 이루기 위한 두 번째 동력 (2)저항에 대적하고 (3)첫 번째 욕망에 대항하는 저항을 이겨 내는 것. 저항을 이겨 내고 첫 번째 욕망을 이루게 되면 힘에의 의지는 충족된다. 하지만 인간은 곧 좌절감을 맛본다. 성취할 수 있는 첫 번째 욕망과 저항이 없기 때문이다. 그러므로 힘에의 의지는 지속되는 첫 번째 욕망과 저항을 필요로 한다. 운동경기, 악기 배우기, 학업, 사회적 지휘, 목마름을 채우기 위한 물 한 모금, 배를 채우기 위한 식사 등이 모두 첫 번째 욕망이라 할 수 있다. 이것들은 힘에의 의지로부터 나오지 않는다. 힘에의 의지는 스스로 어떤 첫 번째 욕망을 추구할 것인지 결정하지 않는다. 힘에의 의지를 움직이는 첫 번째 욕망이 생겨나기 위해서는 힘에의 의지가 아닌 다른 원동력과 자극이 필요하다. 그러므로 힘에의 의지가 인간의 단 하나뿐인 원동력이나 자극이 될 수 없는 것이다(TI "What I owe to the Ancients," 3; GM III 18'HAH I 142; EH, "Why I am a Destiny," 4). 힘에 대한 열망 하나만으로 첫 번째 욕망이 생겨날 수 없다. 첫 번째 욕망은 성장하고, 확장되고, 축적하고자 하는 힘에의 의지에 대한 보다 구체적인 표현이며 목적인 것이다.[2]

이런 맥락에서 니체는 투시주의자적*, 입장과 생성의 세계(계속

---

* 세상을 바라보는 견해 및 가치 추구는 해석자의 관점에 따라 해석이 달라지고 어느 것도 특권적이지 않다는 관점

권력의 조건

해서 변화하는 세상)의 견해를 보여주지만 또한 본질주의자적 입장을 취하기도 한다. 하지만 니체는 독단적으로 해석할 수 없었다. 서로 다른 사람이 추구하는 무수히 다양한 인식론적이고 반형이상학적인 첫 번째 욕망들이 니체의 '힘에의 의지'가 보편적인 본질주의로 고착화되는 것을 방지해준다. 니체의 '힘에의 의지'에 포함되어 있는 경미한 본질주의자적 요소인 두 번째 욕망 또한 완전히 고착화된 형이상학적인 것으로 분석될 수는 없다. 힘에의 의지는 니체의 투시주의자적 입장을 보여주고 있으며 심오한 규범적 가치가 있다. 투시주의자적 니체의 '힘에의 의지'는 니체 시대의 사람의 동기와 행동을 분석한 것으로 아무런 변화 없이 현 시대에 적용하기는 어렵다.

니체는 투쟁, 저항, 반항 없이는 힘에의 의지가 충족될 수 없다고 주장한다(GM I 13; GS 363). 영향력과 힘을 증진시킨다는 의미에서의 힘의 추구는 의도적으로 난관을 찾는 것을 요구한다. 힘에의 의지는 지속적으로 투쟁하고 난관을 이겨 내기 위한 행동의 의지를 의미한다. 괴로움과 고통은 경험이 되기 때문에 탄탄한 힘에의 의지는 고통을 갈구해야 한다(BGE 225, 228). 저항을 극복하고 힘에의 의지를 충족하는 것은 잠시나마 일시적인 상실을 의미하므로 불만족으로 이어진다는 것이 역설적이다. 힘에의 의지는 구체적인 첫 번째 욕망을 만족시킬 만한 난관을 필요로 한다. 구체적인 욕망 그 이후에는 난관을 이겨 내려고 노력하는, 한층 근본적인 욕망이 있기 때문이다.

힘에의 의지는 목적 달성이 불가능함을 의미한다. 구체적으로 첫 번째 욕망을 충족시키는 것은 영향력과 기운을 충족시켰다는 만족감과 함께 더 이상 존재하지 않는 저항에 대한 불만족을 동반한다. 끝없는 노력과 탐구만이 힘에의 의지를 단단하게 한다. 니체는 힘을 기준화한다. 노력, 투쟁, 고통은 고난 극복의 핵심이다. 인간의 경험은 그 과정만으로도 힘을 느끼게 한다. 욕망을 향한 욕망으로 이해되는 힘에의 의지는 영원히 만족될 수 없다. 본질적으로 끊임없이 활동적이다. 힘에의 의지는 인간 내면에 존재하는 생성의 세계를 비춘다. 첫 번째 욕망을 마주하고, 저항을 이겨내고, 일련의 과정들을 충족시키는 일들 모두 힘에의 의지의 구성요소이다. 정리하자면, 생성하는 세계의 축소판인 힘에의 의지는 결코 완성될 수 없고 영원히 충족될 수 없고 본질적으로 지속적으로 활동적이다. 만약 사람이 첫 번째 욕망을 충족시키고 더 이상 새로운 욕망을 만들어 낼 수 없다면 힘에의 의지는 약해질 것이다. 니체는 완전한 충족은 인간의 이치에 맞지 않는다고 말한다. 힘에의 의지의 탐욕은 본능적인 것이기 때문이다(GS 310; WP 125, 689, 1067).

그렇다면 힘에의 의지를 정의하기 위한 끝없는 노력은 무슨 소용이 있는가? 노력 그 자체만으로 의미가 있는가? 니체가 주장하는 영원히 계속되는 행위는 시시포스의 신화에 나오는 의미 없이 영원히 반복하는 행위와 같은 것인가?

첫 번째 욕망과, 욕망을 얻기 위해 저항과 고난을 넘어서는 것으로 해석되는 두 번째 욕망은 힘에의 의지가 내뿜고 있는 언어적인 위엄을 잃게 한다. '힘에의 의지'라는 표현을 보면 타인이나 환경에 대한 끝없는 지배 욕구를 떠올리게 된다. 토마스 홉스*가 말하는 잔인하고 타고난 제로섬의 경쟁(만인의 만인에 대한 싸움)인 국가의 본질도 생각나게 한다. 니체의 표현이 과장되었기 때문에 종종 힘에의 의지를 이렇게 해석하는 사람들도 있다. 하지만 니체의 저서들을 조금 깊게 들여다보면 니체가 말하고자 하는 힘에의 의지가 개인의 능력과 발전을 위한 것이며 자아실현이 아닌 스스로를 정복하고 뛰어넘으려는 자기 초월적인 의미를 담고 있다는 것을 알게 될 것이다(Z I, "On the Thousand and One Goals"; Z II, "On Self Overcoming"; D 358). 그러면 우리는 니체가 말하고자 하는 바가 단순히 끝없고 의미 없는 노력이 아니라는 것을 알게 된다. 탄탄한 힘에의 의지의 행사는 인식 가능한 결과를 가져온다. 우리는 단순히 우울하고 반복적인 고행의 길을 걸어가는 것이 아니다.

니체는 '지배하는 힘'이 아니라 '할 수 있는 힘'에 대해서 이야기한다. 힘에의 의지가 마주하는 첫 번째 저항은 내면에 있다. 우리는 안위, 나태한 삶, 수동적으로 얻어진 쾌락의 축적, 내면을 지배하는 생각과 일치하는 외부적 타당성을 찾는다. 니체식 삶이 가능하다고 믿고 그렇게 살고 싶은 사람은 내면에 더 나은 능력을 발휘하는 것을 방해하는 무언가를 찾아서 스스로를 '지배하는 힘'을 행

---

* [1588~1679] 영국의 철학자이자 정치학자로 모두가 동일한 열정과 비슷한 힘을 갖고 있기에 누구도 절대적인 우위를 차지할 수 없다고 주장. 근대 사회계약론의 시초

사해야 한다. 그것이야말로 자신의 능력치를 높여 더 많은 가능성을 가지고 끝없이 도전과 마주할 수 있는 힘에의 의지를 강화하는 일이다.

니체는 타인에 대한 지배와 억압의 가능성을 부정하지 않는다. 지배와 억압은 힘에의 의지로부터 비롯되지 않은 첫 번째 욕망과 관련된다. 할 수 있는 힘을 증폭시키려는 누군가가 억압적인 권력을 행사하기도 한다. 나는 억압은 니체의 주장에 내재되어 있는 운명애amor fati에 반하는 가치 없는 심리학적 갈등이라는 입장이다. 니체가 말하는 힘에의 의지는 사람의 행동을 발현하는 첫 번째 욕망을 지배하지 않는 개념이다.

삶의 비극을 받아들이는 자

니체는 자기극복self-overcoming과 자기발전self-development과 같은 개인적 과정을 중요시한다. 니체는 완벽주의적 이상가이다. 철학적인 의미에서 '완벽주의자'는 인간 기질을 양육하고 다듬는 것이 좋은 삶의 정의라고 주장한다. 사람은 가지고 있는 최고의 가능성을 극대화하기 위해 노력해야 한다. 그러나 완벽주의자는 이런 식으로 '완벽'을 얻는 것이 가능하다고 전제하지 않는다. 인간의 본성이 완벽해질 수 있다든지, 대부분의 인간은 능력을 극대화시킬 수 있다든지, 모든 사람이 추구해야 하는 한 가지 목적이 존재한다고 주장하는 관점으로 보자면 니체는 완벽주의자가 아니다. 니체는 그것보다 중립적인 입장에서의 완벽주의자이다.

니체의 완벽주의는 개인적이고 주체적이다. 니체는 자신의 기준이 모든 사람에게 적용될 수 있다고 생각하지 않았다. 비극적인 삶을 긍정적으로 바라볼 수 있는 가능성이 있는 몇몇의 사람을 대상으로 했다.

니체는 고차원적 인간이 되기 위한 필수요소 몇 가지를 열거한다. 고통을 이겨 내고 그 고통을 실용적으로 사용할 수 있어야 하며, 비범한 창의성을 필요로 하는 일에 열성적으로 에너지를 쏟아부을 수 있어야 하며, 스스로 자아의 건설과 재건설, 재창조의 과정에 온전히 참여해야 한다. 그리고 무엇보다 우리를 위대하게 만드는 예술성을 잊어서는 안 된다고 강조한다.

건설, 재건설, 재구성, 재창조가 계속되는 과정은 탄탄한 '힘에의 의지'를 만든다. 고차원적 인간이 되기 위해서 우리는 '세 가지 메타모르포세스Metamorphoses'* 의 규율, 반항, 창작을 통과해야 한다. 사막에서 엄청난 고통(사회 건설 과정 같은)을 헤쳐 나갈 수 있는

---

* 모습을 바꾸는 이야기 혹은 변신이야기라고도 불리는 오비디우스의 15권에 걸친 시로, 그리스 · 로마신화를 다룬 작품 가운데 가장 유명함

낙타와 같은 정신을 가져야 하고, 사자와 같은 정신력으로 스스로의 주인이 되어 전통적인 제약(과거로부터 독립되고 자유로울 수 있도록)을 파괴할 수 있어야 한다. 하지만 사자는 새로운 가치를 만들어 낼 수 없으므로 어린아이 같은 정신도 가져야 한다. 어린아이는 순수한 장난꾸러기이며 망각할 수 있는 능력이 있고, 자신의 의지대로 창의적인 것을 만들어 낼 수 있는 능력이 있다(Z I, "On the Three Metamoprhoses"). 개인의 건설, 재건설, 재구성, 재창조의 과정을 거쳐 확고한 힘에의 의지를 가진 위대한 노력가의 모습을 니체는 철학적으로 묘사한 것이다.

하지만 이것은 영원히 완성될 수 없다. 니체는 우리의 삶이 죽음이나 기본 인간 능력을 상실할 때에만 끝나는 하나의 과정이라고 말한다. 그때까지 우리는 개선을 거듭하여 우아하고 위대한 창조 능력을 지닌 예술가로서 스스로를 바라보아야 한다. 그러므로 성장, 확장, 축적은 우리 삶에 '힘에의 의지'가 되는 힘을 기르는 것이며 이것이 니체 철학의 이상적 완벽주의이다. 끊임없이 지루한 일을 반복해야 하는 시시포스와는 다르다. 사람은 힘을 기르고, 가치를 발전시키는 과정을 겪으며 자기완성을 향해 나아가야 한다.

그러므로 힘에의 의지는 니체가 강조하는 개인의 건설, 해체, 재구성, 재창조의 중요성을 나타낸다. "모든 위대한 것은 자기극복의 과정에서 파괴를 겪는다. 그러므로 삶의 법칙은 삶의 본질인 '자기극복'에 관한 필요성의 법칙을 가진다(GM III 27; see also Z I, "On the Way of the Creator"; Z II, "Upon the Blessed Isle"; Z III, "On Old and New Tablets")." 당연히 모든 존재가 동일한 가치의 힘에의 의지를 갖는 것은 아니다. 낙관적인 힘은 심리적인 안정에서 나온다. 상충되는 다양한 원동력에서 안정적으로 통일성을 갖는다면 건강한 힘에의 의지는 '자기극복'이라는 명백한 방향성을 갖는다. 절제력은 통제를 즐기는 데서 나오며, 고통과 고난을 창조를 위한 기회로 만들어주고, 잔인한 충격을 문화적 이점으로 승화시키고 정화시키며, 생성의 세계에서 불확실성과 맞서는 즐거움을 맛보게 해준다.

힘에의 의지의 탄탄함은 이러한 의지와 마주하고 난관을 극복하는 중요성과 견뎌내고자 하는 고통의 크기로 평가될 수 있다. 힘에의 의지가 강할수록 더 강한 저항을 극복할 수 있다. 첫 번째 욕망은 주인의 자질에 따라 달라진다. 운명애Amor Fati를 최대화하기 위해 어떤 노력을 하는지, 창조의 기회를 얼마나 갖고 있는지, 어떤 크기의 저항과 맞서게 되는지, 그리고 얼마나 가치 있는 자신을 만들어 내기 위해 노력하는지 등이 자질에 포함된다.

니체는 저항과 고난을 극복하는 것을 극찬한다. 현재 상황을 극복하거나 약화시키는 힘을 특별하게 생각하기 때문이다. '세 가지 메타모르포세스'를 얻은 개인은 누구보다 유능하고 힘 있는 존재이다. 이들은 지배하는 관념이나 통용되는 사회적 의견을 받아들이는데 그치지 않는다. 그러므로 이들의 의지는 극복할 만한 강한 저항과 반대를 원할 것이다.

그러나 비(非)니체 철학자의 관점에서 본다면, 저항은 힘을 기르기 위한 필수요소가 아니다. 현재 상황에 맞추어 편의를 찾고자 한다면 저항이 필요하지 않다. 누군가의 힘이 현재 상황에 맞추어 힘을 기르는 것이 목적이라면 최소한의 저항만으로도 힘을 키울 수 있을 것이다. 여기서 말하는 현상유지나 (질서 내에 존재하는) 결과에 영향을 미칠 만한 능력을 얻는 것은 현재에 만족하는 상황을 조건으로 한다. 이것은 니체의 이상이 아니다. 하지만 대부분 전통적인 사상가들은 현존하는 사회현실을 그대로 받아들이는 것이 좋은 인간사를 위한 것이라 여겼다. 니체의 힘에의 의지는 저항에 대항함으로써 얻어진다고 보았다. 현존하는 사회 구조나 기관에 적응함으로써 결과에 영향을 미칠 만한 힘을 얻는 것은 니체가 추구하는 바가 아니다. 힘에의 의지를 강하게 하는 능력을 얻는 것이 무엇보다 중요하기 때문이다.

행복과 최후의 인간

니체는 자신이 경멸하는 '가장 비열한' 사람을 '최후의 인간last man'이라고 불렀다. 최후의 인간은 우주의 가치와 의미를 알기도

권력의 조건

전에 겁을 먹는다. 안전한 세계에 만족하며 최소한의 노력으로 살아가기 위해 투쟁을 최소화하고 순응하는 삶을 살아간다. 아슬아슬한 평화주의로 자신을 위로하며 격렬한 사랑, 원대한 창작, 깊은 갈망, 열정적인 노력, 위대함의 추구 등과 같은 더 나은 삶의 가능성을 생각하지 않는다.

> "우리는 행복을 만들었죠." 최후의 인간이 눈을 깜박이며 말한다. 살기 어려웠던 지역을 떠나왔다. 온기를 느낄 수 없었기 때문이다. 하지만 누군가는 여전히 이웃을 사랑하고 볼을 맞댄다. 아프거나 의구심을 갖는 것은 범죄다. 모든 것을 조심해야 한다. 돌에 걸려 넘어지거나 타인과 부딪히는 자는 멍청하다. 소량의 독은 그럴듯한 꿈을 만들어 준다. 하지만 너무 많은 독은 죽음을 재촉한다. 누군가는 여전히 일을 한다. 일이 곧 즐거움이기 때문이다. 하지만 누군가는 즐거움이 괴로워지지 않도록 조심한다. 이들은 가난도 부도 원치 않는다. 둘 다 고통이 따르기 때문이다. 규율 같은 것이 왜 필요한가? 누가 지키기는 하는가? 둘 다 너무 많은 고통을 동반한다. 모두가 같은 것을 원한다. 모두가 똑같다. "우리는 행복을 만들었죠." 최후의 인간이 말하며 눈을 깜박인다.
>
> (*Z I*, *"Zarathustra's Prologue,"* 5).

'최후의 인간'의 '최고의 야망'은 안전과 안위이다. 습관, 관습, 게으름, 무조건적 자기보호, 의지의 부재 등 이들은 최악의 무리본능을 가졌다. 최후의 인간은 변화를 위해 필요한 긴장감이나 갈등을 원치 않는다. 어떤 위험도 감수하지 않으며, 확신과 실험정신이 부족하다. 오직 생존만을 목적으로 한다. 최후의 인간은 즐거움을 축적하고 괴로움을 피해 행복을 만들어 낸다. 현실을 부정하기 위해 눈을 깜박인다. 가끔 '독'을 삼키지만 은혜로운 사후 세계를 위한 종교적인 의식일 뿐이다. 최후의 인간은 원기가 부족하며 현실을 인지할 만한 의지가 부족하기 때문에 현실에 만족하는 것이 최선이다.

핵 폭발 이후의 바퀴벌레처럼 끝까지 살아남는 자들이 최후의 인간이다. 니체의 초인은 개인주의적이고 자기종족보호에만 관심을 두는 최후의 인간과는 달리 '자기극복'에 많은 열정을 쏟아 붓기 때문에 위험에 빠지기 쉽다. 자신의 영향력을 넓히고 힘을 기르기 위해서는 '자기보호'를 희생해야 한다. 니체는 삶의 질, 강도, 진위를 살아 있는 시간보다 더 가치 있는 것으로 여겼다.

최후의 인간에게도 힘에의 의지가 있는 것은 분명하다. 하지만 안주하고, 순응하고, 투쟁의 최소화만을 원하는 이들의 첫 번째 욕망은 가치 없는 것이다. '최후의 인간'의 '힘에의 의지'는 저항을 극복하지 못하고 애초에 요구되지도 않은 목적을 달성할 수도 없다. 힘, 야심, 극기가 없는 최후의 인간은 성장하고, 확장하고, 축적하는 발전의 가능성도 없다고 볼 수 있다. 다시 말해, 최후의 인간은 정신적으로나 신체적으로나 유약하다. 하찮은 일에만 열중한다.

어떤 것도 추구하지 않기 때문에 개인적인 성장 또한 없다.

힘에의 의지와 행복의 관계를 이해하는 것은 중요하다. 여러 문학작품에서 행복은 각기 다른 의미로 그려진다. 가장 지배적인 의미는 욕망의 최대 만족치를 표현하는 단어로 사용된다. 고통과 즐거움 사이에서 최적의 균형을 찾거나 내면의 목적 같은 것을 달성한 상태이다. 하지만 니체는 행복에 관한 다양한 정의들이 행복을 가치와 연결시키지 못하므로 결함이 있다고 보았다(Z, "Zarathustra's Prologue," 3: A IV, "On the Higher Man"; Z III, "On Virtue that Makes Small," 2: AC 1: D 60). 니체는 우리의 첫 번째 욕망을 만족시키는 것은 영광스러운 일이 아니라고 말한다. 사소한 것을 추구하거나 망상으로부터 야기된 것이어서 현실을 반영하지 못하는 가치 없는 욕망으로 보았다.[3] 이런 욕망을 만족시킨다고 해서 '자기초월' 능력이 성장하지 않으며 자신의 가치를 찾는 데 도움이 되는 것도 아니다. 우리는 상황에 따라 최후의 인간이 즐기는 순응, 안위, 유약함 등의 안정을 추구할 수 있다. 이런 맥락에서 니체는 "사람은 즐거움을 추구하지 않는다. 오직 영국 사람만이 즐거움을 추구한다(TI, "Maxims and Arrows," 12)"라고 말하는 영국의 공리주의를 비판한다. 니체는 즐거움은 목적을 달성할 때 느끼는 성취감으로 받아들여야 하며 이런 즐거움 자체가 목적이 되어서는 안된다고 주장한다. 그리고 고정된 내면의 안정을 추구하는 것은 니체가 말하는 힘에의 의지를 위한 영원한 노력과 '세 가지 메타모르포세스'의 사람본성을 거스르는 일이다. 근본적으로 사람은 상충되는 충동과 최종목적, 완전한 만족감을 거부하는 다양한 원동력을 가지고 있다.

니체는 무기력한 열망에 만족하거나 즐거움을 추구하고 자신만의 행복을 위해 내면의 평화를 찾는 사람들을 부정하지 않는다. 니체는 최후의 인간이 행복할 수 있다고 인정한다. 단지 이런 행복이 가치 있다고 믿지 않는 것뿐이다.

니체는 가치와 행복을 연결시키며 '가치 있는 행복'을 이야기한다.

무엇이 좋은가? 사람의 힘을 고조시키는 모든 것, 힘에의 의지, 힘 그 자체가 좋은 것이다. 무엇이 나쁜가? 약한 존재는 모두 나쁘다. 행복이란 무엇인가? 힘이 성장하는 느낌, 극복할 난관이 행복이다. 자기만족이 아니라 힘을 더 원하는 것, 평화가 아니라 전쟁, 도덕적 선이 아니라 강건함이 행복이다.

우리가 흔히 알고 있는 행복은 저항과 고통을 최소화할 것을 강조하기 때문에 니체적 관점에서 잘못된 것이다. 저항과 고통은 힘과 기운을 성장시키기 위해 필수적이며 고차원적인 인간이 되고 이상적인 완벽주의자로 거듭나기 위해서 없어서는 안 된다(AC2: BGE 212, 228; GM III 17; WP 155). 앞서 말했듯이 힘에의 의지에는 고정된 최종목표가 없다. 아무것도 욕망할 것이 없는 만족의 상태를 견뎌내는 것은 고통스러울 정도로 지루하고, 최악의 경우에 힘에의 의지는 마지막 순간을 맞이하게 될 것이라 말한다. 니체는 계속 도전하는 지속적 욕망이 탄탄한 힘에의 의지라고 말한다. 첫 번째 욕망을 충족시키려는 도전은 힘을 위한 욕망에 가치를 더해준다. 어려운 난관을 극복하고 굳건한 저항을 이겨 내는 것은 "힘의 성장을 느끼기 위해" 매우 중요하다. 더 많은 힘과 능력 그리고 스스로를 되돌아보는 자세는 니체가 말하는 행복의 특징이다. 가치 있는 행복은 특정 상태나 상황을 견딤으로써 얻어지는 것이 아니다. 깊은 힘에의 의지의 행사를 경험함으로써 얻어진다. 난관과 저항을 마주하고 극복하면서 얻어지는 고통의 대가는 가치 있는 행복을 얻기 위해 중요하다. 니체의 행복은 특정 상태나 상황에서 얻어지는 것이 아니라 지속적인 힘의 성장을 통해서 느낄 수 있다. 이런 의미에서 행복은 가치와 깊은 관련이 있다. 연속되는 유익한 힘의 행위를 통해 얻어지기 때문이다.

불가능한 완벽주의자가 되는 법

가치는 힘으로 환산된다. 우리 자신을 표현하고 변화시키고, 영향력을 확장시키고, 환경을 지배하는 등 우리가 이상주의적 완벽주의자로 거듭나는 과정을 포함한다. 자각하고 있는 주체라면 즐거움, 자기만족, 내면의 평화 같은 것들은 가치 있다고 여기지 않을 것이다. 물론 이것들이 힘의 성장에 동반될 수 있고 그때는 진정한 가치가 된다. 기존에 존재하는 가치에 대한 관념을 재평가하려는 니체의 주장에 힘이 핵심이다(GM III 27; WP69n39, 391, 674).

사람이 그동안 알지 못했던 신의 행복은 힘과 사랑, 눈물과 웃음으로 가득하다. 저녁을 비추는 한줄기 빛 같으며 바다같이 끝없이 부유하고 끝없이 공허하다. 가난한 농부에게도 황금빛 노를 선사할 수 있는 햇빛과 같다. 이런 신성한 느낌이 바로 인간애다(GS 337)!

니체는 쉽게 얻을 수 있는 사소한 즐거움이나 행복을 추구하는 최후의 인간이 아닌 고차원적 인간이 되기 위해 필요한 자질 몇 가지를 언급한다.

1. **우연성과 불확실성을 즐겨라**- 사람 내면에 내재되어 있는 부정적이고 파괴적인 기운의 영향을 없애는 것이 아니라 최소화할 수 있는 능력은 삶을 전반적으로 긍정적으로 변화시킨다. 급진성, 우연성, 유연성, 위험성 등은 우리 자신이나 우리가 속한 사회 혹은 전 우주에서 자연스러운 현상이며 초월적이고 특별한 의미나 가치가 없다는 것을 받아들이고 즐겨라.

2. **영혼의 순수성을 양성하고 과정 자체를 즐겨라**- 타인이

나 사람이 처한 환경을 탓하지 말아야 한다. 세상과 직접 맞서고 필연성을 즐겨라. 비극적인 세계와 마주하는 것을 주저하지 말고 학문적 철학자들이 주장하는 궁극적인 행복에서 가치를 찾기보다 자신의 행동과 과정에서 행복을 찾아라.

3. **불가능한 완벽주의자에 도전하라**- 과거의 위인에 매달리지 말고 그들을 뛰어넘어야 한다. 내면의 상충하는 열정을 역동적으로 통일하여 스스로를 다스리고 자신만의 성품을 가져라. 위인의 탄생을 위해 우호적인 환경을 유지함으로써 고등문화를 만들어라. 우주의 반복성을 받아들이고 자기극복을 통해 위대함을 얻기 위해 노력하라. '온전한' 자신을 받아들이지 말아야 한다. 시시포스 같은 일의 반복성을 기억해라. 일을 중단하는 것은 죽음을 의미한다. 사람에게는 고도의 에너지를 얻는 것이 고정된 마지막 목적보다 중요하다. "도전, 투쟁, 극복, 성장"을 기억하라. 끊임없는 내면의 갈등을 통해 변화를 만들어 내고 기도를 초자연적인 힘으로 바꾸어 줄 만트라Mantra다.

필리파 풋Phillippa Foot[*]이 니체의 최후의 인간과 고차원적 인간

---

[*] 영국의 철학자로 '덕의 윤리학'의 시초

의 차이점을 잘 묘사했다.

니체는 타락한 인간인 최후의 인간을 평범하고 따분하며 근면 성실하고 사교적인 사람으로, 그리스도교적 가르침으로부터 나온다고 보았다. 반대로 '고등' 종류의 인간은 개인적이고 용감하며 독립적이며 고통을 받아들일 준비가 되어 있는 강인한 사람으로 그렸다. 고차원적 인간은 자신이나 타인의 고통을 두려워하지 않는다. 동일한 종류의 사람에게는 조심스럽게 행동한다. 약한 사람에게는 두려움의 대상이 될 수 있지만 악의가 있는 것은 아니고 단지 경시한 것뿐이다. 약한 사람은 고통을 두려워하고 타인의 불운을 걱정한다. 많은 노력을 필요로 하지 않는 안전한 삶을 살고자 하며, 도덕적 희생을 역설하지만 타인에 대한 악의 의지로 가득하다.[4]

니체의 새로운 인간상은 모든 사람에게 적용되지 않는다. 능력을 가진 몇몇을 위한 주체적인 이상향이다. 위대하고 비범한 자는 취약하고 연약하다. 자기파괴적이지만 그로 인해 더 강하게 성장한다. 결국 니체식 인간상을 알아보는 방법은 살아 보는 것뿐이다 (UM, "Schopenhauer as Educator," 8). 니체식 노력가와 위대한 창조자는 불멸의 기운을 상으로 받는다. "세월이 허무한 무언가를 창조한다. 형상이든, 물질이든, 불멸을 위해서는 작은 노력을 한다 — 내 자신을 위해 이토록 원하지 않았던 것은 없었다(TI, "Skirmishes of an Untimely Man," 51)."

잊는 것 또한 힘이다

니체는 주인과 노예의 도덕을 통해 구체적으로 계보를 이어간다. '주인의 도덕'은 사람의 행동이 아닌 성품의 '선'을 의미한다. 여기서 '선'은 세상에서의 성공을 의미한다. 정복, 명성, 부, 모험의 목적을 이루고 자부심, 열정, 힘, 결백함을 얻는다. 주인의 도덕은 무한한 행위와 탄탄한 고결함의 상징이다. 주인의 도덕은 현재 상황을 초월하고 삶의 가치를 창출하고 힘을 기르는 것, 창의적인 열정을 위한 갈망, 세상을 향한 긍정적인 마음, 냉철한 판단, 적대심의 최소화, 고차원적 인간을 향한 갈망 등 니체식 주장의 상징이다.

'주인의 도덕'은 그리스 호메로스 시대Greeks of the Homeric age*를 상징하며 일반적이거나 무조건적이지 않다. 주인의 도덕성은 비(非)주체적 삶의 양식을 규정하지 않으며 오직 특정 집단의 사람만이 '주인의 도덕'적 삶을 산다고 말한다. 주인은 친구나 적을 같은 종류의 사람으로 보았다. 니체는 사람에게 계급이 있다고 보았고 그에 알맞은 평가의 잣대를 부여하였다.

'주인의 도덕'은 노예를 지배한다. 하지만 노예는 자신만의 도덕성을 발전시킨다. 노예의 도덕성은 집단이나 대중에 이득을 고집

---

* 호메로스는 BC 800~750년대 활동한 시인으로 《오디세이아Odysseia》와 《일리아스Illias》의 저자로 알려졌음. 신을 인간적으로 그리고 세계를 과학적이고 인간적으로 바라봄

한다. 노예의 도덕성의 개념에서 '선'은 그들의 성품이나 기질이 아닌 사람으로서의 행동과 의도가 투영된다. 대중은 선천적으로 평범하며 연민을 잘 느끼고, 친절하며, 일반적인 자비심 등을 가치로 삼는다. 약자를 위하고 만인의 평등을 미덕이라 여기는 것이다. 주인이 가치라고 보는 권력, 자기주장, 세속적인 성공은 노예의 입장에서는 악인 것이다. 주인은 노예를 철저히 다른 종류의 사람이라 여기며 무관심한 반면에 노예는 주인에게 원한을 품는다. 주인을 자기 내면의 좌절감의 원인이라 여기고 적대심을 갖는다. 욕구 불만의 상황에서 주인을 탓하는 것이다.

'주인의 도덕'의 지배에 끝을 알린 노예의 도덕이 봉기하기 전 노예에게는 '양심의 가책'이 생겨난다. 사람은 사회화, 문명, 평화 등의 가치에 마음이 사로잡힐 때 그것을 겉으로 드러내기보다는 내적인 싸움을 한다. 이는 자기혐오, 자멸 등으로 이어진다(GM II, 16, 17-19). 내면의 혼란과 억압을 야기한 양심의 가책은 다양한 원동력을 통제하고 정화할 수 있게 된다.

주인은 과거의 불행이나 타인에 대한 적대심을 쉽게 잊어버리지만, 힘이 약해 두려움이 많은 노예는 적대심을 품는다. 니체는 잊는 것 또한 힘의 일부분이라고 말한다. 잊어야만 자기극복과 개조가 가능하다(GM II, I). 적대심으로부터 원망과 비통함, 공격성이 생겨나고 원한으로 이어진다. 노예는 주인에게 적대심을 품지만 두려움 때문에 맞서지는 못한다. 격한 굴욕감과 적대심은 내재화된다. 그리고 내재된 적대심을 교활한 방법으로 내비친다. 주인의 도덕성을 재평가하는 노예의 도덕성을 만들어 내는 것이다.

노예의 도덕성은 원한이 가치로 환산될 때 봉기한다. 원한은 업적을 이루는 데 기여하지 못하고 허구의 복수로 보상을 받으려 한다. 주인의 도덕성은 성공적이고 긍정적으로 발현되지만 노예의 도덕은 '다른' 것을 부정한다. 이 부정은 창조적인 행위이다. 가치를 보는 눈이 전도된다. 원한은 자기 자신을 돌아봐야 할 시선을 밖을 보게 한다(GM I, 10).

성적관계, 힘, 공공연한 억압 등을 추구하는 것은 부도덕한 것으로 치부하고 순결, 자비, 순종, 온화 등을 도덕성의 상징으로 만들었다. 노예의 도덕성은 보편적이고 절대적인 것을 찬양하고 주인의 우월한 성품은 '악'이라고 규명한다. 이런 전략은 노예의 성공적인 반란을 위해 필요하다. 노예가 자신들의 가치를 보편화시키지 않았다면 이들은 주인의 위대한 힘과 자신을 같은 선상에 올려놓지 못했을 것이다.

노예의 도덕은 두려움과 적대심에서 기인하였다. 재평가된 도덕성의 토대를 굳히기 위해 초자연적인 누군가의 지배받는 초월적인 세상을 만들었다. 서부 유대인들에 의해 평화의 승리, 세계의 저평가, 고정된 가치가 만들어졌고 그리스도교로 거듭났다(BGE 195; GM I, 7 and 8).

그리스도교는 아직까지 가장 큰 불행이다. 누군가를 예술가로 만들 수 있을 만한 권력이 있을 만큼 높지도 단단하지도 않다. 비록 숭고한 자기 정복이 필요한 일이지만 천배의 실패와 몰락의 만연의 규범이 될 만큼 강건하거나 원시적이지도 않고, 서로 다른 계급 질서 간에 일어나는 최악의 상황을 볼 수 있을 만큼 귀족도 아니다. 사람과 남자 사이, 유럽의 믿음을 지배해 온 사람이며, 그들이 주장하는 "신 앞에서 평등"은 마침내 더 작고 거의 우스꽝스러운 종류의 동물 무리를 만들고 지금껏 사육되고 있다(BGE 62).

가장 높은 자의 규범은 노예 도덕의 몇 가지 주제가 되었다. 사실과는 다름에도 불구하고, 모든 인간은 평등하고, 초월적 세계의 복사판으로서의 세상의 비전과 확신, 죄책감 혹은 책임감, 도덕적 가치관, 선악의 의미와 결과와 모든 인간 행동에 대해 최종 심판이 가능하다는 것 등이다.

이것은 도덕의 이원론적 주장이다. 이들은 몸을 영혼의 특권이라고 보았으며, 열정의 이유(신중하게 종교적 힘에 의해 제한되는), 초월적 세계도 특권이라고 생각했다. 니체에 따르면 노예는 주인의 심판에 대한 재평가를 꿈꾸며 복수심에 불타 회상을 극대화한다. 노예는 탄탄한 삶의 중요성이 아니라 "온유한 사람이 땅을 물려받는다. 부자가 하늘에 들어가는 것보다 낙타가 바늘구멍에 들어가는 것이 더 쉽다"는 등의 이유로 현실에서 성공의 의미를 최소화하려 했다. 노예는 동정심을 높게 샀다. 그리고는 덕행과 미덕에 힘을 다한다. 노예는 겸손함과 존중의 미덕, 인간성 등이 사람에 따라 다르게 적용하는 것을 거부했다. 이런 교활한 방식으로, 특히 성직자 계급을 옹호하고 전지전능한 하나님의 부름을 외치는 사람들에게 침묵하며, 노예는 자신들이 번영하게 만들어야 했던 사회의 환경을 훼손시킨다.

니체에게 노예의 도덕성, 특히 동정과 동정심에 대한 찬양은 최소한의 노력으로 위험을 회피하는 삶으로 이어진다. 니체는 고통스러운 삶과 직면하는 것을 통해 도덕성을 판단했다. 탄탄한 삶은 어려움을 극복하고 고통을 이겨냄으로써 얻어지는 자제력을 필요로 한다. 위대함과 탁월함은 고통과 고난에 창의적으로 맞서는 것을 필요로 한다. 어려움을 극복하는 것이 힘의 핵심이다.

그러나 노예의 도덕성은 모험적인 삶을 살기보다 고통 없이 제한된 약점과, 필요를 성장시키기를 바란다. '선한' 사람은 단순히 금지된 행동을 피하는 사람들이다. 약점과 소심함에서 비롯한 연민과 동정을 좋은 것이라 여긴다. "동정은 약점이다. 모든 패자에게 나쁜 영향을 미친다. 세속의 고통의 양을 증가시키거나 단 하루라도 지배를 지지한다면, 인류는 망할 것이다(D134)." 고상한 사람이 불쌍한 사람을 도울 수는 있겠지만 이것은 동정의 표현이 아니다. 대신 고귀한 사람을 언제나 학수고대하는 사람은 '권력을 남용한' 행동을 하며 '그는 동정을 위해 만들어진 것이 아니다

(BGE260)'라는 것을 자랑스럽게 생각한다.

니체는 노예 도덕을 이야기하는 인간이 주장하는 세 가지 모호한 형이상학적 가정을 분석한다. 첫째, 인간은 독립적으로 도덕적 선택을 하는 자유의지를 구현한다. 둘째, 인간의 동기가 행동의 의도를 식별하고 평가할 수 있다. 셋째, 인간은 도덕적으로 평등하다. 이 세 가지 형이상학적 가정은 도덕 제도에 대한 다음과 같은 결론을 이끌어 낸다. 개인은 개인의 행동에 책임을 져야 한다. 선한 행동은 보상을 받고 악의적인 행동은 처벌받아야 한다. 도덕적 원칙의 적용은 보편적이어야 한다.

하지만 니체는 이와 같은 모호한 세 가지의 형이상학적 가정과 그에 따른 결론들을 다음과 같은 이유로 반대한다. 자유의지의 개념이 잘못된 것으로 받아들이는 것을 부정하고, 허구의 형이상학에 설명을 부여하고, 자유롭게 결정할 수 있는 '의지'가 물질의 본질에 정해져 있는 것처럼 말한다(TI, "The Four Great Errors, "7; BGE 17, 21 및 213, D 148, WP 484). 물건이 그렇듯 노예에게도 자아는 없다. 우리는 열정, 과거의 경험, 원동력, 본능 등의 기질로 이루어져 있다. 언어는 우리를 개별적인 주체로 만든다. 각각의 사람은 각자에 따라 서로 다른 원동력을 갖는다.

둘째, 니체는 행위의 동기와 의도를 평가하는 우리의 능력에 의문을 제기한다. 그는 인간의 의도는 단순히 분석이 필요한 어떠한 징후라고 확신한다. 인간이 의도를 가지고 거짓말을 하는 심리를 아는 것은 인간의 행동을 이해하는 데 매우 중요하다(BGE 32, GS 335, D 119, 129, WP 291, 294, 492).

셋째, 니체는 가치가 특정 시간에 특정한 관심을 위한 것이며 인간은 서로 다른 관심을 가지고 있고, 이런 상황에서 노예 도덕의 보편적인 판단은 자신의 관심을 증진시키기 위해 노력하는 과정이다. 노예의 도덕은 스스로의 가치를 과대평가한다. 무조건성과 보편성의 것으로 포장하며 노예 도덕은 대중의 관심을 특권화하고 귀족적 인간의 관심은 최소화한다(BGE221, 43).

마지막으로 노예의 도덕성을 지지하는 인간의 세 가지 형이상학적 가정은 복잡한 세계를 지나치게 단순화한다. 이런 가정은 세계를 선/악, 이타주의/이기심, 사랑/증오 등의 이분법으로만 본다. 니체는 대립적 이분법이 세상의 복잡성을 무시하기 때문에 이분법을 믿지 않는다. 인간의 행동동기와 계보학적 행위의 상호의존성을 무시하며, 도덕이 비도덕, 이기주의, 환상으로부터 나온 진실, 악으로부터의 '선' 등과 상호의존적 관계라는 사실을 인지하지 않는다. 니체는 가치 있는 모든 것들은 한때 그 반대의 가치를 가졌었다고 말한다(GS 19, 21, 121; BGE 2, 229, GM I, 8).

그러므로 니체는 특정 행동이나 신념이 본질적으로 악하다고 믿지 않는다. 평가를 위해서는 상황과 관점이 필요하다. 그러므로 인간은 사회권력 투쟁에서 승리하는 집단의 관심에 따라 가치 있는 원동력, 활동, 신념 등에 의미를 부여한다. 객관화에 대한 시도는 결국 객관적인 가치를 초월적인 것으로 받아들이게 하는 전략적 행위에 그치지만 인간은 항상 이것을 시도하고 있다.

니체는 두 가지 도덕성 모두에 각각의 선호가 있지만, 주인의 도덕을 선호한다. 노예 도덕은 결함이 너무 많다. 첫째, 출처가 명확하지 않다. 귀족들의 우월한 자에 대한 복수심과 자신의 가치를 되찾고 싶은 마음에서 나온 것일 수도 있다. 둘째, 상위 존재에 대한 믿음, 고정된 이분법적 가치, 초월적인 세계의 존재 등과 같이 의심스러운 형이상학적 가정에 그 기반을 둔다. 셋째, 노예의 도덕성은 해를 끼친다. 해로운 평등주의를 양성하고 우리가 사는 세계를 평가 절하하며, 도덕의 적합성을 특권화하고, 인간의 창의력을 무시한다. 넷째, 도덕성의 내용에 가치가 없다. 동정을 중요하게 생각하고 인간의 가능성을 제한하며, 외부의 권위에 복종하는 도덕이다. 마지막으로, 노예의 도덕성은 2차적 신념에 근거한다. 노예 제도 옹호자들은 보편주의, 독단주의, 전제주의를 주장한다. 노예 도덕의 최악은 우리의 신념과 규범에 제한이 없다는 것이다. 이러한 가정은 그 범위를 넓힘으로써 수많은 사람들의 힘을 제약한다.

니체를 제대로 평가하기 위해서는 더 많은 설명이 필요하다. 니체는 노예의 도덕성은 무리에 필요한 것이라 말한다. 니체는 노예의 도덕성이 독단적이고, 보편적인 체하며, 인간의 계급 질서를 부

권력의 조건

정하고, 우수성을 위해 필요한 사회적 조건을 약화시킨다고 본다. 따라서 니체의 주장은 노예 도덕의 존재가 아니라 그 적용 범위와 기반이 중심이다. 주인의 도덕은 본성이 정제되지 않았으며 열정으로 이루어져 있기 때문에 고귀한 문화가 아니라 잔혹함으로 비쳐질 수 있다. 하지만 우리는 단순한 호메로스식의 전사 윤리Homeric Warrior Ethics로 돌아갈 수 없다. 마지막으로 니체는 노예 도덕이 인간에게 교묘함과 교활함을 소개한다고 말한다. 정제되지 않은 주인의 도덕에는 없는 것이다(GM I, 6, 10).

니체는 독단주의를 약화시키는 데 목표를 둔다. 힘의 투쟁 상태에서 발생하는 사회 행위들을 보여줌으로써 우리의 행위와 가치가 자연의 합리성에 내포되어 있다는 것을 부정한다. 관점적인 가치와 행위를 추구하고 우리가 가치와 행위를 재창조할 수 있다고 보았다. 니체는 자신의 계보학적 주장이 순수하다고 말할 수 없다고 주장한다. 니체의 귀족적 믿음, 심리학적 이해, 개인적인 관심이 순수성을 방해한다. 그러나 니체는 자신의 주장이 역사적으로 올바른 것이라고 주장한다. 우리 언어와 범주의 한계를 반영한 논리이다. 니체는 자신의 상황을 벗어난 주장을 할 수 없다. 니체의 광범위한 주장을 보면 자신의 계보학적 주장이 유일한 "데이터"의 분석이라거나 전체적인 주장에서 나왔다고 이야기할 수 없다. 니체의 주장은 자기 의식적으로 부분적이어야 하며, 니체 스스로 '힘에의 의지'에 의한 결과물이다.

비평가는 니체가 자신의 주장이 우월하다고 주장할 근거가 무엇인지 묻는다. 니체가 편견의 계보를 제공하기 때문이다.

니체는 독단주의를 논리적인 근거와 다양한 철학적 논증을 기준으로 제시하며, 직접적으로 약화시킬 수 없다는 것을 알고 있다. 이러한 근거와 기준은 독단주의를 전제하므로 독단주의를 훼손하기 위해 직접적으로 독단주의를 사용하려는 시도는 결국 그것의 '필요성'을 역설하는 것이다. 바로 자기 역설적 역설(대략 "자신의 전제에 의해 스스로의 견해는 훼손된다"로 이해되는)의 상황이 생긴다. 대신 니체는 간접적 독단주의를 버려야 한다고 주장한다. 즉, 독단주의의 자기 의식적이고 부분적인 계보를 보여줌으로써, 다른 삶의 방식을 알려줌으로써, 그리고 다른 리듬에 맞춰 춤을 춤으로써 간접적으로 독단주의를 부정해야 한다.

니체는 사실가치의 구분이 무의미하다는 것을 보여 준다. 관점과 힘 관계의 결과로서의 가치는 사실과 분리된 논리적 범주에 있을 수 없다. 니체의 계보가 성공적이었다면 우리는 지배적인 가치의 기원에 대한 새로운 이해를 확립하지 않았을 것이다. 대신, 다른 사람들의 창조적인 해석에 행동을 자극했을 뿐이다. 다시 말하자면, 계보는 니체의 폭넓은 주체의 힘으로 환원된다.

여전히 비평가들은 트라시마코스를 예로 들어 니체를 비판한다. 트라시마코스는 가치와 힘 관계에 대한 니체의 입장을 예견했지만 전통적인 도덕에 관해서는 다른 주장을 펼쳤다. 트라시마코스는 정의의 개념이 사회적 지위로 자신의 의지를 발휘할 수 있는 사람들에 의해 확립되었다고 주장한다. 기존의 지배자는 '할 수 있는 힘'을 가지고 있었기 때문에 존재 조건을 설정했고, 시간이 지나면서 '정의'와 '권리'라는 이름으로 글이나 문서로 나타나게 되었다. '정의'는 가장 약한 사회적 요소라고 말한다. 여기서 우리는 가치와 힘 사이에 광범위한 연결고리와 두 개의 다른 도덕의 계보를 볼 수 있다.

그러나 니체와 트라시마코스는 생각만큼 다르지 않았다. 니체가 말하는 가장 고귀한 인간은 약한 인간이다. 이들은 육체적, 정신적, 영적 창의성에서 가장 강하지만 다른 무리에 비해 살아 남을 가능성은 낮다. 이들은 폭발적인 자기 점멸을 통해 멸망할 가능성이 높다(TI, "Skirmishes in a War with the Age," 44).

그래서 무엇이 정말 강한가? 귀족 무리가 강할까? 답은 보편적인 니체형 철학에 있다. 강한 사람은 없다. 다른 한쪽보다 더 강한 사람만 있을 뿐이다. 창의적인 천재는 생존 본능에 의해 더 강해진다. 니체가 옳다면 무리는 초자연적인 권위와 영원한 행복의 약속을 통해 힘을 보충한다. 니체와 트라시마코스의 융합이라고 보는 것이 합리적일 것이다. '정의'는 가장 강한 사람의 관심이다. 하지만 니체와 트라시마코스가 말하는 '가장 강함'은 그 기준이 서로 다르다. 니체의 관점에서 트라시마코스는 사회적인 힘을 이해하지 못했다. 적어도 민주주의, 사회주의, 공산주의 및 주요 종교 시대의 사회적인 힘을 가진 사람들은 이미 공동체 정신에 뿌리내리고 있었다. 누군가는 트라시마코스를 호메로스 시대의 주제를 재연한 것이라 볼 수도 있다. 어떤 식으로 해석하든 니체와 트라시마코스는 공통점이 많다. 최소한 전통적인 도덕에 대한 계보학적 설명에서 비슷하다.

이런 주장을 통해 우리는 플라톤의 대화를 생각해볼 수 있다. 《고르기아스》의 칼리클레스는 강하고 열성적인 정치가이다. 역사적인 펠리클레스처럼 행동하는 사람이다. 칼리클레스는 도덕성이 단지 사회적 합의의 문제이며, 자연의 명령에 대한 이성적 대응으로는 적절하지 않다고 주장한다. 강한 사람은 육체적으로, 정신적으로 이익이 되는 반면 약한 사람들은 고통을 받는다. 그러나 사람들은 더 강한 것을 제한하는 도덕성을 만들어 낸다. 사람을 더 약하게 만드는 것이다. 그들은 강한 것을 부끄럽다고 여기고 '불명예스럽'고 '부당하다'고 표현한다. 자연은 더 강력한 보상을 하지만 전통적 도덕은 보상을 약화시킨다. 칼리클레스의 주장은 니체보다 21세기정도 앞서 있었다. 니체가 플라톤의 분석으로부터 영향을 받았을 수도 있다. 그러므로 니체가 고르기아스의 영향을 받았을 수도 있을 것이다. 이 결론은 니체의 독립성을 훼손하지만 니체와 트라시마코스 사이에 연결고리가 있다는 나의 초기 주장을 뒷받침한다. 고르기아스에서 소크라테스는 약한 사람들이 함께 모여서 몇몇의 강력한 남성보다 집단적으로 강한 힘을 발휘한다. 그렇기 때문에 우리가 모든 것을 강자의 기준으로 받아들이는 것은 논쟁거리가 된다.

나의 현재 목적은 니체의 주인과 노예의 도덕성이 권력을 이해하는 데 중요하다는 것을 상기시키는 것이다. 니체는 힘의 관계가 고정적이지 않다는 것을 보여주었다. 억압에 대한 저항이 무의식적 힘과 분노로 일어날 수도 있다. 종속된 자가 가치를 변화시키기 위해 전능한 신을 만들어 내고 우월한 자가 허위의식에 빠져 어떻게 자신의 특권을 잃어버렸는지도 모르는 상황을 설명한다.

노예 도덕성의 힘

니체의 노예 도덕이 역사적 설득력은 약할지 몰라도, 힘의 이해는 잘 설명하고 있다. 니체는 귀족이 노예로 하여금 자신의 이미지를 재구성하고 재창조할 수 있도록 유혹함으로써 어떻게 대중이 자신의 억압으로부터 탈출할 수 있는지 보여 준다. 귀족들은 박탈감 속에서 억압에 무의미하게 협력하는 자가 된다. 이전의 지배자들이 억압받는 사람이 되어버린 것이다. 니체는 이런 변화가 대중의 의식적인 노력으로 이루어졌다고 주장하지 않는다. 대중이 모여 전략적인 계획을 세우고 실행한 결과의 변화가 아니라, 대중의 무의식적 반감이 귀족들을 전복시키는 결과를 야기한 것이다. 따라서 대중의 필요에 따라 생겨난 적대감이 서구세계의 가치를 변화시켰다. 무의식이 사회 변화의 선두 주자가 된 것이다. 대중은 귀족의 권력에 순응하면서 부당함을 견디며 합리적이고 공정한 세계의 변화, 삶의 궁극적인 의미를 갈망했다. 유대 그리스도교는 대중의 분노를 풀어주고 이런 심리적 갈망의 욕구를 성취할 수 있게 해주었다.

그렇지만 왜 귀족들은 자신의 특권과 자존심을 훼손시키는 가치에 내면화된 것일까? 니체의 기록에 따르면 귀족들은 더 큰 힘에 굴복한 것이다. 그럼 누가 대중에게 가치를 부여했을까? 가장 강력하고, 모두 알고 있으며, 온전히 자비로운 존재는 기만할 수 없다. 대중의 가치는 그 상위의 힘이 움직였기 때문에 승리했다. 상위의 힘과 비교하면 귀족들의 특권이 무의미해졌을 것이다.

니체의 설명에 따르면 노예 도덕이 완전히 자리를 잡으면 인간은 창조주 하나님의 목적을 따르고 순종해야 한다. 사람의 목적이나 텔로스telos(목적인)는 창조자가 예견해놓은 길을 묵묵히 따르는 것으로 이해된다. 니체는 모든 평가가 관점적이라고 말하지만 노예 도덕은 특정 목적을 가면 뒤에 숨겨두고 오직 부분만을 보여 준다고 말한다. 귀족들은 노예 도덕의 결말과 판단을 보편적으로 받아들인다. 귀족들은 하나님의 강력한 명령의 힘을 가치 있게 평가하기 때문이다. 중요한 점은 우월한 주체는 모든 관점을 단순히 인간 상호관계에서 나온 것이라 해석한다는 것이다. 이데올로기를 창조하면서 귀족은 자신의 관점과 경험을 합리적인 것으로 받아들인다. 새로운 가치는 객관성과 보편성의 호소에 가려져 힘을 전복시키는 수단으로 사용된다.

니체는 귀족들이 허위의식에 사로잡혔다고 말한다. 귀족들은 더 이상 자신의 진정한 관심을 알아차리지 못한다. 목적성, 보편성, 신성한 힘의 호소에 빠져있기 때문에 본인들이 주어진 가치에 내면화된 과정을 알지 못한다. 자신을 지배하는 관심과 선호에 협동한다. 이처럼 니체는 이데올로기적 패권주의와 사회화를 통한 억압의 전형적인 예를 제시하며 하위 계급의 순응을 얻는다. 노예 도덕은 상위의 존재에 의해 만들어진 공평하고 객관적이며 보편적인 명령에 따라 스스로의 행동을 제약하는 귀족의 묵인을 얻는다.

이 과정에서 정제되지 않은 지나치게 명백한 힘이 작용한다. 니체는 가장 위선적인 힘은 자신의 일을 은폐할 수 있다는 마르크스의 주장과 평행을 이룬다. 특정 상황에서 인간은 다른 인간을 유혹하여 자신에게 유리한 쪽으로 타인을 종속된 자로 만드는 이데올로기를 촉진시킬 수 있다. 지식은 여러 의미로 '권력'이며 특정 교리가 '진실'로 확고해진 자연과 기관에서는 힘이 자연스럽고, 적절하며 피할 수 없는 것으로 보인다. 가짜 필요성의 사슬은 약자가 강자의 지배적인 가치에 스스로를 종속시킬 때 가장 어려운 문제가 된다. 니체는 마르크스주의를 뛰어넘어 노예 도덕을 억압을 구성하는 하나의 이데올로기로 그린다. 마르크스는 우리가 이미 필요에 의해 사용하고 있는 경제체제 같은 이데올로기와 허위의식을 억압을 강화하는 도구라고 말한다.

니체는 힘의 행사와 개인적 변화의 관계를 강조하는 마키아벨리 의견을 따른다. 피렌체처럼 니체도 사람이 힘을 갖게 되고 권력을 어떻게 사용하는지에 따라 사회적 관계와 행위에 영향을 준다고 이해한다. 이런 맥락에서 니체는 마키아벨리와 맥락을 같이 하며 푸코의 주장을 예견한다.

다시 말해, 니체가 자신의 해석을 과장하거나 증거를 극대화시킨다고 하더라도 분명한 것은 니체가 자동적으로 비억압적인 힘의 추구가 인간 존재의 핵심이라는 것을 보여주는 것이다. 또한, 니체는 주인과 노예의 도덕을 차례로 제시하고 도덕이 역학적이고 전복 가능한 것이라고 주장한다. 주인과 노예의 도덕에서 갈등을 겪는 현자의 역사적 배경과 평등주의의 모든 것을 절대적으로 거부한다 하더라도, 관계의 유동성과 투쟁을 통한 변화가능성을 이야기한 니체의 통찰력은 인정해야 한다.

니체, 마르크스, 그람시의 힘의 관계를 설명하기에 앞서 우리는 철학사에서 가장 특이한 힘의 관계를 만나볼 것이다. 스토아학파는 우리가 억압에 저항할 수 있을 뿐만 아니라 억압을 우리와 관련 없는 것으로 만들 수 있다고 말한다. 스토아학파는 자신을 지배하는 우월한 자의 힘으로부터 스스로를 없애버린다. 가장 높은 위치에 있는 인간의 힘을 이야기함으로써 스토아학파는 기존의 권력 관계를 뒤흔드는 시도를 했다.

PART
2

5

중립적인
태도에 관하여

스토아학파 Stoicism

"권력은 권력의 존재를 믿는 사람에게만 존재하며, 벽면의 그림자 같은 존재이지만 그림자가 사람을 죽일 수도 있다. 그리고 아주 작은 사람도 큰 그림자를 가질 수 있다. "

_조지 R.R 마틴George R. R. Martin

다수의 사람들이 힘을 생각할 때 직관적으로 트라시마코스의 주장을 떠올린다. (1)소수 몇몇이 사회적 삶을 규정하고 (2)억압적인 힘의 관계에서 대중은 종속될 수밖에 없으며 (3)권력 관계의 전복이 가능하다 할지라도 외부 상황을 움직이기 위해서는 운과 자원을 필요로 한다. 권력 관계를 바라보는 철학자들의 관점은 다양하지만 (4)종속된 자에게 억압적으로 가해지는 힘의 결과는 구체적이며 변화가능하다는 점에는 모두 동의한다.

스토아학파는 첫 번째 주장에만 동의하고 나머지는 모두 부정하는 입장이다. 비록 소수의 사람들에게만 사회적 삶을 규정하는 힘이 주어지지만 우리 내면을 다스리면 외부의 억압으로부터 안전할 수 있다고 주장한다. 인간의 의지는 강인하기 때문에 필수적인 기질을 잘 다듬는다면 힘의 부당한 사용으로부터 자신을 보호할 수 있는 요새를 만들 수 있다.

스토아학파는 키프로스의 재논Zeno of Citium*에 의해 창시되었으며 대표적인 철학자로는 아소스의 클레안테스Cleanthes of Assos**와 솔리의 크리시푸스Chrysippus of Soli***, 루키우스 안나이우스 세네카 Lucius Annaeus Seneca****, 무소니우스 루푸스Musonius Rufus*****, 마르쿠스 아우렐리우스Marcus Aurelius****** 등이 있다.

---

* [BC 336-264] 고대 그리스의 철학자. 스토아학파의 창시자로 스토아학파라는 이름은 제논이 철학 강의를 했던 아테네의 공공건물 스토아 포이킬레Stoa Poikile에서 유래

** [BC 331-232] 제논의 제자. 제논의 유업을 전승한 스토아학파의 태두(泰斗)

*** [BC 280-207] 제논의 제자. 스토아 철학의 주요 골간을 만든 것으로 알려짐

**** [BC 4-AD65] 로마 제정시대 정치가로 후기 스토아철학을 대표. 군주 아래서 자유를 향유할 수 있다는 논지를 전개했지만 별반 주목받지 못하고 자신의 제자였던 네로황제를 암살하려는 음모가 발각되어 네로에게 자살 명령을 받은 것으로 유명

***** [30-100] 로마의 철학자로 네로 황제와 에픽테토스의 스승으로 알려짐

****** [121-180] 로마제국의 16대 황제이자 마지막 5현제.《명상록》의 저자

권력의 조건

자연에서 평화를 찾을 것

스토아학파는 일신교도이며 보편적 도덕성을 포함하는 자연법*을 따를 것을 주장한다. 그리고 모든 것은 운명이며 모든 일에는 이유가 있다고 주장한다. 세계정신, 제우스**, 혹은 자연이 모든 것을 조정한다. 행복은 자연법을 이해하고 이에 순응할 때 주어진다. 외부 사건은 운명적으로 일어나지만 그 사건을 받아들이는 것은 우리 태도의 문제이며 통제가능하다. 플라톤학파는 우리의 세계가 세계적인 존재의 그림자이고 모상(貌相)이라 주장하지만 스토아학파는 유물론자이다. 육체만이 실존하며 시간, 진공, 장소, 발성은 추상적으로 존재한다는 주장이다. 어떤 존재는 존재하지만 실존하지 않는다. 플라톤학파가 주장하는 형상이나 보편성은 실존하지도 않는 허구이다.

스토아학파는 진정한 자유는 지배를 당해도, 지배하더라도 얻을 수 없다고 말한다. 자유는 외부의 행위로부터 스스로를 보호할 수 있을 때 자족된다. 자기 스스로 할 수 있는 일과 할 수 없는 일을 명확히 구분하고 판단력과 태도를 훈련하는 등 개인의 의지를 형

---

* 민족이나 사회의 필요에 의해 만들어진 실정법에 대비되는 개념으로 민족·사회·시대를 초월한 항구적인 법률 및 규범
** 스토아철학의 논리는 자연학에 기초하는데, 제우스는 자연학에서 물질세계의 근원이자 세계를 움직이는 단일한 힘으로 등장. 불, 영혼, 로고스, 이성 등도 같은 의미로 쓰임

성해야 자유를 얻을 수 있다. 자유를 얻을 힘을 기르는 것은 곧 자신을 다스릴 힘을 얻는 것이고, 이 힘이 있다면 외부에서 행사되는 권력을 무력화시킬 수 있다.

스토아학파의 기본이 되는 몇 가지 주장을 살펴보자. 신은 존재하며 신의 섭리대로 행동해야 한다. 사람의 영혼은 신성하고 불멸하다. 인간의 의지로 자유를 얻을 수 있다. 좋은 삶을 살기 위해서는 자연의 이치를 따라야 한다. 우주는 자연의 법칙에 의해 움직인다. 도덕성과 합리성은 결합된 가치이다. 도덕적인 사람은 자족하며 행복하다. 인간은 영광스럽게 살 도덕적 책무가 있다. 스토아학파의 주장 중 가장 흥미로운 것은 사람은 애초에 자유로운 존재가 아니라는 것이다. 하지만 현명한 사람은 제우스의 계획대로 자연법을 따라 자유를 얻을 수 있다고 말한다. 운명도 제우스의 계획대로 자연법에 의해 흘러간다. 인간 내면의 성향 즉 자연적 기질은 개인의 지혜에 반영된다. 신생아 시절부터 타고난 기질은 우리 내면을 결정짓는 중요한 요소이다. 이는 요람의 주장으로 알려져 있다. 사람은 본질적으로 자기애를 가지고 있는데 신생아가 본능적으로 생존에 필요한 것만 받아들이고 그렇지 않은 것은 거부하는 것을 보면 알 수 있다. 그러므로 자연에 순응하고 자연의 결과를 받아들이는 것은 가치 있는 일이다.

첫 번째 의무는 자연적인 상황에서 자기 자신을 인정하는 것이다. 두 번째는 자연적인 것을 받아들이고 자연적이지 못한

것을 부정하는 것이다. 세 번째는 선택과 거부의 원칙이 정해
졌을 때 의무에 따른 선택을 하는 것이다. 넷째는 자연에 알맞
은 선택을 하는 것이고 선을 위한 마지막 단계는 실체를 이해
하는 것이다.[1]

스토아학파에는 생물학적 의미에서의 자연(자연스러운 생리현상
인 자연)과 자기실현을 촉진시키기 위한 자연(자연적 규범인 우리의
본성을 발전시키기 위한 자연), 두 개의 '자연'이 존재한다. 불행하게
도 이 두 개의 자연이 언제나 같은 방향으로 움직이지 않는다. 예
를 들어 보자. 생물학적으로, 우리는 스토아학파의 주장을 자연스
럽게 받아들이기 어렵다. 스토아학파의 주장을 배우고 행하기 위
해서는 가르침을 받아야 하며 훈련받아야 한다. 그러므로 생물학
적으로 보자면 스토아학파를 받아들이는 것은 자연적이지 않다.
하지만 사람의 본성을 실현하기 위해서는 스토아학파를 받아들어
야 한다. 그러므로 규범적인 관점에서는 스토아학파를 받아들이는
것이 자연적인 것이다. 그렇다면 어째서 사람은 자신의 '안녕'을
극대화하는 삶을 생물학적으로 자연스럽게 받아들이지 않는 것일
까? 왜 자연은 사람에게 '안녕'에 다다르기 위한 생물학적 욕구와
규범적 욕구, 두 개의 상충하는 욕구를 주었는가?

대답은 명확하지 않다. 제우스는 전지전능하지 않기 때문이다.
단지 제한적인 상황에서 가장 좋은 길을 제시하는 것뿐이다. 세계
에는 자연재해, 고통, 괴로움, 인간의 유약함 등 많은 위험과 어려

움이 도사리고 있다. 세계는 제우스의 영향력이 미치는 범위 내에서만 질서 있게 기능한다. 스토아학파가 말하는 외부요소는 근본적으로 선하지도 악하지도 않다. 단지 우리가 외부요소가 작용하는 원인에 따라 선과 악을 구분하고 판단하는 것이다. 특정 행위가 우리의 번영과 전혀 상관없다고 판단될 때 우리는 그 행위가 나쁘다고 판단하는데 이것은 잘못된 것이다. 특정 행위가 우리의 번영과 무관한 것이기 때문에 우리와 무관하다고 판단할 때, 우리는 옳은 판단을 한 것이다. 제우스는 주어진 상황에서 모든 개인에게 최선을 다한다. 인간은 외부 환경에 영향을 미치기에는 매우 제한된 힘을 가지고 있다. 우리는 우리의 판단, 태도, 선택, 행동의 결과만 책임질 수 있을 뿐이다. 사람의 통제 밖에 있는 것들은 우리의 가치나 행복에 악영향을 미치지 않아야 한다. 스토아학파는 선이라는 것을 개인에게 영향을 미치는 내부적인 것으로 제한하는 교묘한 방법으로 악의 문제를 최소화한다.

그러므로 스토아학파는 제우스의 통제범위가 인간의 생물학적 행복추구의 범위와 완전히 일치하지 않는다고 주장하며 우리 내면의 자유의지를 올바르게 사용해야 본질적인 것과 규범적인 것 사이의 불화를 최소화할 수 있다고 주장하는 것이다.

스토아학파는 행복은 '내면의 평화'라 말한다. 욕구를 최소화하고, 우리의 판단력과 태도를 통제하고, 자연법에 따라 행동한다면 행복을 얻을 수 있다. 인간의 욕구와 세계와의 관계를 설명하면서 행복에 다다를 수 있는 방법을 설명한다. 외부행위가 유익하다고 판단하는 것은 나쁘다고 판단하는 것만큼이나 위험한 행위이다. 모든 외부행위는 무의미하다. 오직 도덕적 선만이 좋은 것이다. 판단은 부적절한 감정에서 비롯되는 것이다.

스토아학파에게 행복은 내면의 평화이고 또 열망으로부터의 자유이다. 기쁨과 슬픔, 고통과 환희에 무심하고, 삶의 변화에 유연하게 대처해야 한다. 덕과 바른 태도만 있다면 행복을 얻을 수 있다. 자연에 순응하며 산다면 열망을 갈망할 필요가 없고, 좋은 버릇을 얻게 되며 스스로의 의지로 통제 불가능한 욕구로부터 자유로울 수 있다.

스스로를 억압하지 말 것

스토아적인 삶을 이해하기 위해서는 선호의 무관심, 비선호의 무관심 그리고 선의 개념을 구분해야 한다.

'선호의 무관심'은 사람이 생물학적으로 자연스럽고 합리적으로 선호하게 되는 물건이나 행위를 의미한다. 우리는 이 물건이나 행위를 비선호의 무관심보다 선호한다. 하지만 선호의 무관심을 얻든 얻지 못하든 그것은 우리의 덕과 행복에 아무런 도움이 되지 못한다. 다시 말해, 우리가 특정의 것을 다른 무엇보다 선호하는 것이 생물학적으로 자연스럽다 할지라도 그것은 규범적으로 중립적이며, 더 나아가 선호의 무관심을 얻는 것이 선의 추구에 방해가 된다면 그것은 규범적으로 비정상적인 것이다.

'비선호의 무관심'은 자연스럽고 합리적으로 선호하지 않게 되는 물건이나 행위를 의미한다. 우리는 이 물건이나 행위를 선호의 무관심보다 선호하지 않는다. 하지만 비선호의 무관심에 사로잡힌다 하더라도 우리의 도덕과 행복에는 어떤 영향도 미치지 못한다.

사람의 선은 자연적으로 완벽하다. 우리에게 필요한 것은 선한 것이다. 가치 있는 것은 선한 것이다. 다시 말해, 플라톤이나 소크라테스의 말처럼 스토아학파는 사람의 선이 내면의 환경에 의해 결정된다고 보았다. 외부요소나 선호·비선호의 무관심의 균형과는 상관없이 사람은 건전하고, 조화롭고, 도덕적 내면인 선을 얻을 수 있다.

스토아학파는 선호의 무관심을 세 개로 분류한다. 좋은 외모 같은 그 자체로 원하는 것. 재화 같은 도구적인 것. 건강같이 그 자체가 도구적이고 또 그 자체인 두 가지의 이유로 선호하는 것. 무엇을 선호하는 것은 생물학적으로 매우 자연스럽고 합리적인 현상이다. 단지 선호하는 것을 얻든 얻지 못하든, 인간의 선과 행복과는 아무 상관이 없을 뿐이다. 사람은 특정 시나리오를 다른 시나리오보다 선호하기 마련이다. 사랑하는 사람과 점심을 먹는 상황을 사랑하는 사람이 끔찍하게 살해당하는 상황보다 선호한다. 하지만 선의 관찰자의 입장이라면 어떤 한 시나리오가 우월하다고 말하지 않을 것이다. 또, 이탈리안 음식을 먹는 것을 굶는 것보다 선호할 수도 있다. 하지만 이탈리안 음식을 먹는 것이 굶는 것보다 더 우월하다고 말하지는 않을 것이다. 스토아학파에서 말하는 도덕적 선 이외에는 그 어떤 것도 본질적으로 선하거나 악하지 않다. 인간은 특정행위를 선과 악으로 규정짓는다. 선악의 꼬리표를 뗀다면 우리는 불필요한 고통과 불안으로부터 벗어나게 될 것이다. 우리는 행위에 무관심하기 어렵다. 하지만 스토아학파의 관점에 따르면 행위의 결과는 본질적으로 중립적이다. 행위의 중립성에 집중한다면 행위에 반응하고 판단하지 않게 될 것이다.

인간의 선, 충족감, 행복 등은 덕에 달려 있다. 덕을 지닌 사람은 상황이나 운에 구애받지 않고 온전히 행복하다. 나 자신이라는 든든한 피난처가 만들어진다. 선한 삶을 이해하게 된다면 타인의 분노나 우리가 처한 상황과 상관없이 온전한 자유를 누리게 된다. 우리의 판단, 태도, 선택, 행동, 반응 모두 내면의 통제 안에 있게 된다. 생물학적 삶의 양식처럼 일관되게 평가될 수 있다. 생물학적 삶은 인간의 충족감을 촉진시킬 때 선하고 방해할 때 악하다. 외재된 선이라고 알려져 있는 건강, 재화, 유명세, 영광 같은 것들은 사실 선하지도 악하지도 않다. 이것들은 사람이 선을 얻는 데 아무런 영향을 미치지 못하므로 무관심하다. 사람의 의지는 건강, 재화, 명성, 가족과 친구의 행복을 선호하기 마련이다. 하지만 이는 우리의 통제 아래에 있지 않고 운과 타인의 반응에 따라 영향을 받는다. 선호를 파악하는 것은 나의 성품, 믿음, 행위로 이뤄져 있는 선에 일부분이 아니다. 내가 선생이라고 가정해 보자. 나는 나의 학생들이 제대로 배우고 성공하기를 바랄 것이다. 목적을 이루기 위해 내가 가진 능력 안에 있는 모든 것을 활용한다. 그러나 학생의 배움과 성공은 내가 원하는 대로 조정할 수 있는 것이 아니며 엄밀히 말해서 나의 선과 아무 상관이 없다. 하지만 좋은 결과를 얻기 위해 최선을 다하는 것은 나의 통제 안에 있으며 나의 선과 밀접한 관계가 있다. 건강, 물질적 행복, 명성 같은 것을 추구하는 것은 인간으로서 당연한 일이다. 하지만 이것을 얻는다고 해서 좋거나, 얻지 못한다고 해서 나쁜 것은 아니라는 것이다.

사람은 단순히 외재된 선을 목표로 추구할 뿐 아니라 외재된 선을 실천하는 것이 선의 일부분이라고 생각한다. 그래서 우리는 건강이나 경제력의 저하, 혹평 등에 한탄하며 선하지 못하다고 느낀다. 스토아학파는 이것은 인간의 잘못된 판단이며 전혀 필요치 않은 불행의 세계로 직접 걸어 들어가는 것과 같다고 말한다. 사람이 건강, 재력, 명성 등을 통해 선해질 수 있다고 생각하는 것은 틀렸다. 스토아학파의 입장에서 잘못된 판단은 우리의 시야를 흐리고 진짜 선을 이루는 데 방해가 되며 무엇보다 심리적 불안감을 가져온다. 더 나은 삶을 위해서는 올바른 인식론이 필요하다. 스토아학파는 우리에게 선호하는 것을 마음껏 추구하라고 말한다. 단지 외재된 선을 얻는다고 해서 진정한 선을 이루는 것이 아니며 얻지 못한다고 해서 선에 문제가 생기는 것이 아니라는 것을 이해해야 한다.

스토아학파를 온전히 이해하기 위해서는 우리가 통제할 수 있는 요소들과 그렇지 못한 요소들을 구분해야 한다. 우리는 판단력과 태도, 평가에 관한 것만 통제할 수 있다. 이것들을 통제함으로써 우리는 올바른 의지와 미덕을 얻는다. 오랫동안 바람직한 욕구라고 여겨져 온 사랑, 영광, 부, 건강, 세속적 성공, 타인의 인정, 친구와 가족의 행복 등은 다른 사람의 행동과 같이 우리 통제범위를 벗어난 외부의 요소에 의해 좌지우지된다. 우리가 반항과 불만 없이 세속적인 삶, 돌팔매질 등을 있는 그대로 받아들이게 된다면 우리는 삶을 통제할 수 있게 될 것이고 행복을 얻을 수 있게 된다.

에픽테토스Epictetus*가 아주 간결하게 우리의 통제 아래에 있는 것과 그렇지 않은 것을 구분해놓았다.

어떤 것은 우리 통제 아래에 있지만 어떤 것은 그렇지 않다. 우리 통제 아래의 것은 신념, 선택, 욕구, 혐오 등 한마디로 우

---

* [AD 55-135] 노예 출신으로 후기 스토아 철학자. 후기 스토아학파는 이론적-논리적 관심보다는 실천 철학을 중시했음. 에픽테토스는 특히 윤리학에 중점을 두며 내적인 자유를 역설. 저서로는 《담화록》, 《엥케이리디온》이 있음

리 자신의 것이다. 우리 통제 아래에 있지 않은 것은 육체, 재산, 명성, 집무실 등 한마디로 우리 자신의 것이 아닌 것이다. 더욱이, 통제할 수 있는 것은 자연적으로 자유롭고, 제약이 없으며, 방해받지 않는다. 우리가 통제하지 않는 것은 약하고, 비굴하며, 방해받기 쉽고, 우리 소유가 아니다. 만약 우리 소유가 아닌 것과 관계된 일이라면 언제든지 '저와 상관없는 일입니다'라고 말할 준비를 하라(EN1).

결과물에 영향을 미칠 힘을 키우기 위해서 우리는 한 가지 결과에만 집중해야 한다. 우리 통제 아래에 있는 판단, 태도, 믿음, 행위의 평가에 대해서만 관심을 두어야 한다. 그러므로 우리는 '선호의 무관심'을 얻지 못했을 때나 '비선호의 무관심'을 갖게 되었을 때 모두 우리의 선과 아무런 상관이 없다는 믿음을 가져야 한다. 스토아학파는 우리가 억압을 당하는 종속된 자의 상태에 있다 하더라도 스스로를 부당한 지배의 관계에서 자유롭게 할 수 있다고 주장한다. 또한, 스토아학파는 우리가 스스로를 억압하지 않아야 한다고 조언한다. 종속된 자를 스토아학파의 세계로 인도하는 온정주의적, 진취적인 힘의 사용만이 지배하는 힘을 올바르게 활용하는 방법이라 말한다.

최고의 사람이 되려면

스토아학파는 감정의 인지이론Cognitive Theory*을 이야기한다. 스토아학파는 감정반응이 단순히 무의식의 반응이나 자극이 아니고 판단이라 말하며 감정은 자발적인 행위이기 때문에 인간은 자신의 감정에 책임을 져야한다고 주장한다. 감정이 의식적인 통제 하에 발현된 것이 아니라 할지라도 감정은 우리의 믿음과 스스로의 믿음에 대한 평가로부터 발생한다. 우리가 분노나 질투 같은 감정에 이끌려 스스로의 이익에 반하는 행위를 했다고 생각하겠지만, 실제로 감정반응은 인지몰입을 따른 것이며 자기확신을 가지고 특정 상황에서 화를 내는 것이 옳다고 평가했기 때문에 감정이 생겨난 것이다. 인지몰입이 우리의 통제권에 있기 때문에 감정 또한 우리의 통제 속에 있다.

최고의 자신을 실현하고 싶은 사람은 감정을 배제해야 한다. 사람의 감정반응은 합리적이고 기술적인 감각이다. 우리가 믿고 판단하는 것에 따라 인지적으로 만들어진다. 하지만 감정반응이 규범적으로 합리적인 감각은 아니다. 우리 통제 밖의 행위에 대한 잘못된 가치판단과 외부요소를 현실화하는 것이 인간의 선이라는 잘못된 믿음에서 비롯된다. 스토아학파는 잘못된 믿음이 현명한 사

---

* 어떤 대상을 느낌으로 알거나 이를 분별하고 판단하는 의식적 작용. 지각 · 재인 · 상상 · 추론 등을 포함하여 지식을 구성하는 모든 의식적 과정

람의 인생계획에 일부분이 되어서는 안 된다고 주장한다. 그러므로 최고의 사람이 되고 싶다면 감정을 최소화해야 한다. 감정의 부정은 인식론과 인간의 선의 관계에서 기인한다. 강한 감정이나 느낌이 올바른 가치판단에서 비롯된다면 그것은 타당한 반응이라는 주장이다. 그동안 나의 통제 속에 있었지만 제대로 반응하지 않았던 올바른 현실에 강하게 반응했다면 이때의 감정은 정당하다. 하지만 강한 감정이 올바른 기능을 할 수 있다 하더라도 지속적으로 자책한다거나 끊임없이 자기를 비난하는 일은 건강하지 못하다.

우리의 믿음이 올바르다면 신체적 결함도 우리의 영혼을 해치지 못한다. 인지결함이 우리의 판단력을 흐리게 하고 잘못된 감정을 만들어 낸다. 올바른 판단력을 형성하기 위해서는 정확한 자각과 평가, 이해력이 필요하다. 관찰자의 입장이나 마음속 논증으로부터 만들어진 감각의 자각, 즉 인상은 우리 영혼에 새겨진다. 인상은 명제가 되고, 우리는 그 명제를 받아들이거나 거절한다. 예를 들어 보자. 우리가 어떤 방향을 쳐다보고는 감각의 자각을 얻은 뒤 '한 마리의 개가 나무에 배설을 한다'는 명제를 만들었다. 우리는 이 명제가 얼마만큼의 설득력을 갖는지 판단하고 받아들일지 혹은 거절할지를 결정한다. 때로는 우리가 만들어 낸 명제가 '개가 나무에 배설을 하는 것은 좋다(혹은, 나쁘다)' 같이 가치판단의 문제가 되기도 한다.

우리가 받는 인상, 즉 감각의 자각은 우리 통제 밖의 영역이다.

권력의 조건

인상은 우리에게 새겨진다. 하지만 그 인상으로부터 시작된 명제를 받아들일지 말지의 문제는 통제가능하다. 스토아학파 철학자들도 '첫 번째 움직임'인 인상의 희생양이 된다. 만약 누군가 내 머리를 골프채로 내리친다면 그 즉시 나에게는 고통의 인상이 새겨질 것이다. 그리고는 바로 '누군가 내 머리를 쳤어, 머리가 아프다, 최악이고 불공평하며 부당하고 나의 선에 좋은 영향을 주지 않는다'는 명제를 만들어 낼 것이다. 나라면 이런 명제들이 입에 담을 수 없는 욕설과 화를 동반하며 생성될 것이다. 스토아학파의 입장에서 이 상황을 본다면 신체에 해를 입는 것은 나쁜 것이 아니라고 결론짓게 될 것이다. 나는 '첫 번째 움직임'에 의해 악영향을 받았지만 이것은 어떤 판단이 아니고 단지 순간의 반응일 뿐이다. 명제에 동요하며 이 상황이 나쁘다고 판단하지 않았다. 이 순간에 나는 스토아학파의 가르침을 생각하며 나의 명제가 영혼에 좋지 못하며 신체적 건강은 단순히 '비선호적 무관심'이라는 사실을 기억하게 될 것이다.

이처럼, 스토아학파는 '첫 번째 움직임'에서 나오는 즉흥적인 반응만을 비자발적이고 자연스러운 것으로 본다. 마르키 드 사드^{Mar-quis de Sade}* 와 그의 추종자들이 아니라면 누가 머리를 얻어맞는 것을 즐길 수 있겠는가. 머리를 얻어맞으면서 만들어진 명제는 고통이 주는 자각과 순간의 비자발적인 판단가치가 포함되어 있다.

---

* [1740-1814] 한국에서는 사드후작이라고 잘 알려져 있으며 인류역사상 최고의 변태성욕자로 거론되는 논쟁적 인물로 가학 음란증을 뜻하는 사디즘Sadism의 유래

이 판단가치를 받아들일 것인지 거절할 것인지의 결정에 따라 스토아학파의 성공이 결정된다. 스토아학파에게 외부요소는 선도 악도 아니다. 만약 내가 가치판단이 포함된 명제에 수긍하게 된다면 인식론적 실수를 범하는 것이다. 이런 관점에서 '나는 부당하고 악마 같은 폭력행위에 화가 났다'라는 감정반응은 잘못된 판단에서 나온 것이다.[2]

믿음과 열정에 인지적 규범적 연결성을 찾는 것은 간단하다. 만약 나에게 (1)어떤 행위가 일어났거나 혹은 일어나고 있는데 (2)이 행위가 나쁘거나 악의적이고 (3)여기에 열정적으로 반응하는 것이 옳다고 믿는다면 나는 감정을 따르는 것이다. 이 세 가지 조건 중 하나만이라도 충족되지 않으면 나는 감정을 멈춰야 한다. 또 한번 예를 들어 보자. 나는 존스가 나에 대한 거짓말을 퍼뜨렸다고 믿는다. 나는 평판이 좋은 사람이고 이 평판이 선이라 믿는다. 마지막으로 나는 '화'라는 감정이 불공평한 상황에서 적절한 것이라고 믿는다. 그렇다면 나는 분명 화를 낼 것이다. 이 상황이 나에게 얼마나 악영향을 미쳤고, 얼마만큼의 화가 적절한 것인지에 대한 믿음에 따라 나의 화의 크기도 달라질 것이다. 일반적인 경우라면 시간이 지남에 따라 새로운 믿음이 내 안에 자리를 잡게 되고 화는 가라앉을 것이다. '복수는 차갑게 식었을 때 가장 맛있다Revenge is a dish best served cold'*라는 격언은 일반적인 상황은 아니다.

---

* 복수는 시간이 지난 다음 잊힐 때쯤 해야 좋다는 의미로 처음 사용된 곳은 명확하지는 않으나 영화 '킬빌Kill bill'의 첫 장면이나 '대부God Father'에 인용됨

권력의 조건

하지만 만약 존스가 거짓말을 하지 않은 것으로 밝혀진 상황을 상상해 보자. 존스는 나에 대해서 아무 말도 하지 않았다. 나의 화는 사그라들 것이고 화를 낸 것에 대한 불편한 마음이 생겨날 것이다. 누군가 나에게 '너 존스에게 화났니?' 라고 묻는다면 '아니'라고 대답해야 한다. 만약 존스가 진짜로 거짓말을 했을지라도 내가 성공한 스토아학파라면 화를 내지 않을 것이다. 나는 존스가 거짓말을 하지 않은 상황을 선호하겠지만 이 상황이 선하거나 악한 것은 아니다. 화는 부적절한 감정이며 좋지도 나쁘지도 않다. 그러므로 나는 화를 내지 않을 것이다.

스토아학파의 입장에서 보자면 슬픔은 '건강하지 못하고 남자답지 못하며 자연스럽지 않고 불필요한 것이다. 신 때문도 그 누구 때문도 아니다. 슬픔은 아무것도 이루지 못한다. 우리가 해야 하는 일들은 물론이고, 고인이 떠나는 길에도 방해가 된다. 고인에게 부조리한 행위이며 스토아학파의 가치에 반한다.'[3]

누군가는 스토아학파의 주장에 반대하며 감정은 결코 단순하지 않으며 복잡한 판단의 결과물이라고 말할 것이다. 사랑하는 사람이 죽었다면 나는 그 상황이 나쁘다고 생각할 것이고 슬픔은 정당한 감정이라고 생각할 것이다. 시간이 지나도 나는 여전히 그 상황이 나빴다고 생각할 것이다. 하지만 지나간 일에 대한 슬픔을 간직하고 있는 것이 정당하지 않다고 판단하기 때문에 슬픔이 가라앉는 것이다.

스토아학파는 내가 화나 슬픔 같은 인상을 받아들이거나 거부하는 것이 타인의 마음과는 다른 나만의 내면을 반영한 것이라고 대답할 것이다. 인상 하나만으로 동의나 거부를 만들어 낼 수는 없다. 우리의 행동은 마음속 내면의 환경에서 나오는 것이다. 우리 마음은 유전적, 사회적, 동료집단의 압박 같은 요소로부터 큰 영향을 받는다. 하지만 그렇다고 해서 이 요소들이 나의 기질에 영향을 주는 것은 아니다. 내면의 요소는 복잡한 운명과 외부원인에 영향을 미친다.

모든 운명론자들의 주장이 그렇듯 스토아학파의 주장에도 자유의지의 문제가 있다. 스토아학파가 말하고자 하는 '운명'을 규정하는 것은 중요하다. 만약 스토아학파가 말하는 원인과 충동, 내면과 외면의 원인, 단순하고 복잡한 행위를 운명에 맞춰 정의하려 한다면 근대의 유연한 결정론* 옹호자들만큼이나 많은 문제와 마주하게 될 것이다. 스토아학파는 사람은 자신의 행위에 책임이 있다고 믿었으며 업적의 우수함에 따라 사람을 찬양하거나 비난했다. 하지만 스토아학파의 운명론이 그들이 주장하는 바를 뒷받침할 수 없다면 운명론에 대한 개념을 재정비하거나 과감히 버려야 할 것이다. 스토아학파는 자신들이 주장하는 운명의 개념을 확실히 할 필요가 있다. 전통적인 운명과는 다른 의미로 사용했기 때문이다. 스토아학파는 운명을 받아들이는 것이 사람의 일상을 탄탄하게 한

---

* 넓은 의미로는 사물과 현상이 모두 객관적인 연관성을 지닌 채 서로 조건짓고 있다는 학설. 좁은 의미로는 사물과 현상이 보편적인 인과관계를 맺고 있다는 학설

권력의 조건

다고 주장했다. 운명이 제우스의 계획이라고 보았기 때문이다. 하지만 신에 대한 충성심은 외부행위를 받아들이는 것이다. 그러므로 운명은 사람에게 불가피한 것을 받아들일 것을 요구한다. 하지만 불가피한 것을 받아들이는 것은 스토아학파의 도덕체제에 존재하지 않는다.

스토아학파가 말하는 현자는 이상적이다. 절대적이며, 영향력이 있고, 강하며, 자유롭고, 행복하며 원숙하다. 현자는 욕구를 선택할 때 두려움을 배제한다. "선택은 미래의 무언가가 [선호의] 무관심이라는 믿음을 가지고 얻기 위해 노력하는 것이다. 비선택(혹은 거절)은 미래의 무언가가 [비선호]의 무관심이라는 믿음을 가지고, 최대한 가지지 않기 위해 노력하는 것이다."[4] 감정의 폭발은 인지이해, 정신수양, 올바른 습관의 형성 등 많은 요소들의 복잡한 관계에서 시작된다. 스토아학파에게 감정은 잘못되었거나 수직적인 판단으로부터 야기된 것으로 감정을 배제하기 위해서는 단순한 교리나 설교를 늘어놓는 것보다 더 많은 것을 필요로 한다. 진정한 현자는 감정적인 충동에 영향 받지 않는 경지에 이른다. 제대로 된 교육과 훈련을 통해 잘못된 감정을 경험하지 않는다. "현자는 자신의 미덕을 잘 알고 있으며 이로부터 즐거움을 느낀다. 현자는 미래의 미덕과 자유의지의 행사를 위해 모든 노력을 기울인다. 미래에 잔인한 사람이 되지 않기 위해 조심스러운 길을 간다."[5]

스토아학파의 힘

언뜻 보면 스토아학파는 힘의 철학으로서의 자질이 없어 보인다. 스토아학파적 삶이란 원하는 것을 최소화하고 필요한 것을 엄격히 규정하고, 내면을 세심하게 훈련하는 것이다. 힘에의 의지를 휘두르거나 칭송하지 않는다. 니체가 말하는 '노력하는 위대한 삶'을 거부하고 욕망을 제한하고, 통제되고 재단된 행복을 좋은 삶이라 말한다.

하지만 스토아학파는 종속된 자와 동경의 관계를 이해하는 데 매우 중요한 철학이다. 스토아학파의 힘은 부정적이다. 억압을 거부하는 데 그치지 않고 자신의 삶과 무관한 것으로 만들어버린다. 성공한 스토아학파는 종속을 경험하지 않는다. 더 자세히 말하자면 자신의 선을 방해하는 종속됨과 고통을 인지하는 것 자체를 거부함으로써 우월한 자의 권력 자체를 없애버리는 것이다. 허위의식에 빠지는 것은 아니다. 스토아학파는 태도, 판단력, 선택, 구체적 행위를 통해 진정한 관심을 규정할 수 있다. 고통을 가하거나 물질적 박탈로 자신에게 해를 끼칠 수 없다고 말한다. 스토아학파는 진정한 관심을 이용해 현재의 욕구와 장기적인 선호를 파악한다. 성공한 스토아학파는 일반적으로 발생하는 다른 감각의 충동으로부터 영향을 받지 않는다. 피해를 입기 위해서는 진정한 관심을 방해받거나 침해당해야 한다. 하지만 스토아학파는 진정한 관심의 범위를 아주 좁게 규정함으로써 세상의 다른 사람들이 지배하는 힘이라고 느끼는 것과는 거리를 두게 되는 것이다. 스토아학파는 타인이 자신의 선택이나 행동을 통제하거나 제한하는 것을 막아낼 능력이 있다. 다른 사람이나 자연재해 같은 외부요소가 스토아학파의 선택이나 업적을 제한할 수 없다. 진정한 스토아학파는 스스로의 태도, 판단, 평가, 이 세 가지 통제 안에 있는 선택이나 업적에만 관심을 두기 때문이다. 스토아학파의 힘은 외부요소로부터 스스로의 피난처를 만드는 것에서 시작된다. 안전한 자아는 우월한 자의 행위로부터 손해를 입지 않으며 처한 상황이나 타인의 행위가 개인의 선택과 행위에 영향을 미치지 못한다.

스토아학파는 트라시마코스에게 통치계급이 스스로의 물질적 관심을 채우기 위해 정해놓은 법과 규범은 스토아학파의 개인적 선에 아무런 영향을 주지 못하고 심지어는 통치계급의 선과도 무관하다고 말한다. 소크라테스에게는 감사 인사를 전한다. 소크라테스는 개인 내면의 중요성을 강조하며 스토아학파가 가야 하는 바른 길을 닦아 놓았다. 소크라테스는 물질적 강화는 중요하지 않다고 주장하며 '어떤 악도 선한 사람에게 재난을 가져올 수 없다. 살아 있든 죽어 있든'이라는 명언을 남겼고, 올바른 인식론과 도덕적 미덕과의 관계를 역설했다. 하지만 스토아학파의 금욕은 소크라테스의 주장보다 더 깊은 개념이다. 마키아벨리에게는 군사적·정치적 성공을 통해 영원한 영광을 추구하는 것은 역효과를 낳는다고 말한다. 선호하는 무관심을 추구하는 것이 위대한 인간의 선을 촉진시키는 것이 아니기 때문이다. 마키아벨리가 말하는 이상적인 군주는 영혼을 희생시켜 불가능한 것을 추구하는 매우 연약한 사람인 것이다. 니체가 말하는 탄탄한 힘에의 의지를 행사하는 사람은 인간의 선을 규정하는 조화롭고 건강한 내면의 환경을 영원히 얻을 수 없는 사람이라 말한다. 세상의 환경이나 반응에 의존하는 것은 진정한 힘을 오인한 것이고 의미 없는 힘을 쫓고 있는 것이라 말한다. 진정한 힘은 자족할 수 있어야 한다.

우리가 스토아학파를 광적이고 급진적인 금욕주의라 치부한다 하더라도 스토아학파가 말하고자 하는 도덕은 이해할 만한 가치가 있다. 종속된 자인 자신에게 지배하는 힘을 행사하고 있는 우월한 자가 이를 어떻게 받아들이는지는 억압의 존재와 경험을 규정하는 데 매우 중요하다. 힘의 부재는 욕망을 불러일으킨다. 우리는 선에 대한 갈망을 충족시키기 위해 고군분투한다. 그리고 갈망을 성취하지 못했을 때는 더없이 유약함을 느낀다. 누군가가 우리를 방해하거나 사회 구조가 우리의 갈망이 현실이 되지 못하도록 제한할 때 우리는 지배하는 힘의 행사 때문에 실패했다고 생각한다. 욕구 자체를 변화시키면 우리는 유약함을 경험하지 않아도 되고 타인이 행사하는 권력으로부터 멀어질 수 있다. 외부의 간섭과 사회 구조로부터 완전히 독립하는 것이다. 힘을 조정하려는 매개체로부터 스스로를 멀리할 수 있고 욕구를 채우지 못하는 것에서 비롯되는 실망감을 느끼지 않아도 된다. 종속된 자가 허위의식에 빠지지 않고 합리적으로 힘을 무시할 수 있다면 지배하는 힘의 효과와 존재는 작아진다. 스토아학파의 도덕에는 언제나 '합리적'이라는 제한적 단어가 따라붙는다. 하지만 많은 독자들이 스토아학파가 자신들의 철학적 세계를 비합리적인 선까지 밀어붙인다고 느낄 것이다. 특히 죽음을 포함한 육체적·정신적 결함이 해가 되지 않는다는 주장은 불편하다. 하지만 스토아학파의 주장이 전부 터무니없는 것은 아니다. 인간은 누구나 '지배하는 힘'을 가지고 있으며 자신들의 관심을 강제하는 타인의 권력을 무력화시킬 만한 힘을 가지고 있다.

스토아학파의 한계

스토아학파에 대한 비판은 이제 상투적일 지경이다. 최악의 상황을 견뎌내고 있는 사람들에게 희망이 될 수 있을지 모르겠지만 일반적인 상황에 적용하기에는 삶에 대한 기대치가 너무 낮다. 그들이 말하는 삶의 편리함을 위해 다양하고 창의적인 삶의 경험을 희생해야 한다. 스토아학파가 소극적인 삶을 주장하는 것은 아니지만 그런 방향으로 삶을 유도한다는 것은 분명하다.

우리가 과연 가난, 병, 자연재해, 고통, 보편적인 악 등에 무심할 수 있을까? 아니 무심해야만 할까? 점심을 먹기 위해 집으로 가는 상황을 떠올려 보자. 첫 번째 시나리오는 사랑하는 사람을 만나 아름다운 삶의 이야기를 나누고 (그 무엇이든 스스로 원하는 아름다운 삶을 떠올려 보자) 완전한 충족감을 느끼고 회사로 돌아가는 것이다. 두 번째 시나리오는 사랑하는 사람이 살해당한 상황이다(그 무엇이든 스스로 생각하는 최악의 상황을 떠올려 보자). 사람이 완전히 다른 두 개의 시나리오에 아무런 감정이입도 하지 않을 수 있을까? 만약 누군가가 사랑하는 사람의 잔인한 죽음 앞에서 초연할 수 있다면 우리는 그 사람이 심리학적으로 문제가 있다고 생각하게 되지 않을까? 이런 상황에서 무관심할 수 있다는 것은 최고의 가치를 저버린 것이다.

스토아학파는 우리가 아름다운 첫 번째 시나리오를 잔인한 두 번째 시나리오보다 선호할 것이라는 사실에 동의한다. 하지만 우리가 선호하는 것이 우리의 충족감 혹은 선과 아무 상관이 없다고 주장한다. 그렇다면 우리는 왜 한 시나리오를 다른 시나리오보다 선호하는 것일까? 답은 간단하다. 우리는 더 좋고 더 선한 상황을 선호하는 것이다. 왜냐하면 우리는 한 시나리오가 더 가치가 있다고 생각하기 때문이다. 스토아학파는 우리가 왜 Y보다 X를 선호하는지에 대해서 설명하지 못했다. 어떤 선호는 개인적인 취향이나 기분에 따라 달라진다. 또 어떤 선호는 가치판단이나 선입견에서 기인한다. 스토아학파는 선호의 존재를 인지하지만 선호와 선의 관계에 대해서는 이해할 수 없는 견해를 갖는다. 우리는 사랑하는 사람의 죽음보다 사랑하는 사람과의 점심을 선호한다. 우리가 점심을 함께하는 것은 선하고, 잔인한 살인은 엄청난 악이라고 판단하기 때문이다.

스토아학파도 이러한 이의 제기에 대한 답을 내놓기는 한다. 스토아학파에게 두 개의 시나리오는 선천적으로 무관심하지 않다. 스토아학파도 점심을 살인보다 선호한다. 그러나 어떤 상황이 발생하든 후천적으로 무관심하다. 잔인한 살인이 행해졌다고 하더라도 악이나 선과는 무관하다. 같은 맥락에서, 현자는 굶주림보다 맛있는 음식을 선호한다. 하지만 현자가 아닌 사람과는 다르게 맛있는 음식을 먹었다고 해서 기쁨을 만끽하거나 그렇지 못했다고 해서 실망하지 않는다. 현자는 맛있는 음식을 먹는 것과 사람의 선은 아무런 상관이 없다는 것을 이해한다. 영혼의 상태와 미덕만이 사람의 선을 규정한다. 음식 섭취와는 상관이 없다.

만약 현자가 먹는 것의 가치를 인지하지 않았다면 현자는 왜 굶는 것보다 맛있는 음식을 선호했을까? 현자라 할지라도 내면의 깊은 곳에서는 좋은 음식을 먹는 것이 좋은 것이고 굶는 것이 나쁘다는 것을 인정하는 것이 아닐까? 확실하지 않다. 현자에 의하면 스토아학파는 자연을 따를 뿐이다. 음식보다는 굶주림을, 건강보다는 질병을, 육체의 안위보다는 고통을 선호하는 것은 자연의 이치에 맞지 않는다. 자연의 섭리를 따르는 것이 스토아학파의 신념이다. 그렇다면 자연적인 선호의 무관심이 사람 선의 일부분은 아니라고 말하는 것일까? 생물학적 자연과 규범적 자연을 이해하는 것이 이 질문에 대한 답이 될 수도 있겠다. 생물학적으로 사람은 건강 같은 특정 상태를 질병과 같은 정반대의 상황보다 선호한다. 그러나 규범적 자연의 관점에서 본다면 이런 선호를 만족시키는 것은 사람의 선과는 무관한 일이다. 합리적이고 고결한 행복은 선호의 무관심에 영향을 받지 않는다. 그러므로 우리도 선호 추구의 결과물을 무관심하게 대해야 할 것이다. 무관심이 가지고 있는 단 하나의 가치는 생물학적 혹은 기술적 자연의 선호에 맞춰 선택하고 선택하지 않는다는 것이다. 스토아학파는 두 개의 이질적인 가치가 존재한다는 것에 동의한다. 선호의 무관심을 얻고자 하는 생물학적 가치와 도덕적 가치가 그것이다. 두 번째 가치만이 사람의 선과 관련이 있으며 인간을 충족시킬 수 있다.

> 미덕의 삶에서 행위자는 무관심의 추구를 합리적으로 행사한다. 현명하게 선택하고 용감하게 피함으로써, 알맞게 선택하고 바르게 분배함으로써 어떤 의미에서 삶은 무관심을 차지하거나 포기하는데, 그럼에도 불구하고 시간은 미덕으로 삶을 이끌어 간다.[6]

내가 비록 건강과 같은 선호의 무관심과 질병 같은 비선호의 무관심만 이야기했지만 홀수나 짝수 개수의 코털을 갖고 있는지와 같이 중립적인 세 번째 무관심도 존재한다. 스토아학파는 선호의 무관심을 추구하는 것은 탐욕스러운 가치를 투영하므로 위험하다고 말한다. 선호의 무관심을 얻지 못했을 때 좌절하고 자신도 인지

권력의 조건

하지 못한 강한 감정을 드러낼 수 있다. 하지만 선호의 무관심은 스토아학파도 허용하는 노력과 밀접한 관계가 있기 때문에 스토아학파를 비난하는 사람들은 이 부분을 공격한다. 어떤 결과물을 열성적으로 갈망했지만 결국 얻지 못했을 때 실망하지 않아야 한다면 정신병에 걸리게 될 것이다. 이론적으로 스토아학파는 선호의 무관심을 열성적으로 원할 수 있다. 스토아학파가 외부요소를 진정한 선으로 보는 것을 거부하는 것과는 상충된다. 스토아학파는 선호의 무관심을 원하는 것은 가치 있는 선택이지만 노력의 대가로 성공을 원하는 것은 그렇지 않다고 주장한다. 그렇다면 우리는 도대체 왜 외부요소를 선택하고 추구하는 것일까? 도덕적 미덕을 칭송하는 스토아학파의 이론은 우리가 무엇을 선택하고 거부해야 하는지에 대한 지침서가 되지 못한다.

그렇다면 지혜와 미덕이 왜 우리 삶에 필요 없는 것들에까지 연결되어 있는 걸까? 스토아학파에 따르면 선호의 무관심을 위해 노력하는 것은 우리의 선과는 무관하다. 그렇다면 도대체 왜 우리는 어떤 결과를 위해 노력하는 걸까? 잘못된 감정과 무관심을 추구하는데 시간을 낭비하지 않고 인지이해, 정신수양, 올바른 버릇을 얻기 위해 시간을 투자해야 하지 않을까?

누군가는 아리스토텔레스의 말처럼 건강과 재력은 도덕적 삶을 이끌어 나가기 위한 전제조건이라고 주장한다. 미덕의 선을 얻기 위해서 사람은 살아있어야 하며 스토아학파의 양생법을 거쳐 갈 수 있어야 한다. 건강한 음식을 먹기 위해 고민해야 한다. 스토아학파가 말하는 선호의 무관심에서가 아니라 좋은 삶을 위해 필요한 것이다. 좋은 삶을 위해 필요한 요소들은 최소한 선을 위한 도구이거나 선에서 파생된 것들이다. 그러므로 미덕이 무관심을 추구하는 합리적인 행위와 연결되어 있는 이유는 무관심을 얻기 위해서 미덕이 필요하기 때문이다. 하지만 스토아학파는 이런 추론을 거치지 않는다.

제인이 뾰족한 구두굽으로 남자친구인 조에게 상처를 입혔다고 가정해 보자. 의사인 루이지는 조의 상처를 돌본다. 스토아학파에 따르면 제인이나 루이지의 행위 둘 다 조를 불만스럽게 만들 수 없다. 제인은 조에게 신체적 상해라는 비선호의 무관심을 주었고, 루이지는 상처를 치료하며 선호의 무관심을 주었다. 스토아학파의 선의 관점에서 본다면 이 두 행위 모두 동일하게 무관하다. 인간의 선이 우리 미덕을 위한 영혼의 내면적 기질로 제한되거나 우리 통제 속에 있는 도덕적 미덕으로 정의한다면 도덕의 세계는 작아질 것이다.

스토아학파도 진정한 감정을 느끼고 경험할 수 있다고 말하지만 이들이 말하는 감정은 제한적이고 따분하다. 자신의 미덕을 인지하고 있는 사람의 기쁨은 타당하다. 감정을 만들어 낸 판단이 합리적이고 옳기 때문이다. 나는 미덕을 얻었다. 나의 미덕만이 진정한 선이다. 나의 내면 속 환경은 조화롭다. 기쁨은 선과 내면의 행위에 대한 올바른 반응이다. 하지만 이런 패러다임이 존재한다면 기쁨은 오직 현자만은 위한 감정일 것이다. 현자를 제외한 우리 모두는 불완전한 멍청이들이기 때문이다. (도덕적 발전을 이루었다면 기쁨을 느껴도 되는 것인가? 기쁨이 도덕적 발전을 방해하지는 않을까?) 만약 누군가 도덕적 미덕을 잃고 과거로 회귀한다면 위험과 같은 감정을 느끼고 구원을 소원할 수 있는가? 진정한 선이 위태롭기 때문에 구원을 갈구해야 할 수도 있다. 하지만 스토아학파에게 끝난 일은 끝난 것이다. 과거의 감정인 후회와 회한이 밀려올 것이다. 미래 문제의 해결과 발전을 위한 감정은 허용될지도 모른다.

하지만 스토아학파는 틀렸다. 슬픔, 비통, 고통은 악덕이 아니다. 사람은 자연적으로 가치를 매기는 존재이다. 철저히 무관심하면서 인간적일 수는 없다. 가치를 매긴다는 것은 생각한다는 의미이기도 하다. 우리는 모든 것에 평등한 가치를 줄 수 없다. 우리는 무엇에 더 큰 가치를 둘 것인지 부분적으로 정한다. 만약 우리가 가치 있게 생각하는 것을 무관심하게 여긴다면 우리의 헌신에 의구심을 가질 수밖에 없다. 우리는 평가하고, 확신하며, 삶을 정의하는 행위를 하는 존재이기 때문에 패배하거나 실망하거나 무엇을 잃어버린 상황에 대해 무관심할 수 없다. 우리는 가치를 통해 삶의 존재를 찾고 경험을 한다. 슬픔, 비통, 고통은 삶에 닥쳐온 비극에 대한 정당한 반응이다. 스토아학파의 말처럼 사람은 종종 슬픔과 고통을 너무 과장되게 표현한다. 잃어버린 것에 비정상적으로 집착을 하는 것은 가치 있는 삶에 악영향을 끼친다. 그러나 우리의 통제 안에 있지 않은 모든 것에 무관심한 것은 부적절하다. 우유를 흘렸다고 울어서는 안 된다. 하지만 피를 흘렸을 때는 울어야 한다.

스토아학파 같은 세계관은 운명에 의존하기 때문에 의지에 따른 행위를 탄탄하게 설명하기 어렵다. 내가 세상을 바꾸고자 한다면 나는 내 통제 밖의 것에 집중하며 운명을 바꾸려 한다. 현상의 결함을 판단하고 바꾸기 위한 노력을 한다. 만약 바꾸고자 하는 포부와 나의 행동에 대한 결과가 운명이라면 세상을 바꾸려는 행동 이전에 세상의 현상을 평가한 행위는 나의 통제 안에 있는 것이 아니다. 나는 세계를 부정적으로 바라보고 바꾸려고 노력할 운명이었던 것이다. 나의 자유와 판단과 행위에 대한 통제 범위를 보자면 세계정신의 방향과 이와 공존하는 활발한 사회적 행동은 단순히 선택할 수 있는 것이 아니다.

세계정신과 자연법의 존재를 언급하지 않더라도 행위에 대한 나의 판단과 태도는 온전히 나의 통제 안에 있는가? 아마도 대부분의 사회적이고 자연적 환경보다는 통제가 가능할 것이다. 그러나 사회화 같은 다양한 영향력이 나의 견해에 영향을 미칠 것이다. 의식적인 판단과 평가는 당연한 것이 아니라 내 안의 자유로부터 발생한 것이다.

순리적이면서도 권위적인 복잡한 구조의 자연법 또한 문제이다. 모든 인간을 하나의 법으로 구속하는 자연법은 미래의 행복을 위한 합리적인 선택일 수 있다. 스토아학파는 자연법이 우리의 통제 아래 있지 않으며, 외부적인 것이라도 자연법에 무관심해서는 안 된다고 주장한다. 자연법을 따르는 것은 선한 행위이다. 우리 행위에 근거를 제시해 주기 때문이다. '선'과 '악'은 인간이 자신들의 행위에 붙여 놓은 표식 같은 것이 아니다. 자연법에 위배되는 사건과 행위는 악이다. 악한 사건과 행위를 무관심하게 바라보는 것 또한 자연법의 이치에 맞지 않는다. 스토아학파 주장은 근본적으로 쉽게 융합되지 않는다.

니체는 스토아학파의 '자연에 따라 살라'는 조언이 허위이거나 자기기만이라고 놀려댄다. 자연은 사람에게 명확한 메시지를 전달할 수 없고, 자연은 사람의 환경과 완전히 무관하다. 다만 철학자들이 자연을 바라보며 상상력을 펼치고 자신의 심리적인 갈망을 자연에 투영하여 자신이 만들어 놓은 비전이 자연으로부터 비롯된 것이라고 타당성을 부여하는 멍청한 순환적 행위를 하는 것이다.

'자연에 따라' 살고 싶은가? 고귀한 스토아학파여. 이게 얼마나 기만적인 말이란 말인가! 자연처럼 존재하는 상황을 상상해 보아라. 형언할 수 없을 만큼 소모적이며, 형언할 수 없을 만큼 무관심하며 어떤 목적도 신념도 없고 자비도 공정성도 없으며 비옥하지도 적막하지도 않고 동시에 불확실하다. 힘만큼 무심한 상황을 상상해 보아라. 무관심에 따라 살 수 있는가? 산다는 것은 자연이 아닌 다른 것이 되고자 하는 것이 아닌가? 산다는 것은 추정적이고, 선호적이며, 부당하고, 제한적이며 특출나고 싶어하는 것이 아닌가? 너는 너의 도덕과 이상을 자연에 부과하고 싶어한다. 너는 사람들이 스토아의 자연에 따르기를 요구하고 외부로 칭찬을 받고 싶기에 모든 존재가 너의 상상에 따라 존재하길 바란다. [철학은] 언제나 자신만의 세계를 만들어 낸다. 반대로 될 수는 없다(BGE9).

루소Rousseau*를 예언이라도 하듯 스토아학파는 우리 모두가 미덕을 추구함에도 불구하고 방황하는 것은 사회적이고 인식론적인 외부의 오류 때문이라고 믿었다. 스토아학파를 받아들이기 위해서는 자기성찰과 훈련이 필요하다고 말한다. 스토아적인 삶을 위해서 사람은 스스로 자연을 만들어 내면 안 된다. 우리는 '첫 번째 움직임'에 너무 쉽게 굴복하는 인식론적 오류를 범하기 마련이고 생물학적·사회적으로 스토아학파적 삶을 거부하게 되어있기 때문에 자연을 유연하게 받아들인다. 심리적 강인함이 우리를 외부행위로부터 보호할 수 있지만 이 강인함을 얻기에는 엄청난 비용이 따른다. 존경하고, 가치 있게 생각하고, 사랑하는 많은 것들을 내려놓아야 할 것이다. 우리가 사랑하고 가치 있게 생각하는 것은 우리를 구성하는 부분적인 요소이며 우리에게는 최선이다. 심리적으로 강인한 우리를 만들어 주는 것은 지혜로움이 아니라 비인격적인 것이다.

---

* 프랑스의 계몽사상가. 좌익이며, 철학자, 사회학자, 미학자, 교육자. 물질과 정신은 함께 영원히 존재하는 원리라고 보는 이원론의 철학자

스토아학파가 말하고자 하는 핵심은 불행 속에 살지 말고, 고통을 이겨 내고, 중요하지 않은 욕구를 추구하며 살지 말라는 것이지만 스토아학파의 수많은 요구사항에 파묻혀서는 이를 이해하기 어렵다. 결과적으로 마음의 상태만이 좋고 나쁠 수 있다고 주장하는 스토아학파의 신념은 사회, 정치, 경제적 불평등을 단순한 문제로 치부한다. 많은 사회문제를 '선호의 무관심'으로 보는 견해는 폭군의 억압에 의해 가난에 허덕이고 신체적 고통을 당하는 사람들의 고통을 하찮게 만든다. 고문을 당하는 상황에서도 텔로스 즉, 목적을 달성한다면 사람은 행복할 수 있다는 스토아학파의 개념은 터무니없다. 만약 우리가 영웅이나 순교자, 성인과 같은 사람들이 더 나은 이상을 위한 삶의 목적을 위해 고문을 당하고 있다면 가능한 일일지도 모르겠다. 스토아학파의 가르침을 따르는 것이 더 나은 이상을 위한 삶의 목적을 추구하는 일인가? 내면의 상황에만 가치를 두고 마음을 고귀하게 하라는 것이 성인의 삶을 살라는 말인 것인가?

더욱이 스토아학파의 '선호의 무관심'에 대한 견해는 자선적인 행위를 설명하지 못한다. 스토아학파는 편협하며 이기적이다. 에픽테토스는 주인의 미덕에 대한 고민에 조언을 던지며 "노예가 포악해지는 것이 네가 불행해지는 것보다 낫다(EN12)"라고 말한다. 타인의 미덕은 선호의 무관심인 것이다. 타인이 포악하고 자신의 행복에 기여하지 못한다 하더라도 말이다. 자선적 기부의 결과는 모호하다. 나의 도움이 필요한 사람에게 무관심함으로써 나의 소유물에 대한 물질적 관대함으로 기부를 할 수도 있다. 또 한편으로는 자선적 기여가 권리를 박탈당한 자들의 진정한 선과 아무런 관련이 없고 오히려 방해가 될 수도 있다고 생각할 수도 있다. 건강, 음식, 옷을 선호의 무관심이라고 인지함으로써 물질적인 것을 기부하는 것에 우호적인 관심을 갖게 될 수도 있다. 스토아학파의 신념에 따르면 기부하거나 기부하고 싶어 하지 않는 의지는 모두 진정한 선이 아니다. 어떤 관점에서 바라보든, 스토아학파가 생각하는 기부는 현시대에 우리가 바라보는 기부와는 그 의미가 완전히 다르다.

우리는 보통 배고픈 자를 먹이는 것, 가난한 자에게 옷을 주는 것, 노숙자에게 집을 제공하는 것이 도덕적으로 칭찬받아 마땅한 행위라고 생각한다. 종교적인 관점이나 세속적인 휴머니스트들은 이런 행위를 칭송한다. 그러나 에픽테토스 철학 속의 독지가(篤志家)는 억압당하는 자들에게 어떤 중요한 도움도 주지 못한다. 기부자는 사람의 선호의 무관심을 위한 갈망만 만족시켰을 뿐이며 권리를 박탈당한 사람의 영혼의 선을 위해서는 아무것도 하지 못했다. 굶주린 사람들에게 스토아 철학을 읽게 하여 행복을 음식이 아닌 올바른 판단력에서 찾는 방법을 배우게 해야 할까? 스토아학파 철학자가 나서서 행복은 위장이나 육체를 채우는 것에서 나오는 것이 아니라 성품에서 나온다는 가르침을 주어야 할까? 시간이 제한적이라면 스토아식 교훈을 몇 가지만 던져 줄 수도 있겠다. 사람이 고통의 조력자가 아니라면 굶주림, 궁핍함, 빈곤함으로 아무런 해를 입을 수 없다. 신체적 결함, 음식, 옷, 집 같은 선호의 무관심에 대한 갈망이 아닌 오직 잘못된 판단 속의 악덕만이 진짜 악이다. 어려운 상황은 개인의 성품을 평가하는 시간이라고 받아들여야 한다. 더 많이 가질수록 잃을 것도 많아진다. 만약 환경을 진정으로 견딜 수 없다면 자살이 현명한 선택일 수 있을까? 독지가가 생존을 위한 기초적인 용품을 제공함으로써 수혜자가 선호의 무관심을 갈망하게 하여 원치 않는 장기적 고통을 주었을 수도 있다. 스토아학파 철학책의 구절을 읽어줌으로써 진정한 선과 악의 출처를 알려주며 위로를 하는 것이 좋았을까?

스토아학파는 우리가 종종 통제 밖에 있는 바꿀 수 없는 과거나 문제에 집착함으로써 자신도 모르는 사이에 불필요한 고통과 연합한다고 말한다. 이런 문제들이 우리의 삶에 미치는 좋은 영향은 미비하다. 스토아학파는 힘에 대한 교훈을 준다. 사람은 자신의 통제 안에 있는 문제에만 관여함으로써 힘을 기를 수 있다. 종속된 자는 일반적으로 믿고 있는 것보다 더 많은 힘을 가지고 있고 억압을 최소화하거나 전복시킬 수 있다. 선하고자 하는 사람은 억압자가 되어서는 안 되며 자신을 억압하는 것에 동조해서도 안 된다. 우월한 자는 힘을 분배하거나 온정주의적 목적으로만 권력을 사용해야 한다.

대부분의 사람들이 힘의 관계를 생각할 때 억압하는 자와 종속된 자, 두 주체를 떠올리기 마련이다. 우리는 부당한 억압의 관계가 권력의 패러다임이며 양자관계가 패러다임의 핵심이라 오인하기 쉽다. 니체를 제외한 그 어떤 철학자도 게오르크 헤겔만큼 심리학적이고 철학적 관점에서 권력 간의 변화를 역동적으로 다루지 못했다.

6

노동의 힘에 관하여

게오르크 W.F. 헤겔Georg W.F. Hegel(1770-1831)

"당신이 누군가의 모든 것을 다 약탈했다면, 그는 더 이상 당신의 권력 안에 있지 않다. 그는 완전히 자유로워졌다."

_알렉산드르 솔제니친Aleksandr Solzhenisyn

나는 앞서 편의상 우월한 자가 종속된 자의 행동결과에 악영향을 미치거나 종속된 자의 선택이나 행동영역을 제한하고 통제하는 것을 '억압'이라고 정의했다. 이 정의는 우월한 자와 종속된 자 사이에 억압을 행사함으로써 발생 가능한 전환적 효과를 간과한다.

트라시마코스는 억압은 우월한 자의 물질적 자원을 극대화하며 종속된 자의 선(善)을 고조시키고, 정의 같은 규범적 이해를 받아들이는 종속된 자의 권리를 박탈하는 것이라 말한다. 트라시마코스는 힘 관계에서 반복적으로 만들어지는 주체 내면의 환경변화는 언급하지 않는다.

반면 소크라테스와 스토아학파는 인간의 선을 내면의 환경과 밀접하게 연관시켜 힘의 행사가 행사 주체의 내면에 어떤 영향을 주는지 분석한다. 간단하게 말하면, 인간의 선을 이해하는 종속된 자는 억압으로부터 악영향을 받지 않는다. 반면 폭력을 휘두르면서 자신의 선을 고조시켰다고 착각하는 우월한 자는 사실 영혼이 악하고 건강하지 못한 빈곤한 사람이라고 주장한다.

마키아벨리는 권력과 내면의 관계에 대해 명시적으로 언급하지는 않지만, 다양한 논의를 통해 정치가가 국가를 위해 더러운 선과 악을 잘 사용하여 국민을 보호하고 영광을 추구할 때 발생할 수 있는 효과에 대한 실마리를 남겨놓았다. 정치가가 억압적, 온정주의적, 전환적 힘을 효과적으로 사용할 때 국민들은 혜택을 얻고 시민의식이 발달된다.

탄탄한 힘에의 의지를 인간의 위대함을 위한 필수요소라고 말했던 니체는 첫 번째 욕구를 충족시키기 위해 난관과 맞서 이겨 낼때 사람의 정신이 성장한다고 보았다. 니체는 주인과 노예의 도덕을 통해 권력 투쟁을 이야기했다. 니체의 업적에 대한 이견이 있기는 하지만, 권력의 역학에 대해 주장한 것은 확실하다.

니체보다 앞선 독일 철학자인 헤겔은 양자적 힘 관계의 심리를 깊게 파고들었다. 억압이 우월한 자와 종속된 자에게 미치는 영향을 분석하고 힘 관계의 전환을 가지고 오는 예상치 못한 방법들을 이야기한다. 헤겔은 주인과 종 관계를 통해 권력의 역학을 설명하지만 나는 용어를 통일하기 위해 우월한 자와 종속된 자를 사용하고자 한다. 헤겔은 인간은 자아Ego와 욕구가 있기 때문에 인간의 자의식과 동물의 의식은 다르다고 말한다. 헤겔이 말하는 주인과 종의 관계는 특수한 역사적 사회관계에 대한 설명이거나 모든 사회에서 등장하는 인간의 자의식의 요소라고 이해할 수 있다. 나는 특정 양자관계보다는 좀 더 넓은 해석을 선호한다. 자의식을 발전시키고 유지하기 위한 헤겔의 주장을 다양한 사회 환경에서 바라보았고, 복잡한 사회관계에서 발생하는 권력의 투쟁을 설명하는 데 적용했다.

하지만 헤겔은 매우 제한된 상황에 적용하기 위해 주장을 펼쳤다는 것을 기억해야 한다. "지금 일어나고 있는 강렬한 인식 싸움은 인간이 독립적인 개인의 상태인 자연의 국가에서 나타난다. 시민사회와 국가가 있는 곳에는 인정을 위한 전투가 이미 지나간 일이다."[1] 하지만 나는 헤겔의 분석이 일반적인 권력투쟁을 이해하는 데 중요하다고 생각한다.

우월한 자와 종속된 자의 관계

헤겔이 말한 주인과 종의 관계를 잠시 재구성해 보자.

제1단계: 꿈틀거리는 자아
인간은 대상을 의식적으로 인식한다. 의식의 목적은 자기 자신뿐이다. 꿈틀거리는 자아는 자연의 목적과 마주한다. 자아는 살아남기 위해 자연의 목적을 이겨 낼 것인지 무시할 것인지 결정해야 한다. 이것은 자기발전을 위한 기본요소이다.

제2단계: 욕구와 기본적인 자기의식

인간은 기본욕구인 자기의식을 인정한다. 이 단계에서 인간은 동물보다 조금 나은 존재이다. 자기의식은 또 같은 종류의 다른 자기의식과 마주해야만 발달할 수 있다.

제3단계: 동물을 넘어서

인간은 자연 상태를 넘어서는 욕구를 발달시키게 되고 스스로를 자연의 통제로부터 해방시킨다. 소비하고 사용함으로써 자연의 목적을 부정하고 짐승의 욕구를 넘어선다. 인간의 의식은 외부세계를 차단할 수 없다. 자기의식은 곧 같은 종류의 다른 자기의식과 마주해야만 발전할 수 있다는 것을 깨닫는다. 자기의식은 사라지지 않고 부정만 할 수 있는 또 다른 자기의식과 마주해야 한다. 하지만 홀로 자족할 수 있다고 생각하는 사람의 자의식은 마주하는 다른 자의식을 자신의 독립성을 방해하는 위험요소라고 판단한다. 그러나 다른 자기의식을 인정할 때 비로소 온전히 성장할 수 있게 된다.

제4단계: 인정을 위한 욕구

인간은 짐승과 자신을 구별하고자 하는 욕구를 깨닫게 된다. 외부 세계의 자연적 목적이나 인간이 아닌 동물과의 상호작용을 통해서는 얻어질 수 없는 인정에 대한 욕구다. 같은 종류의 자기의식만이 자기의식의 본질이나 행위를 알아보고 이해할 수 있다. 하지만 이런 깨달음은 자동적으로 만들어지지 않는다. 깨달음의 과정에서 자기의식을 가진 두 명의 사람이 협상을 해야 한다. 헤겔은 사람의 자기의식은 다른 사람의 자기의식과의 갈등을 겪음으로써 자유를 얻고 동일성을 얻게 된다고 보았다. 이런 과정에서 사람은 자신이 누군지 깨닫는 자아개념을 형성한다. 자아개념은 자신의 가치를 얻고 표현하는 데 필요하다. 인정은 자기의식이 자기 자신을 인정하고 알아가는 과정인 것이다. 이 과정에서 앞서 말했던 사람의 자기의식은 완전히 독립적인 행위라는 역설을 떠올리게 된다. 인간의 자기의식은 근본적으로 자기 행위 외의 다른 것에 의존하지 않는 행위라고 말하고 있다. 그러나 행위주체는 자신을 깨닫기 위해 외부 현실에 의존해야 한다. 서로를 부정하지만 사라지지는 않을 경쟁 주체를 필요로 한다. 다른 사람을 인정하는 것은 인정과 자기 인식을 얻기 위한 필수요소이다. 독립성을 위한 갈망과 타인에 대한 의존도를 요구하는 인정과의 근본적인 충돌은 인간의 환경에 위험을 초래한다.

제5단계: 첫 만남

같은 종류의 다른 자기의식을 마주하며 인간은 (외부의 자연적 목적이 아닌) 타인이 완전히 파괴되거나 소비될 수 없고 쉽게 이겨 낼 수 있는 존재가 아니라는 것을 알게 된다. 자의식은 수동적이지 않으며 자기의 계획대로 행동하고 실천하는 존재다. 인간은 자기 자신과 비슷한 가치를 가지고 있는 타인으로부터 자신이 인정받는 존재이기를 바란다. 자기의식은 스스로를 이해하지만 자기 자신과 다른 자기의식과의 관계에 대해서는 모호한 입장이기 때문에 혼란이 발생한다. 자기의식은 자기 자신 외에는 완전히 부정하고 싶어 한다. 그 어떤 존재도 자기 자신의 의지와 믿음을 제재하지 않기를 바란다. 독립에 대한 갈망이 커지는 것이다.

제6단계: 혼돈과 교착상태

각각의 자기의식은 앞서 언급했던 혼돈을 마주한다. 그러나 (1)인정에 대한 갈망이 있으나 (2)인정을 얻기 위해서는 어느 정도 자신과 비슷한 다른 자기의식(타인이 단순히 소극적이지 않고 행동적인 주체라는 것)을 인정해야 하고 (3)자연을 모두 부정할 수 없다는 사실을 깨달아야 한다. 각각의 자기의식은 자연을 극복하고 스스로를 발견해야 하며 비슷한 다른 자기의식으로부터 인정을 얻어야 하며 어떤 면에서는 반대의 자기의지를 부정해야 한다. 같은 종류의 다른 자기의식 주체만이 자신을 부정할 수 있다. 같은 종류의 주체만이 자기의식을 제약할 만한 믿음과 욕구가 있고, 가치 있다고 인정

권력의 조건

한다. 각각의 자기의식은 또 다른 자기의식과 대면함으로써 자신이 더 우위에 있는 독립된 주체라는 우월성을 입증해야 한다. 독립성과 우위가 타인에 의해 결정된다는 사실은 아이러니하다. 다른 자기의식은 각각의 자기의식의 개념을 현실화하는 데 필요하므로 온전히 자족하겠다던 초기의 욕구는 충족되지 않는다. 한 주체가 스스로 자족하기 위해서는 어느 정도 다른 외부의 주체에게 의존해야 한다.

제7단계: 삶과 죽음의 투쟁

각각의 자기의식은 다른 자기의식과 다른 온전한 주체이기를 바라므로 각자가 원하는 타인으로부터의 인정은 동일하지 않다. 각각의 자기의식은 다른 자기의식이 스스로를 부정하고 자신을 더 우월하고 위협적인 존재로 인정할 것을 요구한다. 자기의식은 발달된 주체로서의 외부 상황으로부터의 독립성을 의미하는 자유를 얻기 위해 노력하며 위험을 감수하고 다른 자기의식과 마주함으로써 자신의 독립성을 증명하고자 한다. 그러므로 삶과 죽음의 투쟁은 두 개의 다른 자기의식으로부터 생겨난다. 각각의 주체가 다른 한쪽으로부터 일방적인 인정을 요구하며 죽음도 마다하지 않는다. 투쟁의 주체는 자기의식을 완전히 성숙시키는 불분명한 경험을 통해야 하며 계속적으로 존재하는 것보다 인정받는 것이 더 가치 있는 것이라는 사실을 깨닫는다.

그러므로 삶과 죽음의 투쟁은 두 개의 의식이 자기존재를 확신하기 위해 맞서 싸우는 것이다. 각각의 의식은 다른 의식의 존재로부터 큰 위협을 느끼기 때문에 실제로 물리적인 폭력을 행사하면서까지 상대를 파괴하려고 한다. 하지만 승자는 결국 제로섬의 상황을 맞이하게 되기 때문에 어떤 관계도 영원할 수는 없다. 하나의 의지를 파괴함으로써 승리한다는 것은 더 이상 그 존재로부터 인정을 받을 수 없다는 것을 의미한다. 물리적 폭력은 지속적인 관계를 만들어 낼 수 없다.

제8단계: 가능성과 결과

다섯 개의 가능성이 있다. (1)잠재적 적군이 전투를 포기한다. (2)둘 다 투쟁하고 누구도 살아남지 않는다. (3)둘 다 투쟁하고 한쪽만 살아남는다. (4)둘 다 투쟁하지만 승자는 없다. (5)둘 다 투쟁하고 둘 다 살아남지만 승자는 확실하다.

첫 번째 가능성에서는 양쪽 모두 자기의식을 발전시킬 수 없다. 그러므로 두 주체 모두 앞의 제7단계로 돌아간다. 둘 다 독립성을 증명하지만 자유를 얻지 못하며 갈망했던 인정을 받지 못한다. 두 번째 가능성에서는 주체자 둘 다 자기의식을 발전시키기 전에 소멸되어버리므로 둘 다 목적 달성에 실패한다.

세 번째 가능성에서는 승자가 투쟁의 목적을 일부 달성한다. 다

권력의 조건

른 주체는 부정되었고 독립성은 성립되었다. 하지만 인정받지는 못했다. 다른 자기의식이 죽었기 때문이다. 자유를 증명해 줄 대상이 사라져버렸다. 이 상황에서는 자기의식의 가치를 입증해줄 만한 것이 아무것도 남아있지 않다. 승자는 또 다른 삶과 죽음의 투쟁을 찾아야 한다. 네 번째 가능성에서는 둘 다 투쟁했지만 확실한 승자는 없다. 어떤 주체도 인정을 받지 못했다. 두 주체 모두 투쟁 이전의 상황으로 되돌아갔다. 서로에 대한 적대심을 다시 키우거나 아니면 다른 투쟁 대상자를 찾아야 목적을 달성할 수 있다.

다섯 번째 가능성은 패한 쪽이 죽지 않았지만 승자에게 승리를 양보했다. 승자는 투쟁의 목적을 다 이루었다. 승자는 다른 자기의식을 어느 정도 부정했고 자기발전 추구를 위해 자연을 초월했으며 완패당한 상대로부터 인정을 얻었다. 여기서부터 주인과 종의 관계가 시작된다.

제9단계: 주인과 종의 관계

종속된 자는 목숨을 보존하기 위하여 독립, 자유, 온전한 자기의식을 포기한다. 우월하고 한층 견고해진 독립성과 함께 짧은 성공을 즐긴다. 우월한 자는 종속된 자가 우월한 자와 자연과의 사이에서 중재자의 역할을 할 것을 요구한다. 우월한 자는 외부의 자연적 목적이 자신을 위해서는 불필요한 것이라는 것이라 생각하며 종속된 자만 자연과 상대한다. 종속된 자는 외부의 자연적 목적을 우월한 자가 자유롭게 소비하고 사용할 수 있게 변형시킨다. 우월한 자는 자신이 자기의식을 갖고 자신만을 위해 존재하는 온전한 주체라는 것을 인지한다. 우월한 자는 종속된 자가 특정한 목적을 달성하기 위한 도구 같은 하위의 존재라고 받아들인다. 삶과 죽음의 투쟁에서 승리함으로써 승자는 종속된 자의 노동력을 얻고 자연을 상대하는 도구로 활용할 수 있게 된 것이다. 종속된 자가 우월한 자의 의지와 욕구를 필수적인 것으로 받아들이고 상황을 견뎌낸다면 우월한 자의 독립성은 보장된다. 이 단계에서 종속된 자의 의식은 우월한 자의 의식에 의존하고 있다. "본질은 타인의 삶과 존재를 위한 것이다."[2] 삶과 죽음의 투쟁에서 패자가 됨으로써 종속된 자는 자기의식의 가치를 위한 인정을 얻어내지 못했다.

　우월한 자와 종속된 자의 관계는 지속적이고 상호의존적이지만 불평등한 인정의 관계이다. 우월한 자는 종속된 자를 파괴할 수 있지만 우월한 자는 그런 힘을 행사하지 않는다. 하지만 우월한 자가 이런 힘을 가지고 있기 때문에 종속된 자는 우월한 자의 명령을 따르고 두려움을 느낀다. 우월한 자가 종속된 자를 파괴시킬 수 있는 힘을 가지고 있다는 사실에서 비롯된 공포는 종속된 자의 복종을 이끌어 낸다. 지속되는 힘 관계의 특성상 억압은 피할 수 없다. 간헐적으로 발생하는 힘과는 달리 계속되는 관계의 특성상 권력이 지속될 가능성이 크다. 종속된 자의 선택과 행동은 구조적으로 제한되어 있으므로 우월한 자는 직접적으로 위협을 가할 필요가 없다. 변하지 않는 사회적 구조에 얽매어 있기 때문에 종속된 자는 협박의 유무와 상관없이 순응한다.[3] 우월한 자는 종속된 자에게 지속적인 순종을 요구함으로써 원하는 것을 얻을 수 있다.

권위를 가진 우월한 자가 종속된 자의 행위의 이유가 된다는 결론은 단순하다. 하지만 헤겔의 주장은 보다 심오하다. 물질적인 것이 종속된 자와 우월한 자 둘 다의 행동원인이며 효율성의 문제는 부차적인 것이라고 말한다. 헤겔은 우월한 자의 행위도 어떤 강압적인 원인으로부터 비롯된 것이고, 종속된 자도 어떤 다른 원인에 따라 행동하는 것이라 말한다. 이 관계는 두 주체의 지속적인 협상을 바탕으로 한다. 그러므로 두 주체의 관계는 단발적인 것은 아니지만, 그렇다고 해서 영원히 지속되는 것도 아니다. 구조를 갖춘 현재의 사회적 삶 안에서 지속되는 것이다. 우월한 자와 종속된 자의 관계는 상호의존적인 관계다.

제10단계: 불평등한 인정

관계 초기에 종속된 자는 우월한 자를 두려워한다. 우월한 자가 종속된 자에 대한 지배하는 힘을 가지고 있기 때문이다. 종속된 자는 우월한 자에게 복종하고 우월한 자의 지시를 학수고대하기도 한다. 이 단계에서 두 주체 모두 우월한 자가 독립적이며 우세하고 종속된 자는 의존적이며 추종적이라는 사실을 인정한다. 종속된 자는 패자로서 독립을 위한 노력을 포기하고 현실을 받아들인다. 종속된 자는 패했고 제2단계에서 제4단계 사이의 상태로 돌아갔다. 종속된 자는 불필요한 외부 자연의 목적과 투쟁해야 하고 자연에 의존하는 존재가 되었다. 종속된 자의 노동력은 더 이상 종속된 자를 위한 것이 아니며 우월한 자의 명령에 따른다. 종속된 자는 자신의 일과는 멀어지고 외부에서 지시된 노동을 하기 때문에 어떤 만족감도 얻지 못한다.

제11단계: 역전

그러나 이 관계에서 우월한 자의 만족감은 일시적이다. 우월한 자는 자신이 승리를 통해 얻었다고 생각하는 것과 실제 결과와의 간극을 간과한다. 종속된 자를 자연과의 문제를 해결하기 위해 사용함으로써 우월한 자는 이전에 자신을 창조적이고 의지의 힘을 가진 사람으로 만들어주었던 저항과 멀어진다. 우월한 자가 누렸던 용기, 단호함, 인정은 곧 과거가 된다. 그리고 우월한 자가 누렸던 자유 또한 위험해진다.

불균형한 힘 관계를 변화시키기 위해 종속된 자는 먼저 우월한 자가 계속해서 힘을 누리기 위해서는 자신의 협조가 필요하다는 사실을 깨달아야 한다. 종속된 자가 우월한 자의 관심을 제한하고 약화시킬 수 있다는 것을 알게 된다면 역전을 위한 기회가 생긴다. 힘 관계는 결코 일방적이지 않다. 불균형할 뿐이다. 우월한 자가 종속된 자보다 더 많은 힘을 가지고 있는 것이지 종속된 자가 힘이 없는 것이 아니다.

권력의 조건

시간이 지나면 관계는 변한다. 우월한 자는 종속된 자의 노동력에 의존하게 된다. 약자는 자기 자신을 위해 일할 수는 없지만 꾸준한 노동을 통해 자기의식을 발전시킨다. 약자는 외부 자연의 목적으로부터 발생하는 저항과 마주하고 자연과 투쟁하며 독립을 경험하게 된다.

종속된 자가 우월한 자에 대해 가지는 두려움은 관계전환의 원동력이 된다. 우월한 자의 삶은 지속적으로 위협당하고 있으며 자신만의 삶을 살 수 없기 때문에 종속된 자는 자기의식을 표현하기 위해 일을 한다. "일을 하면서 노동자는 진정한 자기 자신의 의식을 찾아간다."[4] 죽음에 대한 두려움은 종속된 자의 협상능력을 향상시킨다. 협상능력은 자족을 위해 필요하다. 죽음에 대한 두려움은 종속된 자를 삶을 좁게 바라보는 견해로부터 자유롭게 만든다. 종속된 자는 창조적 노동의 효과로 변화된 독립성을 추구하는 활동적인 주체가 된다. 자연의 목적을 이겨 내고 변화시키면서 자기 자신의 길을 만들어놓은 것이다. 종속된 자는 목적을 이루고 자신을 만들어가며 의식을 얻는다.

종속된 자는 자연의 목적을 통해 독립성을 맛본다. "자신을 스스로 되찾으면서 노동자는 일을 통해 자신의 일이 스스로를 위한 것이며 스스로의 마음을 찾는다는 사실을 알게 된다."[5] 종속된 자는 "[우월한 자의] 감시 안에 있으면서 자주적인 주체에 대한 구체적인 그림을 그린다. [우월한 자와의] 관계가 올바른 주권자의 삶

을 제시해 준다. 미래의 영혼이 발달하는 데 있어 이상적인 지침이
된다. [우월한 자와의] 상호작용이 종을 바꿔놓았다. 종은 [우월한
자]보다 더 완전한 자족감을 느끼게 되었다."6

저항에 맞서고 자연의 목적을 바꾸면서 종속된 자는 자연세계
를 섭렵한다. 환경에 자신의 생각을 적용하고 창조적인 활동을 통
해 스스로를 드러낸다. 종속된 자는 창조자가 된다. 종속된 자는 우
월한 자의 노예로 살면서 삶과 죽음의 투쟁에서 얻을 수 없는 것을
얻었다.

같은 기간 동안 우월한 자는 종속된 자의 노동을 요구하고 사용
하며 소비한다. 우월한 자는 결과물을 얻기 위해 노력하지 않는다.
종속된 자가 행동하는 주체가 되고 노동을 통해 독립성을 얻는 동
안 우월한 자는 종속된 자에 의존하며 종속된 자가 자신의 소비욕
구를 채워주기를 바라며 더 강력한 사람이 되기 위한 능력을 얻기
위해 노력하지 않는다. 우월한 자는 자신의 자유를 확신하지 못하
는데, 거기에는 세 가지 이유가 있다. 첫째, 우월한 자는 종속된 자
로부터 진실을 인지한다. 둘째, 종속된 자로부터 받는 인정은 비자
발적이며 강압적이다. 셋째, 우월한 자에 의해 만들어진 삶은 스스
로의 발전을 저해하고 약화시킨다. 다시 말해, 우월한 자가 삶과 죽
음의 투쟁을 통해 받았던 처음의 인정은 환상이다. 우월한 자는 종
속된 자에 비친 자신의 모습을 보지 못하고 심리적 요소를 채워줄
수 없는 세계에 의존한다.

권력의 조건

제12단계: 노동의 힘

우월한 자를 위한 노동과 순종을 통해 종속된 자는 자기 훈련을 하고 진정한 자주권을 얻는다. 우월한 자는 얻을 수 없는 것들이다. 종속된 자는 더 위대한 목적의 관심을 위해 자신의 욕구를 자제하는 법을 배운다. 노동의 전환적인 힘은 종속된 자가 우월한 자를 바라보는 태도를 바꿔 놓는다. 앞서 말했듯이, 두 주체 모두 우월한 자의 독립성이 외부적이고 종속된 자에게 꼭 필요한 것이라고 믿는다. 종속된 자가 노동을 통해 스스로 생존할 수 있게 되면 우월한 자에 대한 두려움은 작아진다. 종속된 자는 더 이상 외부 세계를 적대적이고 생소한 것으로 보지 않고 자신의 주관을 펼칠 수 있는 무대라고 판단한다. 종속된 자가 노동을 통해 자신의 자주성을 강화하면서 죽음에 대한 두려움은 작아진다. 같은 기간 동안 우월한 자는 둔감해지고 수동적으로 변한다. 창조적인 행위를 하지 않고 명령만 할 뿐 창조적인 노동에 참여하지 않으므로 발전하지 않는다.

종속된 자는 우월한 자보다 더욱더 탄탄한 자연세계와의 관계를 형성한다. 종속된 자가 창조적인 활동을 하고 긍정적으로 변화하는 동안 우월한 자는 사용하고 소비하기만 한다. 종속된 자는 자연을 부정하는 우월한 자와는 달리 자연의 목적을 재정비하고 자신의 주관대로 움직인다. 우월한 자는 자기만의 세계를 그리지 못해 자족하지 못한다. 종속된 자의 창조물을 무비판적으로 사용할 뿐이다. 종속된 자의 침묵으로부터 얻어낸 무언의 인정에 만족한다.

인정이 단순하고 도구적이라고 여기기 때문에 자기형성에 실패한
다. 종속된 자는 우월한 자의 계획에 무관심해지고 두려움을 느끼
지 않는다. 종속된 자는 노동의 전환적인 힘을 통해 죽음으로부터
오는 공포를 극복하고 독립된 자기의식을 얻는다.

제13단계: 절정

우월한 자는 종속된 자와 그의 노동력에게 비정상적으로 많이 의
존한다. 우월한 자는 앞선 단계에서 말했던 노동의 삶을 살 준비가
되어있지 않다. 현재의 종속된 자를 대신할 누군가가 없기 때문에
종속된 자를 제거할 수 없게 된다. 우월한 자는 종속된 자가 노동
력을 통해 자존하는 존재로 성장한 것을 인지한다. 우월한 자는 비
창조적인 삶을 산 것을 후회하고 자신이 열등한 존재라는 사실을
인지한다.

삶과 죽음 간 투쟁의 승리자는 이제 위태롭다. 헤겔은 진정한 자
족을 위해서는 완전한 자주권을 거부하고 집단의 의지를 파악함으
로써 자유를 깨달아야 한다고 말한다. 이를 벗어난 헤겔의 주장은
역사적인 절대 권력의 발전과정을 이야기하고 있으며 내가 말하고
자 하는 범위를 벗어난다.

노동이 너희를 자유롭게 하리라

대부분의 사람들이 양자적 억압 관계가 약자를 희생하여 강자에게 비정상적으로 많은 이득을 주는 것이라고 생각하기 쉽다. 종속된 자는 약한 존재로 시작하여 더 약해지고 우월한 자는 강하게 시작해 시간이 지날수록 더 강해진다고 믿는다. 우월한 주체는 억압의 결과물을 즐기고 자신의 행위에 대한 어떤 죄책감도 없으며 종속된 자는 관계를 변화시킬 수 없으므로 고통을 받는다고 이해한다. 헤겔은 이런 견해가 현실을 너무 단순화했기 때문에 삶의 진실이 아니라고 말한다.

헤겔은 니체나 마르크스의 핵심을 미리 예견했다. 헤겔은 저항에 맞서고, 게으름을 멀리하고, 세계에 질서를 부여할 것을 강조했는데, 이는 힘에의 의지를 증강시켜 스스로를 형성할 것을 주장했던 니체 철학의 핵심이다. 헤겔은 노동력으로부터 발휘되는 전환적 효과를 강조했고 마르크스는 노동력이 사람을 충족시킨다고 보았다.

헤겔의 이야기에서 얻을 수 있는 힘의 현상학적 교훈은 광범위하지만 명확하다. 첫째, 억압적 관계는 전향과 전환의 시발점이다. 지배하는 힘 관계는 고정적이지도 일방적이지도 않다. 둘째, 타인을 억압하고 지배하는 힘을 행사하는 것은 우월한 주체의 개인적 발전과 충족감을 저해할 수 있으며, 이는 힘 관계의 전향과 전환의 계기가 된다. 헤겔의 이야기에서 우월한 자는 완전한 자기의식을 구하면서 공동의 평등한 인정을 인정하지 않는다. 우월한 자가 종속된 자와의 삶과 죽음의 투쟁에서 승리를 얻었다고 단정 짓기 때문이다. 우월한 자는 삶의 궁극적인 목적 달성을 방해하는 매우 치명적인 오류를 범하는 것이다. 셋째, 우월한 자가 탄탄하고 창조적인 노동 같은 상위 능력의 발전과 행사를 거부할 때 자신과 자신의 자아를 종속된 자에게 의존하게 된다. 넷째, 인간은 동질감을 얻기 위해 어느 정도 타인에게 의지해야 하지만 우월한 자는 주인으로서 자신의 위치를 부각시킴으로써 종속된 자에 대한 자신의 의존도를 지나치게 강조한다. 억압하는 힘 관계에서 스스로 종이 되는 것이다. 다섯째, 창조적인 노동을 행함으로써 종속된 자는 자립심을 발달시키고 소외된 환경에서도 독립심을 키운다. 여섯째, 인간은 타인을 억압함으로써 자유나 자존감을 얻을 수 없다. 상대방을 인정하고, 억압하지 않는 평등한 자기의식을 가져야 한다는 것이 헤겔 철학의 핵심이다. 타인과 연합하고 결속할 때에만 온전한 자유의식과 유익한 자기의식을 갖게 된다. 헤겔의 이야기는 양자관계를 다루고 있지만 사회적 관계에도 적용할 수 있다. 폭력과 강압에 의해 발생하는 계급적 불평등을 극복하기 위해서는 사회적 기구는 보다 넓은 의미에서 공통의 자유와 정의를 실현해야 한다. 우월한 자와 종속된 자 사이에 강제된 불평등을 초월하여 긍정적이고 상호의존적인 사회관계를 만들어야 한다. "이런 경우에만 진짜 자유가 실현된다. 나의 존재에 타인이 있기 때문에 타인이 자유로

권력의 조건

운 나를 인정해 주어야 진정으로 자유로울 수 있다. [종속된 자]가 자유로울 때라야 [우월한 자]가 완전히 자유로워진다."[7]

주인과 종 이야기에서 헤겔이 전하고자 했던 메시지는 사람이 창성하고 진정한 자유를 얻기 위해서는 타인으로부터 자신을 찾아야 하며 인정을 얻어야 한다는 것이다. 앞서 말했듯이 사람이 발전하기 위해서는 역설적이지만 어느 정도의 독립성과 건전한 의존성이 동시에 필요하다. 삶과 죽음의 투쟁 전후에 우월한 자는 자신이 종속된 자에게 의지하고 있다는 사실을 인정하지 않으면서 일방적으로 인정받기를 원한다. 사람이 발전하는 데 필수적인 독립과 의존의 관계를 거부한 우월한 자는 처참한 결과를 맞이한다. 타인을 인정하는 것 외에 타인을 완전히 억압하는 방법도 있다. 하지만 헤겔의 교훈대로 우월한 자의 지나친 지배욕은 예측하지 못했던 달갑지 않은 결말을 불러일으킬 것이다.

헤겔은 종속된 자를 파괴하고자 하는 우월한 자의 억압하는 힘은 우월한 자의 상호인정 능력에 달렸다고 말한다. 두려움은 종속된 자를 순응하게 한다. 하지만 만약 우월한 자가 자신의 가치를 종속된 자의 내면의 것으로 유인할 수 있다면 더 강력한 기반이 될 것이다. 트라시마코스가 일찍이 말했던 대로 만약 우월한 자의 가치가 올바르고, 자연적이고, 피할 수 없는 것이라고 종속된 자를 속일 수 있다면 우월한 자는 보다 단단한 지위를 누리게 될 것이다. 그러나 두려움이 동기가 된다면 우월한 자의 능력이 약해질 때 복종에 대한 동기도 약해질 것이다. 종속된 자를 구성하는 내면의 가치에 새겨져 있는 복종의 동기는 우월한 자가 늙거나 약해져도 남아있을 것이다. 허위의식은 두려움이 없는 종속된 자도 순종하게 한다. 우월한 자의 힘이 사라졌다 하더라도 종속된 자 안에 내재된 가치가 있다면 종속된 자는 스스로를 억압한다. 역사적으로 가장 억압적인 폭군은 가지고 있는 힘의 특권을 즐기며 타인을 파괴하는 데 힘을 사용했다. 이들은 두려움에 기초한 정권이었다. 하지만 이데올로기를 통해 대중을 조종하는 정권은 명시적이거나 묵시적인 위협을 가하지 않고도 인간의 자아상을 만들어 냄으로써 지속적인 통치를 이어간다. 종속된 자는 자신을 내려놓고 사회규범의 타당성에 따른다. 규범의 영향력에 불편함을 느끼더라도 피할 수 없다는 것을 알기 때문이다. 종속된 자가 사회규범의 우월한 가치에 내면화되어 억압의 구조를 합리적인 것으로 인식하게 되는 것이다.

트라시마코스의 제자인 칼 마르크스와 안토니오 그람시는 통치계급의 억압을 묵인하고 권력을 보호하기 위한 도구인 '이데올로기'를 분석한 대가들이었다. 이제 두 이념적 근절자exterminator들에 대해 이야기하려 한다.

7

정치적 참여에 관하여

칼 마르크스Karl Marx(1818-1883)와
안토니오 그람시Antonio Gramsci(1891-1937)

"드러난 힘은 희생된 힘이다. 진정으로 강력한 힘은 보이지 않고 느껴지지 않는 영향력을 행사한다. 누군가 보이는 것은 취약한 것이라 말했다."

_기예르모 델 토로Guillermo Del Toro

칼 마르크스는 헤겔 철학의 상당부분, 특히 추상적인 생각과 확고한 지식을 비판했다. 마르크스는 헤겔의 자기의식 이야기가 자아실현의 정신적인 부분에 대한 그림만 그린다고 말한다. 또한 "헤겔은 자아를 자기 것으로 만드는 것이 아니라 인간을 자기의식의 인간으로 만든다. 예를 들면, 진짜 사람, 현실의 객관적인 세계에 사는 사람이 세계에 의해 결정되는 삶을 사는 것이다"[1] 라고 말한다.

더욱이, 마르크스는 헤겔의 주인과 종의 이야기가 소외된 상황에서 자기의식을 발달시키는 상황이라고 말한다. "[헤겔은] 노동력이 사람에게 필요한 것이라고 보았다.…노동의 긍정적인 면만 보고 부정적인 면은 고려하지 않았다. 소외된 상태에서의 노동은 자신이나 소외된 자신의 미래이다. 헤겔은 추상적인 '정신적 노동력'을 이야기한다."[2] 다시 말해, 마르크스는 헤겔이 꾸며낸 상황 때문에 헤겔의 종속된 자가 '소외된' 자기창조를 하지만 그는 이를 묵인한다고 말한다. 마르크스는 소외되지 않은 노동력만이 사람의 창조적인 본능을 충족시켜준다고 말한다.

하지만 마르크스는 헤겔이 노동의 전환적인 효과를 이해했다는 점을 높게 샀다.

> 헤겔이 원리적 동력으로서의 부정적 변증법을 활용한 것은 놀라운 업적이다. 그러므로 첫째, 헤겔은 사람의 자기창조를 하나의 과정으로 보이고, 객관화를 객관성의 상실, 소외, 소외의 초월로 받아들인다. 헤겔은 노동력의 핵심을 파악하고 인간적인 목적성을 이해한다. 순수한 노동력의 결과를 진정한 인간으로 보았기 때문이다.[3]

마르크스는 비록 헤겔의 이야기가 지나치게 추상적이지만 유익한 것으로 보았다. 공고한 자기창조를 위해 노동력의 중요성을 강조했기 때문이다. 창의적인 노동력의 부재로 인해 주인, 혹은 자본주의가 자연으로부터, 그리고 궁극적으로 자기 스스로 소외되는 과정을 보여 준다. 처음에는 자유로워 보이지만 노예, 즉 노동자의 노동력에 통제가 불가능할 정도로 지나치게 의존하게 된다. 헤겔은 사람이 소외감을 초월해야 자유를 얻을 수 있다는 것을 보여 준다. 당연히 마르크스는 헤겔이 말하는 욕구, 인정, 죽음에 대한 두려움 같은 심리학적 요소를 중요하게 생각하지 않는다. 오직 사회적 분석을 통한 노동력을 이야기한다. 마르크스는 자기창조와 자유를 위해서 소외되지 않는 노동력의 필요성을 강조했다. 소외를 초월하는 것은 목적과 외부 사회를 변화시키는 것을 의미한다.

권력의 조건

마르크스의 사회적 힘의 역학은 트라시마코스의 주장을 터무니 없이 확장시킨다. 가장 확실하고 직접적인 방법으로 억압된 침묵을 유지하는 방법과 종속된 자로 하여금 자기도 모르는 사이 억압의 협조자가 되게 하는 방법에 대해 이야기한다.

인간의 본성

많은 이들이 인간본성에 대한 보편적 이론을 논한다. 몇몇은 특정 속성을 통해 사람을 설명한다. 혹은 인간은 선천적으로 사리사욕을 추구하는 존재이며 이기적인 본성을 가졌다고 말하거나, 반대로 이타적이라고 말하기도 한다. 만약 우리가 선천적으로 사리를 추구하는 존재라면, 사회는 우리의 성향을 중재하는 역할을 하고 상호 타협 가능한 대인관계를 구축하여 사회화를 촉진시키는 역할을 할 것이다. 만약 우리가 선천적으로 이타적이라면, 사회는 우리가 본성에 휘둘리지 않도록 개인과 비교하고 무정한 경쟁을 유도하는 역할을 할 것이다. 보편적인 인간본성 이론은 인간은 생물학적으로 공통된 성품을 가지고 있고 이는 정치적 연대의 가능성을 제한한다는 내용을 담고 있다.

마르크스는 이러한 보편적 인간본성 이론을 따르지 않고 사람의 가능성은 경제구조의 욕구와 요구의 역사에 달려 있다고 주장한다. 생물학적 제약에도 불구하고 인간의 본성에는 무한히 다양한 형태가 있다고 말한다. 인간의 본성은 창조되고 만들어진다. 마르크스는 특수한 인간본성의 이론을 따른다. 변하지 않는 인간 본성은 창조하고 생산하는 본성뿐이다. 이 관점을 따르면, 생물학적 의미의 생존에 필수적인 요소 이외의 가장 필요한 욕구는 본능에 따라 선택하는 창조적 노동력이다. 마르크스의 최고 가치는 그가 "유적존재"[4]라고 불렀던 충족감이다.

창조적 노동력의 장애물은 소외된 노동이다. 일반적으로 소외됐다는 것은 강압적으로 멀어졌다는 것이고, 타인과 환경, 심지어 자기 자신과도 적대적으로 단절되었다는 것을 의미한다. 소외되기 위해서는 무언가에 반대하거나 타인과, 환경과, 스스로와의 올바른 관계에서 동떨어져야 한다. 소외된 사람은 성취감을 느낄 수 없지만 이런 불만족의 원인을 인지하지 못할 수도 있다. 마르크스는 세계의 역사가 생산성의 자연으로부터 소외된 사람의 이야기라고 보았다.

마르크스는 자본주의 체제의 노동자는 네 가지로부터 소외된다고 주장한다. 첫째, 자신의 고용주로부터 소외된다. 자본주의 주인은 노동자의 생산 환경을 제한한다. 둘째, 마르크스는 주인의 손에서 떨어져 나올지 모르는 경제적 부스러기를 얻기 위해 서로 경쟁해야 하는 노동자들끼리 서로 소외된다고 말한다. 노동자들은 제로섬의 자본주의 게임에서 서로를 경쟁 상대로 여긴다. 이 게임에서 승리한다면 승진을 하고 더 많은 임금과 더 좋은 업무환경에서 일하게 되겠지만, 소외되기 때문에 결국 자신을 희생시키는 꼴이 된다. 셋째, 노동자는 자기 자신의 노동으로부터 소외된다. 무엇을 생산하고, 어떻게 생산하고, 생산품이 어디로 흘러가는지 통제할 수 없는 노동은 부담스러운 경험일 뿐이다. 노동자는 자신의 생존욕구를 위해서만 일을 한다. 공장에서 지루한 하루를 보내고 주말과 휴일만을 기다린다. 넷째, 노동자는 스스로 소외되고 이상과 성공 가능성으로부터 소외된다. 허무한 일상에 스스로를 묶어두고 변화를 기대할 수 없는 우울한 삶을 산다.

정리하면, 마르크스는 인간의 본성은 현 통치의 경제체제의 요구에 맞춰 형성된다고 보았다. 존재감 있는 충족을 위한 '소외되지 않은 노동'만이 인간의 불변 욕구다.[5] 마르크스는 진정한 자기실현은 물질적 소비로부터 기인하지 않는다고 주장한다. 우리는 고도의 창조적 능력을 현실화해야 하며 미래를 대비하기 위한 능력을 키워야 한다. 창조적 능력을 구체화하기 위해서는 우리의 능력이 대중에게 드러나야 한다. 소외된 노동자들과는 달리 소외되지 않은 노동자는 일을 하며 성취감과 즐거움을 끊임없이 맛본다.

마르크스는 개인과 집단의 충족감인 유적존재가 자율적, 사회적, 도전적, 자극적, 전환적 생산 활동을 통해 가능하다고 주장한다. 우리는 고도의 창조능력을 생산적으로 발전시키고, 노동의 과정이나 결과물을 타인과 공유해야 하고, 우리의 능력을 극대화할 수 있는 일을 찾고, 주어진 환경에 도전하고 더 나은 자신을 찾아야 한다. 마르크스의 유적존재에 대한 미니멀리스트 견해에 따르면, 인간이 충족감을 느끼기 위해서는 창의적이고 속박받지 않는 생산 능력을 자유롭게 활용할 수 있어야 한다. 노동력은 매우 가치 있고 중요한 인간 고유의 활동이다. 사람은 자유롭고 창의적인 활동을 통해서만 '소외되지 않은 유적존재'를 실현할 수 있다.

한번 예술가를 상상해 보자. 자신의 예술에 흠뻑 취한 예술가는 자신이 계획한 대로 온전히 통제되는 창작과정을 통해 무한한 충족감을 얻는다. 이에 만족한 예술가는 더 많은 에너지를 쓰면서 자신의 일에 몰두한다. 자신의 일에 몰입한 나머지 여가시간과 외적인 방해를 원치 않는다. 이러한 노동 활동이 예술가의 영혼을 만족시킨다. 노동자가 소외되지 않고 유적존재로 성장하기 위해서는 자신의 일에 열정적으로 전념해야 한다. 이때 우리는 가지고 있는 모든 에너지를 자기표현과 자기창조를 위해 투자한다. 마르크스는 자본주의 노동자들이 주인들의 자비에 운명을 맡긴다고 비난한다. 생산 권한을 가지고 있는 자본주의 체제 안의 주인은 무엇을 생산할 것인지, 어떻게 생산할 것인지, 생산 후 어디에 사용할 것인지에 대한 모든 것을 통제한다. 노동자는 단순한 부속물이고, 창의력을 저당 잡힌 생산을 위한 도구일 뿐이다. 이런 노동자들은 기회를 누리지 못하고 생존욕구를 위해 노동력을 착취당한다. 이들의 유적존재는 자양분의 부족으로 성장하지 못한다.

마르크스는 일이 곧 사람이라고 여러 차례 강조한다. 우리가 창의력을 키우기 위해 쏟는 에너지는 우리의 미래를 결정짓는다. 직업은 삶에 있어 부수적인 것이 아니다. 소외된 노동자와 소외되지 않은 노동자의 구분은 우리가 속한 기관의 특성과 우리의 경험을 상기시킨다. 우리는 고단하고 도전적이지만 충족감을 느낄 수 있는 '소외되지 않은 노동'은 즐기지만 물질적 보상과 상관없이 단조롭고 진부한 '소외된 노동'은 견뎌낼 뿐이다. 마르크스의 정치신념이나 유적존재의 개념에 상관없이 마르크스는 매우 중요한 구조의 의미와 인간적 삶의 가치를 역설한다. 우리는 자기실현을 위한 창조의 문을 찾아야 한다.

경제적 착취

우리는 넓은 의미에서 누군가 다른 사람을 단순히 자기이득을 위한 도구로 이용하고 인간적인 대우를 하지 않을 때 '착취'라는 단어를 사용한다. 좁은 의미로 마르크스에게 착취란 노동자 계층이 생산한 잉여가치를 자본주의 주인 같은 다른 계층이 부당하게 통제하는 것을 말한다. 이런 종류의 착취는 명시적인 협박이나 물리적인 폭력, 비경제적 힘에 의한 것이 아니다. 대신 자본주의가 부당한 경제적 협상력을 노동자에게 행사하는 것이다. 자본주의 주인은 생산도구를 소유하고 있으며, 노동자에게 대안이 없다는 것을 알기 때문에 그들을 착취하는 것이다.

마르크스는 자본주의 체제가 프롤레타리아 계급의 잉여가치를 다른 곳에서 사용하고 노동자에게는 상대적으로 적은 비율의 가치만 공유함으로써 이득을 취한다고 보았다. 자본주의자는 노동자의 노동력을 최저임금에 사들이고 물건은 제값에 판매한다. 노동자는 노동력보다 더 많은 가치를 창출해 내기 때문에 잉여가치는 넘쳐난다. 그러나 노동자는 자신이 생산해낸 가치에 알맞은 임금을 받지 못한다. 노동자는 최소한의 욕구를 충족시키기 위한 다른 대안이 없으므로 '강제'로 노동을 제공하는 것이다. 간단히 말하자면, 노동자는 주인을 위해 일한다. 주인은 자신의 이득을 위해 노동자에게, 마르크스가 말하는 '경제적인 힘'을 행사한다. 주인은 노동자와 평등하고 호혜적인 분배를 하지 않는다.

노동자는 억압되고 착취당하는 상황에서 가치를 생산한다. 자본주의자는 잉여가치의 일부를 생산 과정에 재투자한다. 노동자의 가치를 손상시키는 경제체제를 계속해서 유지함으로써 노동자의 권리를 다시 한번 박탈한다. 노동자는 생산 과정에 참여함으로써 자신도 모르는 사이에 스스로에 대한 억압을 생산한다. 효과적으로 일할수록 더 많은 권리를 박탈당하는 것이다. 노동자계급이 노동력이라는 힘을 가지고 있기 때문에 자본주의 경제체제에서의 억압은 계층 간 투쟁의 일면으로서 반복된다.

자본주의자는 생산을 위한 도구를 가지고 있고 잉여가치의 투자에 대한 결정권과 노동환경을 관리할 권한을 가지고 있다. 노동자는 생산도구에 대한 독립적인 권한을 가지고 있지 않기 때문에 생계유지를 위해 임금을 벌어야 하고, 자본주의자에 의존해 자신의 능력을 부지런히 사용한다. 자본주의자는 생산과정을 유지하고 잉여가치를 창출하고 시장에 판매할 생필품을 만들기 위해 노동자에게 의존한다. 또한, 자본주의자는 시장에서 노동자의 구매력에도 의존한다. 자본주의자와 노동자의 관계는 상호의존적이지만 노동자는 자본주의자가 가지지 않은 남아있는 힘을 가지고 있다. 그렇기 때문에 자본주의는 끝없는 협상과 투쟁을 필요로 한다. 공동의 목적을 위해 노동자가 통합을 이루면 대규모의 사회 변화가 일어나거나 적어도 노동환경의 변화를 가져온다.

자본주의자는 노동자에 대한 지배하는 힘을 가지고 있으며 이를 활용한다. 프롤레타리아 계급은 생존에 필요한 물질적 필수품을 사기 위해 임금을 필요로 하기 때문이다. 하지만 자본주의의 이데올로기적 상부구조 때문에 지배하는 힘의 사용은 매우 제한되어 있다. 주인은 노동자를 억압하고 노동을 강요할 만한 물리적인 도구를 가지고 있지 않지만 경제 안전망의 부재, 노동자가 제공할 수 있는 노동의 유사성(대체 가능성), 상대적으로 높은 실업률 때문에 노동자는 주인의 제안을 받아들인다. 노동계급에 대해 미묘하게 강압적인 상황에서 노동을 제공한다고 볼 수 있다. 그들은 협상력이 약하고 물리적 상황이 절박하기 때문이다. 이데올로기적 상부구조는 노동자의 억압을 눈에 띄지 않게 만들기에 충분하므로 체제에 대한 노동자의 저항 가능성을 최소화한다. 노동자가 자신의 진정한 관심을 발견하고 자신을 억압하는 권력의 힘을 깨달았을 때, 비로소 사회 변화를 위해 힘을 모은다. 하지만 자본주의는 허위의식을 만들어내고 노동자의 침묵을 조장한다. 자본주의는 억압받는 관계가 올바르고, 자연스러운 것이며, 피할 수도 없는 모두의 관심을 위한 것이라고 주입함으로써 장밋빛 미래를 약속한다. 사회 구성원의 지속되는 행위는 사회 구조를 유지하고 재탄생시킨다. 현 체제는 언제나 전복의 대상이고 종종 전복되기도 한다. 어떤 이데올로기적 상부구조도 저항으로부터 안전할 수 없지만 사회에 존재하는 힘이 사회관계와 구조를 개선하고 재정비하기 때문에 심각한 이견을 미연에 방지할 수 있다. 마르크스는 우월한 자가 어떻게 자기억압 상태에 있는 종속된 자의 동의와 협력을 확보하는지에 대해 구체적으로 설명한다. 마르크스의 설명은 통치자가 어떻게 법을 제정하고 규범을 설계하는지에 대한 트라시마코스의 분석을 넘어서면서 매우 구체적이다. 마르크스는 자본주의 스스로 내면의 모순을 드러내고 삭막한 현실과 마주한 프롤레타리아 계급의 허위의식이 저물 때만이 노동자가 혁명의 계급으로 거듭나고 자본주의 억압으로부터 벗어날 수 있다고 보았다.

마르크스는 경제적 착취와 소외를 해결하기 위해서는 경제사회 구조의 최종 형태인 공산주의가 필요하다고 말한다. 하지만 마르크스로부터 통찰력을 얻는다고 해서 마르크스의 사회주의적 이념에 편승할 필요는 없다.

경제기반과 이데올로기적 상부구조

마르크스의 사회의 경제구조("기반")와 이데올로기적 상부구조("상부구조")의 관계에 대한 주장은 흥미로우면서 복잡하기도 하다. 경제생산의 사회방식에는 천연자원, 생산도구와 방법, 노동자와 기술, 원자재 등 생산력과 생산과정에서의 사람 간 혹은 사람과 상품 간 공식·비공식 기구인 생산관계를 포함한다. 넓은 의미에서 "기반"은 경제생산에 건설적인 요소를 말한다. "상부구조"는 정치·법률 기관과 우리가 무엇을 생각하고 믿는지, 세계를 경험하고 이해하는 데 필요한 사회의식의 형상을 포함한다.

마르크스는 생산관계의 변화가 생산력의 발전을 야기한다고 말한다. 기존의 생산관계가 더 이상 효과적이지도 효율적이지도 않을 때 생산력은 향상된다. 내적 모순이 사회를 분열시키고 기존 생산관계의 몰락을 가지고 온다. 사회 생산력의 지속적인 성장을 촉진시키는 새로운 생산관계가 승자로 부상하는 것이다. 이와 같이 마르크스는 정치혁명에 대한 경제적 설명을 제공한다.

토대와 상부구조의 관계는 구체적으로 어떤 의미일까? 마르크스는 단순히 경제기반이 이데올로기적 상부구조에 영향을 미친다고 주장하는 것일까? 경제 환경이 우리의 신념과 세계경험에 어떤 영향을 미친다는 사실을 부인하는 누군가에게는 마르크스의 주장이 흥미롭지 않을지도 모른다.

마르크스는 경제기반이 이데올로기 구조를 결정한다고 주장하는 것일까? 이런 해석은 경제기반이 인간의 의식을 형성하고 물질생산의 과정에 직접적인 결과를 만들어 내는 원인이라 주장하는 것과 같다. 이런 의미에서 토대는 독립적이며 논리적으로 상부구조에 선행된다. 하지만 이 주장에는 몇 가지 심각한 문제점이 있다. 첫째, 비인격체인 경제과정을 역사를 결정짓는 권한을 가진 것으로 묘사함으로써 인간의 자유를 무시한다. 둘째, 토대가 상부구조로부터 완전히 독립적인 존재가 아니라는 사실을 망각한다. 생산과정이 일관되게 작동하고 통제되기 위해서는 소유권과 법적권리가 필요하며 이는 상부구조의 몫이다. 셋째, 이 분석은 엥겔스와 마르크스가 자신들의 저서에서 피하고자 했던 주요 내용을 이해하지 못한 것이다. 엥겔스는 토대에 의한 '궁극적 패권'이나 '최종심급의 결정'을 강조하면서 이런 조잡한 환원주의를 인정하지 않았다. 상부구조 요소가 토대에 영향을 준다고 주장했기 때문이다. 마르크스는 토대와 상부구조의 관계는 역사적이며 복잡하며 생산과정의 수동적인 반사체가 아니라고 주장한다.

'상부구조를 결정짓는 구조'는 '영향력'이나 '엄격한 결정권'을 가진 것으로 이해하는 것이 좋을 듯하다. 마르크스는 경제기반이 사회의식의 표현을 제한한다고 보았다. 생산과정과 양립할 수 없는 무수히 많은 상부구조의 요소의 비현실성 때문에 지배 이데올로기는 제약을 받는다. 그러므로 토대는 사회에서 인정받을 수 있는 이상과 사회활동의 범위를 좁혀 준다. 또 특별히 지정된 상부구조 요소는 경제 기반의 필요를 촉진시키기 때문에 통용될 수도 있다. 이 분석을 '영향력'보다는 조금 더 넓게 이해해야 하는 이유는 경제기반에 애초에 불가능하거나 아니면 이미 포함되어 있는 상부구조가 있기 때문이다. 토대가 상부구조에 영향력을 행사한다고 하거나 상부구조를 결정짓는다고 말하기에는 조금 부족하다.

그들만의 허위의식

마르크스의 주장이 옳다면 자본주의는 사회현실을 왜곡해서 믿음의 근원을 오인하게 함으로써 '허위의식'을 갖게 한다. 우리는 '믿음'이 자주적인 인간의 행동을 관찰한 결과라고 믿는다. 하지만 사실은 특정 경제체제에 의해 만들어진 것이다.

허위의식이라는 단어는 뒤바뀐 현실을 보여 준다. 체제와 사회는 통치계급의 관심이 마치 자연적이고, 모두의 공통 관심인 것처럼 왜곡한다. 트라시마코스가 떠오른다! 마르크스에 따르면 이런 왜곡은 상부구조, 정의와 안정, 현 정치적 · 사회적 체제의 강화에서 기인한다. 허위의식의 결과물인 특정 견해를 가지고 있는 사람은 자신이 어떻게 그런 견해를 가지게 되었는지에 대한 동기와 근거를 알아채지 못한다.

허위의식은 억압된 계층이 만연해 있는 지배 이데올로기와 지각을 받아들일 때 사용한다. 하지만 지배적인 생각이 억압된 계층의 경험과 상이할 때에는 이데올로기적 변형이 일어난다. 이런 변형에는 기능적인 설명이 필요하다. 그동안 지배계층의 독점적인 힘의 사용은 현재 사회관계에서 자연적이고, 올바르고, 불가피한 정당한 것으로 받아들여졌다. 통치계급의 관심이 보편적인 인간의 관심인 양 그려졌다. 특정 계급의 견해가 종속된 계층을 압도한 것이다. 사회화를 통해 얻어지는 이데올로기적 프리즘과 종속된 계급의 생산활동 경험 사이에는 종종 갈등이 있기 마련이고, 이는 반발을 야기하고 궁극적으로는 혁명으로 이어진다.

발단의 근원이 드러날 때 후퇴하는 믿음은 단지 이데올로기적 믿음이다. 허위의식과 이데올로기적 통찰력의 관계에 대해서는 환상과 진실처럼 타당하게 설명할 수 없다. 이데올로기적 변형은 지적 비난만으로 피해갈 수 없다. 이데올로기적 변형은 진실의 반대가 아니고 통치계급의 특권과 행위를 유지하기 위해 만들어졌던

줍고 일반적인 진실의 반대이다. 그러므로 허위의식은 경제체제의 내적 모순, 특히 생산관계가 효율적으로 기술발전을 이루지 못할 때 발생하는 내적 모순이 해결되면 사라진다.

자본주의 사회에서 경제경쟁은 중요하다. 우리가 선천적으로 이기적이라는 인간본성에 관한 보편적 이론을 지지하는 믿음은 경제체제로부터 유발됐다. 이기적인 행위를 보상하고 반대하는 행위는 저해되었다. 그 결과 대부분의 노동자들은 이기적으로 행동하고 물질적 보상에 지나치게 의존하게 되었다. 이런 행위의 관찰자는 사람이 선천적으로 이기적이라고 생각하고 사람의 본성에 가장 적합한 경제체제는 '자본주의'라고 결론 내렸을 것이다. 만약 우리가 이런 절차를 인식하지 못했다면 사람의 본성에 관한 믿음이 경험적 관점에서 유래되었다고 믿을 것이다. 마르크스가 말한 대로 이것은 '허위의식'이다. 우리는 자본주의의 필요성에 의해 만들어진 인간의 본성을 완벽히 이해하지 못했다.

앞서 말했듯이 마르크스주의는 인간이 생각하고, 인지하고, 세계를 경험(이데올로기적 상부구조)하는 방법은 주변(경제기반) 경제구조에 달려 있다고 말한다. 공산주의체제 이외의 경제구조는 내적 모순이 가득하다. 자기파괴적인 근원을 간직하고 있다. 내적 모순은 경제구조가 실현되고 지속되기 위한 필수요소이다. 불가피한 종말을 지연시키기 위해서 경제구조는 대중의 의식을 장악하고 스스로를 필수적이고 자연적인 것으로 표현해야 한다. 경제체제의 생존본능이 우리의 생각과, 인식과 세계의 경험을 만들어 낸 것이다. 마르크스의 경제 분석은 트라시마코스의 주장을 뒷받침하며 통치자가 비교적 간단한 방법으로 권력을 획득하고 유지한다는 사실을 보여 준다.

이전의 예제로 돌아가 보자. 자본주의는 정해진 규범 안에서라면 경제적으로 노골적이고 경쟁적이며, 물질적 인센티브에 의해 움직이는 노동자와 자본가를 필요로 한다. 우리의 이데올로기는 우리가 받아들이는 것을 보여 준다. 지배적인 이데올로기는 정치, 철학, 문학, 대중매체 등을 통해 인간들은 본능적으로 혹은 불가피하게 경쟁적이고 물질적인 인센티브에 의해 움직인다는 메시지를 확산시킨다. 대중들이 이런 견해에 익숙해지면 자본주의만이 근본적으로 사람의 본능에 적합하다는, 즉 자본주의를 유지해야 하는 이유를 만들어 낸다.

이런 상황에서 우월한 자본주의는 자신도 모르는 사이에 스스로 억압을 조장하는 프롤레타리아의 침묵을 확보한다. 자본주의자는 프롤레타리아 계급에 지배하는 힘을 지속적으로 행사할 필요가 없고 자신의 욕구를 강요하지 않고, 순종을 요구할 필요도 없다. 마법같이 작용하는 허위의식 때문에 프롤레타리아 계층은 자신의 진정한 관심을 찾을 수 없다. 사회 구조가 불만을 최소화하고 현 체제를 유지하는 방향으로 유도하기 때문이다.

프롤레타리아 계급이 자본주의 체제의 가치에 내면화되었다. 그들은 침묵한다. 지배계층은 노동자의 순종을 반복적으로 요구하지 않고도 그들을 효과적이고 효율적으로 지배할 수 있게 된 것이다.

마르크스의 한계

철학적 반대파가 마르크스의 핵심 주장을 부정하기 위해 종종 허위의식의 이데올로기적 변형을 걸고 넘어진다. 그러면 마르크스주의자들은 자유주의 자본가들이 마르크스를 거부하는 방법 그 자체가 마르크스의 주장을 검증하는 것이라고 주장한다. 허위의식의 개념이 터무니없다는 말은 아니다. 어떤 견해는 무의식중에 경제·사회 억압의 결과물로 만들어지기도 하고 종속된 계층 지배계층의 이데올로기에 스스로를 내면화함으로써 자신의 고통에 공범자가 되기도 하므로 허위의식의 주장에 상당 부분 일리가 있다.

하지만 허위의식에 대한 모든 비판을 거짓이라고 치부할 수는 없다. 만약 허위의식의 개념이 반박할 수 없는 논지로 발전하고, 마르크스를 거부하는 모든 주장에 허위의식을 긍정하는 것이 된다면 허위의식의 개념은 오히려 하찮은 주장이 되어버릴 것이다. 마르크스의 기본 주장을 반박하는 주관적인 주장 모두 허위의식의 오명을 씌워버린다. 마르크스주의자는 모든 비난을 허위의식으로 설명하며 묵살해버린다. 하지만 이런 태도는 이데올로기 자체가 아닌 마르크스주의 철학 경쟁자의 경험을 비하하는 것이다. 인간의 내면 환경이나 이데올로기적 신념에 대한 주관적인 논문은 구제불능의 사실도 아니고 자기 반박적이지도 않다. 마르크스주의자는 자신의 주장을 약화시키는 개념과 경험의 정확성을 받아들일 수도 없고 그렇다고 거부할 수도 없다. 마르크스주의는 자신의 주장을 반박하는 주관적인 보고서의 바탕이 되는 경험에 비추어 이들의 신념이 진실된 개념인지 아닌지에 대해 정확하게 알아보고 서술해야 한다.

허위의식을 그대로 받아들이기 어려운 이유는 명확하다. 허위의식에 대한 비판이 만연한 이유는 종속된 계급이 지배가치를 규범적이고 사회적인 것으로 받아들일 때, 종속된 계급의 개인적인 선호도도 반영된다는 사실을 간과하기 때문이다. 종속된 자가 선호를 표출하기 때문에 공적인 기관의 패권이 비원형적으로 정당화될 수 없다. 또 좌파 철학가를 반대하는 모든 사람이 억압적 사회 구조의 피해자이고 협조자라는 오명을 씌우기 위해 허위의식을 사용할 수 없다. 만약 현재의 좌파 철학가가 허위의식을 비난의 도구로 중구난방으로 사용한다면 철학계의 반발을 살 것이다. 너무 안일하게 종속계층의 구성원을 자신을 억압하는 사회체제의 피해자로 만들기 때문이다.

권력의 조건

마르크스주의는 억압하는 힘의 체계적 기반을 인지한다. 억압하는 힘은 연대하는 구성원과 지속적인 자연과의 협상을 필요로 한다. 마르크스주의는 계급투쟁과 힘의 재생산과 변화를 강조했다. 마르크스주의는 개인이 아닌 계급이 왜, 그리고 어떻게 사회 변화의 원동력이고 사회 갈등과 대중의 중심점인지를 언급한다. 계급 구성원의 행위는 구조적 관계 내에서만 이해받을 수 있다.

마르크스주의는 군국주의와 영토 확장의 독립적인 역할을 중요하게 다루지 않는다. 경제적 인과관계와 물질적인 억압에 집요하게 집착하기 때문에 제국주의를 경제현상으로 환원한다. 경제체제가 넓고 순환적인 불황과 박탈을 야기하는 내적 모순의 영향을 약화시키기 위해 다른 나라를 지배한다고 보았다. 이 주장에 따르면 침략 전쟁은 경제적인 동기로부터 발생한다. 새로운 시작을 만들고, 값싼 노동력을 얻고, 천연자원을 얻기 위해 침략을 하는 것이다. 전통적인 마르크스주의는 국가를 움직이게 하는 비경제적인 군국주의의 동기를 간과했다. 국가적 힘과 경제적 힘의 교집합과 공집합을 이해하는 것은 중요하다. 마르크스주의의 가장 큰 실수는 국가를 단순히 경제기반의 필요에 의해 존재하는 부수적이고 현상적인 "상부구조"로 본 것이다. 힘은 비교적 독립적인 존재이기 때문에 경제기반으로만 환원할 수 없다고 생각하는 것이 합리적이다. 국가의 공공기관과 그 기능이 단순히 경제의 사적기능과 역할을 위한 것으로 치부되어서는 안 된다.

마르크스주의는 자본주의가 기본체제를 유지하면서 다양한 사회주의자적 발상과 정책을 받아들일 수 있다는 사실을 예견하지 못했다. 최저임금제, 최대노동시간, 누진소득세, 노동조합의 탄생, 정부의 감독하에 탄생한 규제의 운영 등 자본주의는 원칙을 유지하면서 변화해왔다. 전통적 마르크스주의는 사회계층은 고정되어 있으며 사회투쟁의 핵심적·중심적 역할을 하는 주체라고 확신한다. 사회에서 사람들은 다름을 인정하고 인종과 민족, 교육수준, 지역과 성별에 따라 다양한 동질감을 느낀다. 단순히 주인과 노동자 두 가지로만 분류하여 생각할 수 없다.

이념적 패권

안토니오 그람시는 마르크스주의의 과학적 물질적 성향을 완화하고 문화적인 이데올로기 변화를 부각시켰다. 민주주의 열망과 생각을 정치적 행위로 전환시킨 마르크스주의로부터 많은 영향을 받았다. 그러나 그람시는 마르크스의 과학적 주장과 역사적 접근법, 경제법을 따르지는 않았다.[8]

그람시는 당시 특권과 권력의 끝자락에 있던 사람들을 위한 새로운 정치적 힘의 분배를 그렸다. 헌신적인 공산주의자였지만 지나친 마르크스 이론과 소비에트의 행위를 비판적인 눈으로 바라본다. 또한 정해진 원칙이나 철학적 시스템에 스스로를 가두지 않았다. 니체를 연상시키듯 자의식적으로 미래 발전을 위한 글을 남겼다. 그람시의 작품 대부분은 그가 수감되어 있을 때 기술되어 검열의 대상이었기 때문에 상당 부분 논란의 대상이 될 수밖에 없다. 수감자였기에 참고할 만한 자료가 제한적이었고 그람시 본인도 다양한 자료를 볼 수 없어서 힘들어했다. 그람시는 자신의 저서를 냉철하게 평가한다. 지배층에 대항한 정치적 투쟁에 기여할 수 있는가? 수감자라는 현실은 그람시를 사람들로부터 소외시켰지만, 권력의 끝자락에 있는 사람들이 그람시의 이론을 눈여겨볼 만한 이유를 제공해주었다. 그람시는 사회현상에 추상적인 이념을 던지고자 한 것이 아니다. 그람시는 자신의 이념이 사회적 현실을 반영하여 포괄적으로 정치실현에 도움이 될 때 가치 있는 것이라고 보았다.

그람시는 자유 철학의 이상주의자 베네데토 크로체Benedetto Croce*로부터 많은 영향을 받았으나 크로체의 진보적인 주류 자본주의 정치와 지식엘리트 계층이 중심인 국가에 대한 옹호를 비난했다. 그럼에도 불구하고 그람시는 크로체를 종교, 과학적 교리, 철학체계 구성, 터무니없는 신화를 거부하는 지식개혁의 주창자로 여겼다. 그람시는 크로체의 영향력을 넓히는 데 원동력이 되었던

---

* 이탈리아 철학자이자 역사가로 반(反)파시스트 지식인을 대변. 스스로 자신의 철학을 '정신의 철학'이라고 부름

간결하고 명확한 문학적 스타일과 역사주의를 높게 평가했다. 그람시는 크로체의 작품을 읽으면서 모든 인간의 활동이 정치적이라는 사실을 이해하게 된다.

초기 마르크스주의 철학자는 노동자계급이 선천적으로 혁명적인 힘을 가지기 때문에 자본주의의 몰락은 불가피하고 예견되어 있는 일이라고 주장했다. 그람시는 이 주장을 부정한다. 진보적 정권은 자본주의 저변의 경제적 모순에도 불구하고 정권을 변화시키고 재창조할 수 있다고 믿었다. 그람시에 따르면 진보 자본주의 정권은 이데올로기적 패권hegemony을 확고히 함으로써 자본주의를 안정시키고 시민통제를 강화할 수 있다고 보았다.

이데올로기적 패권은 시민사회에 완전히 녹아든 가치, 문화적 사고방식, 믿음, 사회규범, 법률구조를 포함한다. 초기 마르크스주의 이론가들은 국가의 역할과 경제력이 지배 권력의 이상에 의해 만들어진다고 말하지만, 그람시는 계층 간 투쟁에서 활발한 역할을 하는 주체의 이상이 반영되며 경제와 같은 단일한 이유로 사회 발전을 설명할 수는 없다고 말한다.

국가, 법률 구조, 학교, 직장, 교회, 대중매체 등 주요 사회기관이 각자가 지지하는 지배적 이념과 정치적 행위를 확산시킨다. 그러므로 국가의 인지도는 변하기 마련이다. 가장 확고한 이데올로기적 패권이 일반적으로 용인되며 자연적이고, 올바르고, 불가피한

권력의 조건

것으로 받아들여진다. 이런 맥락에서 보자면 지배적 이념은 일반 시민의 상식 속에 이미 내재되어 있는 것이다. 이데올로기적 패권은 보편적인 것으로 용인되는 이념과 행위의 시발점인 역사적 상황과 특정한 사회적 관계를 드러내지 않고 오직 반역사적인 사실만을 보여 준다.

　그람시는 국가가 힘과 동의를 모두 필요로 한다고 보았다. 마르크스주의가 말하는 이데올로기적 상부구조와 국가의 힘, 즉 경제기반에 관한 분석에 의존하지 않고 역사적 블록과 관계형성의 개념을 소개한다. 역사적 블록은 공통의 이데올로기와 지배계층의 기존 신념에 대한 도전으로 형성된 대중적 집단에 의해 만들어진다. 사회적 힘은 연립정부를 만들어 기존 지배 계층에 도전한다. 사회변화와 사회관계는 전부 역사적인 상황에서 기인한다. 모든 문화와 이데올로기적 현실이 경제적인 요소로부터 나온다는 것을 부정한다.

　그람시는 소극적인 혁명과 대중의 정치적 투쟁을 비교한다. 국가 주체로부터 지휘를 받는 소극적 혁명은 인지된 위험에 반응하며 위에서부터의 경제적인 구조 변화를 요구한다. 반면 대중의 정치적 투쟁은 패권의 위기를 가지고 오고 반패권이 형성될 때 성공했다 말할 수 있다.

　그람시의 패권 개념은 시민사회에서 지배적인 힘을 행사하는 지적이고 도덕적인 대표자를 의미한다. 두 종류의 패권이 있다. (1)지배계층의 통치를 위한 이데올로기적 구조이거나 (2)다양한 계층이 통합적으로 작용하는 정치적 힘과 영향력이다. 첫 번째 개념에서는 힘과 침묵이 존재할 때 자본주의 계층은 특권을 유지하고 강화할 수 있다. 두 번째는 계층 간 투쟁을 필요로 한다. 사회적 변형을 가능하게 하는 반패권을 만들어 낼 만한 환경을 필요로 한다. 프롤레타리아는 대중의 지지를 받는 혁명적 기구인 정치적 연합을 만들어 낼 수 있고, 활력 있는 문화와 사회 변화를 가지고 올 반패권을 형성할 수 있다. 그람시는 역사적 필연성, 경제적 불가피함, 공산주의를 최후의 대안으로 보지 않았다.

대중정치 투쟁은 권력의 위기를 필요로 한다. 혁명은 사회적 믿음과 문화적 사고방식, 사회관계망을 창조함으로써 집권 계층의 정신적 힘을 약화시킬 수 있어야 한다. 반부패(反腐敗)는 낡은 권력에 도전하고 변화를 이끌어야 한다. 혁명의 초기 단계에서는 대중의 무관심과 냉소, 혼란을 피할 수 없을 것이다. 지배계층의 힘과 영향력이 만연하기 때문이다. 초기 단계를 지나면 계급투쟁의 정치형태를 마주하게 된다. 반독재정치 규범과 새로운 사회관계의 발달, 반기득권층의 하위문화, 새로운 언어코드, 삶의 방식 변화 등이 확산된다. 이때 국가는 탄압으로 응대한다. 만약 반패권이 약하다면 국가에 의해 진압되겠지만 강하다면 국가의 탄압으로 인해 더 많은 지지자를 확보하게 된다. 성공적인 혁명은 낡은 권력을 뒤흔들고 비독재적 기반의 새로운 국가체제를 만듦으로써 시민사회를 변화시킨다. 장기적으로 과도기가 지속되어 생기는 불확실성 또한 혁명의 일부분이다. 이런 장기적 혁명 전략은 선진국가의 시민사회를 공격의 대상으로 하는 진지전(陣地戰)$^{\text{a war of position}}$의 일부이다. 그람시는 국가를 최우선의 공격 대상으로 삼는 이동전(移動戰)$^{\text{wars of movement}}$을 추천한다.

무엇이 혁명을 이끌어낼 수 있을까? 마르크스주의는 두 파로 나뉜다. 자발적인 혁명과 전위적인 사상 혁명이다. 자발적 혁명이론 옹호자는 자본주의 국가가 경제체제의 모순을 더 이상 숨길 수 없는 지경에 이르렀을 때 노동자계급이 직접 나서서 국가를 전복시킨다고 주장한다. 자본주의적 기술 발전을 효과적으로 사용하지 못할 때 혁명이 일어난다. 절망적인 경제 환경 때문에 노동자들이 더 이상 이데올로기적 상부구조의 신비주의에 속지 않고 혁명계급을 구성한다. 반대로 전위적 사상 혁명의 옹호자들은 노동자들을 선천적인 혁명계급으로 보지 않는다. 정치투쟁을 계획하고 발달시키기 위해 공산당의 역할을 강조한다.

그람시는 두 혁명을 모두 옹호하지만 둘 다 치명적인 결함이 있다고 결론짓는다. 정치적 통합에 관한 주장은 전위적 혁명을 엘리트의 권력으로 약화시키고 혁명가의 역할을 강조하면서 자발적 혁명을 불안정한 혁명으로 만들어버린다. 대신 그람시는 유기적 ^{organic} 지식인의 개념을 소개한다.

그람시는 작가, 예술가, 철학가, 성직자들 같은 전통적인 지식인이 사회적 행위와 동떨어진 독립적인 사회 계급이라고 보았다. 반면 모든 인간의 행동이 선천적으로 정치적이며, 모든 사색하는 인간은 지식인이라고 강조한다. 어떤 특별한 기술적인 지식을 가지고 있지 않아도 노동자들은 일상 속에서 지식을 키워간다. 그람시는 지속적으로 모든 인종을 통합하는 역할을 하는 보편적인 역사 과정이 있다고 믿었다. 그람시의 포괄적 정치, 역사를 통한 고등 문화 양성, 모든 인간이 정치적이라는 주장을 모두 통합하면 결국 유기적 지식인의 개념이 탄생한다.

그러므로 하위계층은 개인적인 활동을 통해 지식기반을 다지고, 혁명의식과 자신만의 정치적 신념을 만들어야 한다. 혁명의식에 뒤쳐진 노동자라고 해서 선봉자인 엘리트 계층에 전적으로 의존할 것이 아니라 공산주의 혁명이 불가피한 것이라고 인지하고 있어야 한다. 언젠가는 노동자들의 의식이 향상될 것이라고 안주하고 있어서도 안 된다. 노동자는 직장, 집, 시민사회에서 혁명적인 활동을 해야 한다. 근대 페미니즘보다 10년이나 앞서 그람시는 개인이 정치적이라고 주장했다. 사회활동으로 대표될 수 있는 이념을 통해 민주주의를 확산시켜야 한다고 강조했다. 혁명정당은 우리의 일부로 존재하는 대중정당이어야 한다. 변하고 있는 역사와 함께 사회 변화를 이끌어야 한다.

명심해야 할 것은, 혁명정당이 계급 없는 근본적인 민주주의를

권력의 조건

대표하기 위해서 이 과정이 외부로부터 시행되어서는 안 된다는 점이다. 그람시는 다른 마르크스주의 철학자들과는 다르다. 정치적 결과가 우리가 사용하는 수단을 반영한다고 주장한다. 계급이 없고 근대국가의 기능을 담당하는 민주주의 사회를 목표로 한다면 혁명 활동이 민주주의의 형태로 이루어져야 한다. 이오시프 스탈린Joseph Stalin*처럼 보편적인 공산주의 모델을 진일보시키는 것으로는 목적을 이룰 수 없다. 그람시는 현 국가성향을 유지하면서 변화를 추구하기 위해 노력하는 대중적 운동에 대한 조언을 남겼다. 그람시는 이론적 활동이 가변적이며 대중 투쟁의 변증법적인 역할을 한다고 보았기 때문에 체제를 유지하며 변화를 꾀한다는 새롭고, 애매하고, 불균형적이고, 비결정적인 발상에 민감하게 반응했다. 그람시의 작품을 보면 정치적 전략과 발상에 내재된 조금은 독단적인 경쟁본능을 엿볼 수 있다.

그람시는 역사적 물질만능주의의 칼 마르크스 전위 사상과 제국주의 사상의 블라드미르 레닌Vladimir Lenin**, 자발적 이론의 로자 룩셈부르크Rosa Luxemburg***, 사회적 민주주의의 에두아르트 베른슈타인Eduard Bernstein****을 대신할 만한 명백한 대안을 제시한다. 그람시

---

* 소련의 정치가. 노동운동의 지도자였으나 레닌의 신임을 받은 후 당 중앙위원회를 장악하여 독재체제를 구축
** 러시아 혁명가로 국제공산주의 운동의 이론적 · 실천적 지도자
*** 독일에서 활동한 폴란드 출신 사회주의 이론가이자 혁명가로 사회주의 정권의 수립을 위한 대중운동의 중요성을 역설
**** 독일 수정주의의 대표적 이론가로 의회주의의 입장에서 점진적인 사회주의의 실현을 제창

는 다음과 같이 마르크스주의의 민주주의 충동을 중요하게 생각했다. (1)노동자는 자신만의 비판적 의식을 성장시키고 표현해야 한다. (2)허위적인 숙명의 굴레로부터 스스로를 자유롭게 해야 한다. (3)활발하게 정치에 참여해야 한다. (4)지배적인 정치체계가 유지되거나 반대로, 동요되기 위해서는 동의가 필요하다. 그러나 그람시는 다음과 같은 마르크스주의식 과학만능주의와는 의견을 달리했다. (1)역사적 블록과 관계 분석이 경제 토대와 이데올로기적 상부구조 모델을 변화시킨다. (2)공산주의 혁명은 역사적으로 불가피하며 명백히 예측가능하다. 그람시는 역사를 쉽게 예측할 수 없다고 보았다. 그람시의 정치적 재능은 마르크스주의를 뛰어넘었다. 그람시의 주장은 다양한 이데올로기적 스펙트럼에서 활동하는 사회 혁명가들에게 교훈을 준다. 그람시의 진지전이 마르크스주의에만 적용된다고 생각하는 것은 사회 변화의 기회를 날려버리는 것과 같다.

그람시의 정치적 주장이 손쉬운 논쟁거리라는 사실도 매우 흥미롭다. 대중의 주지주의에 대한 한없이 순진한 믿음은 평등주의 영혼에 힘이 실어 준다. 하지만 유익한 문화적 변화를 일으키지는 않는다. 폭력적 혁명을 부정적으로 바라보는 그람시의 견해에는 공감하지만, 이는 역사적 현실을 반영하지 않은 결과다. 그람시의 진지전은 우리의 민주주의적 감각을 고취시켜주지만 사실 고통스러울 만큼 느려터진 사회 진보를 떠올리게 한다.

권력의 조건

그람시의 가장 위대한 업적은 혁명가들의 가능성에 대한 조심스러운 주장이다. 이데올로기적 패권을 강조하며 진정한 정치혁명은 사회적 변화로부터 기인하거나 최소한 문화 변화와 동반되어야 한다고 말한다. 억압적 군사정권을 전복시킨다고 해서 혁명가가 선호하는 정치구조가 들어서지는 않을 것이다. 가끔 미국 같이 강한 세계국가가 사담 후세인 통치 아래의 이라크 같은 지나친 전체주의 국가에 정당한 분노를 표출하기도 한다. 이라크 같은 나라의 통치자들은 자신만의 세계에 갇혀 산다. 폭군을 무너뜨리면 시민들이 봉기하고 민주주의가 환영받으며 평등한 공화국이 건설된다고 믿는다. 독재자의 전복이 비교적 쉬운 국가는 행동을 취하기가 쉬워진다. 2003년 이라크 침범은 이런 맥락에서 시작됐다. 좋은 소식은 독재정치를 전복시키는 것이 생각보다 더 쉬웠다는 사실이다. '모든 전쟁의 성모마리아'를 약속했던 사담 후세인은 무기력한 전쟁을 치렀다. 그의 폭정은 끝이 났고 전쟁은 예상보다 적은 사상자를 냈다.

그람시를 공부한 사람이라면 나쁜 소식에 크게 놀라지는 않을 것이다. 민주주의적 전통이 부재했고 몇 세기에 걸친 신권정치와 독재정부에 있던 이라크 시민들은 평등한 공화정을 받아들일 문화적 준비가 되어있지 않았다. 민족과 종교 간 불화가 만연했다. 민주주의 개혁의 찬가를 외치는 성숙한 시민사회가 아닌 오래된 적대심과 경쟁심으로 얼룩진 사회가 되었다. 그람시의 환영을 보는 것 같았다. 반패권력을 만들어 낼 만한 특별한 역사적 블록이 없다면. 기존 이데올로기의 잔재가 급진적인 사회 변화를 위한 노력을 방해할 것이다. 정권교체를 원한다면 평화로운 정치적 전향을 기대하기는 어렵다. 사담 후세인을 전복시킨 지 10년이 넘은 지금 이 순간에도 이라크의 불안은 현재진행형이며 연립정부는 탈출구를 찾고 있다. 그람시의 환청이 들린다.

그람시는 초기 마르크스나 소비에트의 지나친 공산주의 폭정, 일반적인 공산당의 입장에 회의적이었던 이탈리아나 다른 좌파 철학자들에게 많은 영향을 미쳤다. 몇십 년 동안 공산주의 체제를 유지했던 이탈리아가 그람시의 영향을 받아 의회정치를 도입해 오랜 시간 일관된 정치적 영향력을 행사하고 있는 것이 우연이 아니다. 하지만 그람시를 모방한 이탈리아의 성공적인 의회정치가 자유자본주의 체제에 적용가능한지에 대한 의문은 여전히 남아있다. 또한 반패권력의 형성은 결국 유럽의 조화로운 지배관계를 뒤흔들 수도 있다. 새 국가와 비독재적 사회 체제를 만들기에는 아직 갈 길이 멀다. 계급의 분열은 여전히 존재하며 자신들의 악행을 즐기고 있다.

성공적인 혁명을 위하여

마르크스주의의 힘은 다양하고 심오하다는 교훈을 남긴다. 마르크스주의를 정리해 보자. 첫째, 트라시마코스와 마키아벨리의 주장을 극대화하였고 푸코를 예견했다. 마르크스주의는 가장 탄탄하고 지속적인 힘 관계는 사회적·구조적인 것이지 양자의 상호작용이 아니라고 말한다. 둘째, 억압하는 힘 관계는 우리를 유적존재, 즉 인간 본성으로부터 멀어지게 한다. 창조적인 노동이나 정치 활동에 열성적으로 참여할 수 있는 가능성을 감소시킨다. 셋째, 가장 치명적이고 효과적인 힘의 관계는 우월한 자의 강압적인 힘을 통해서는 얻을 수 없다. 넷째, 억압하는 힘 관계에서 우월한 자는 이데올로기적 상부구조와 이데올로기적 패권을 신비화함으로써 스스로도 인지하지 못하는 협조와 동의를 종속된 자로부터 얻는다. 다섯째, 이렇게 발생하는 허위의식은 경제 환경과 정치적 권리박탈의 현실을 반영하지 못한다. 여섯째, 억압적인 힘의 관계를 약화시키고 전복시키는 것이 가능하다. 일곱째, (1)경제구조의 모순으로 물질적 조건이 급진적으로 악화됐을 때나 (2)강력한 반이데올로기적 패권의 성장으로 역사적 블록을 성장시키는 문화가 발전했을 때 혁명적 변화가 가능하다. 여덟째, 성공적인 혁명은 억압적 힘의 관계를 제거한다. 창의적인 노동에 종사할 수 있는 시민 개인의 힘의 크기는 인간 본성을 되찾고 탄탄한 정치적 참여를 가능하게 할 것이다. 집단생활에 사회적 삶을 적용시킴으로써 개인적 변화와 공동의 힘 분배를 위한 사회적 힘 사용을 촉진시킨다.

마르크스와 그람시는 경제적, 정치적 구조를 집중적으로 분석했고 억압하는 힘 관계가 변화할 수 있는 가능성을 제시했다. 둘 다 스스로를 도덕주의자라고 생각하지 않았지만 이 둘은 묵시적으로 규범적 타당성을 적용할 수 있는 사상가들이다.

마르크스는 인간을 충족시켜줄 창의적인 노동을 위해서는 비약탈적, 비소외적 경제 환경이 필요하다고 보았다. 그람시는 자아실현을 위해서 일상 속에서 적극적으로 정치적 참여를 해야 한다고 주장한다. 우리는 이제 근대철학자들과 다른 독특한 방법으로 기존의 권력과 맞서 싸운 운동가를 만나러 갈 것이다. 가장 먼저 미셸 푸코를 만날 것이다. 푸코는 힘이 인간관계의 전제조건이기 때문에 실제로 어디에나 있다고 주장한다. 니체로부터 많은 영향을 받은 푸코를 통해 특별하고 낯선 장소에서 작용하는 힘을 알게 될 것이다.

PART
3

8

지식은
권력이 될 수 있는가

미셸 푸코Michel Foucault(1926-1984)

"나는 힘을 사랑한다. 하지만 예술가로서 힘을 사랑하는 것이다.
연주자가 바이올린을 사랑하는 것처럼 소리와 조화를 만들기 위해
힘을 사랑한다. "

_나폴레옹 1세Napoleon Bonaparte

"지난 12년간 내 연구의 목적은 무엇이었을까? 힘의 현상을 분석하는 것도 아니었고 분석의 초석을 다지려는 것도 아니었다. 나의 목적은 우리 문화에서 사람이 주체가 되는 다른 방식의 역사를 만드는 것이다. 나는 힘의 이론가가 아니다. 힘에 대한 질문 그 자체가 나의 관심을 유발하지는 못한다."[1] 이런 말을 하는 철학자를 권력을 주제로 하는 책에 등장시키는 것이 이상해 보일지도 모르겠다.

나는 '그 자체'에 주목했다. 푸코는 사람이 만들어 낸 역사를 분석하기 위해 많은 시간을 쏟았기 때문에 힘의 개념과 마주해야 했다. 어떤 추상적인 관심 때문이 아니라 기존의 진실/지식, 기존의 힘 관계, 인간 구성 그 자체의 복잡한 연결성 때문이다. 힘을 분석하는 것이 푸코의 의도는 아니었으나 어떻게 "사람이 주체가 되는"지 이해하기 위해 힘과 마주해야만 했다. 또 권력 관계에서 발생하는 상호작용이 우리를 우리로 만들어 내는 현상의 광범위한 효과를 알기 위해서도 힘이 필요했다. 트라시마코스는 힘의 일부분만 말한다. 마키아벨리는 직관적이었지만 힘의 개념을 발전시키지는 못했고, 헤겔과 니체는 기존의 개념에 대한 이해와 설명을 곁들였다. 푸코는 힘의 구성요소를 분석의 최전선에 놓았다.

힘의 첫 번째 묘사: 힘은 어디에나 있다

푸코는 힘을 이해하는 일반적인 이론을 만들려는 시도를 하지 않는다. 대신 힘이 존재하는 특정 범위에 집중해 힘이 그 범위를 어떻게 구성했는지 밝혀야 한다고 말한다.[2] 가장 유명한 것은 벤담 Bentham의 팬옵티콘panopticon*의 예시이다. 중앙 감시탑을 중심으로 죄수의 방이 원형 구조로 놓여 있어 어떤 수감자도 자신이 감시 당하고 있는지 확신할 수 없다. 이런 상황에서 죄수는 자기 감시를 통해 자기 행동을 제한한다. 효과적이고 점진적인 지배 형태를 보여 준다. 사람은 주관의 통제를 받는다. 가시적인 감시 주체가 있을 때, 힘의 제약으로 책임감을 느낄 때, 자기 규제적 주체가 될 때 스스로 권력과 협력하여 자기 감시자의 역할을 한다. 푸코는 명시적으로는 정치적 영역이 아닌 훈육형태의 힘을 분석한다. 신체는 힘의 상호작용과 의학과학, 사회적 노동자, 근대 심리학자의 지식행사의 중심이자 수단이라고 표현한다.

---

* 영국의 철학자 제러미 벤담이 죄수를 효과적으로 감시할 목적으로 고안한 원형 감옥

권력의 조건

사회적 힘을 구성하는 관계망을 강조하며 푸코는

> [힘]은 여기나 저기에 국지적이지 않고, 누구의 손에도 있지 않
> 으며, 부의 부분이나 상품으로 적합하지 않다. 힘은 망과 같은
> 기관을 통해 행사되고 운용된다. 그리고 개인이 힘의 사이에
> 서 순환만하는 것이 아니라 힘을 누리고 변화할 수 있는 위치
> 에 있다. 개인은 힘의 비활성 표적이 아니라 언제나 힘의 발화
> 요소이다. 다시 말해, 개인은 힘의 수단이지 힘의 적용점이 아
> 니다. 개인은 힘의 결과이자 동시에 혹은 개인이 힘의 결과물
> 이 될 정도라면 엄밀히 말해, 개인은 힘의 명확성 요소이다.[3]

푸코의 힘의 해석은 미묘하다. 힘이 지나치게 억압적이라고 묘
사하지 않고 힘이 어떻게 생산을 촉진시키는지 강조한다. 푸코는
힘은 국가나 경제정책을 통해 부여되는 것이 아니라 일상의 사회
행위를 통해 만들어지는 것이라고 말한다. 복잡하게 변하는 힘 관
계 구축에 가해진 개인의 믿음이나 이데올로기적 변형의 역할을
중요하게 생각하지 않았다. 힘의 작용을 이해하기 위해서 사회행
위와 생산적 산물이 믿음이나 이데올로기보다 중요하다고 결론짓
는다. 근대의 힘은 전제군주에 의해 억압적으로 행사된 힘보다 더
부당하다. 근대의 힘은 도처에 존재하며, 효과적이지만 침묵하기
때문에 눈에 보이지 않는다. 보다시피 푸코는 마르크스나 그람시
의 이데올로기적 분석을 따르지 않는다.

니체에 이어 푸코는 힘과 지식의 관련성을 중요하게 생각했다. 힘의 행사와 진실의 창조가 상호의존적으로 유지된다는 점에서 지식은 힘이다. "우리는 힘을 통해 만들어진 진실의 대상이며 우리는 힘의 결과물을 통하지 않고서는 힘을 행사할 수 없다."[4] 사회적 단계에서 억압이 존재하기 위해서는 구체적인 힘의 형태와 인정받은 진실을 필요로 한다. 구체적인 인지기반은 특수한 억압의 구조가 존재하는 관계에 기인한다. 그러므로 사회적 단계에서 지배하는 힘은 억압적으로 행사되지만 동시에 기존의 인식과 문화적 질서로 구성되어 있다. 더욱이 지배하는 힘과 진실은 우리 정체성에 기여하고 있는 특정 사회적 역할 기능을 한다는 점에서 인간의 일부분이라 할 수 있다. 사람을 의식의 주체로 구성하는 과정은 사람을 힘의 대상으로 만든다.[5] 이런 관점에서 지식 발전의 계보학적 주장은 본질을 파악하고 억압을 발견하기 위해 중요하다. 푸코는 자신이 자신만의 역사로 이루어졌다는 것을 인지했기 때문에 자신의 역사를 진지하게 들여다보고, 거짓된 필요성으로부터 스스로를 자유롭게 한다. (푸코는 독단과 객관주의를 비판하지만 분명한 보편성을 가진 푸코의 몇몇 주장이 스스로를 비난의 대상으로 만들어 버린다. 니체처럼 푸코도 자기지시적인 역설과 마주하게 된다.)

푸코는 자신의 계보학적 해석을 '현재의 역사'라고 말한다. 푸코에게 역사는 이해하고 분석하고자 하는 구체적인 현실에 입각한다. 시대적 상황이나 관심의 관점에서 과거를 이야기하고 미래를

권력의 조건

바라본다. 계보학적 방법은 아르키메데스^{Archimedean}처럼 이상적 관찰자의 관점을 사용할 수 없다. 니체처럼 푸코도 헤겔이나 마르크스 같이 원인 파악에 집중한 합리주의를 비판한다. 푸코의 계보학은 지배적이고 훈육적인 사회관계인 인문과학의 범위에 있기 때문에 과학의 범주는 아니다. (푸코가 사용한 방법이 힘의 관계변화이며 동시에 그 자체로 힘 행사의 시도였다는 것을 말해준다.)

힘은 단순히 종속된 자를 통치하는 것이 아니라 사회적 담론을 통해 규범과 명령을 만들어 내기 때문에 인간 주체를 통제하고 정상화한다. 지식과 힘의 관련성은 중요하다. 지적담론과 타당한 규범은 힘 관계에 필요하다. 푸코는 힘과 지식이 동일한 것은 아니지만 분리될 수 없다고 말한다. 지적담론과 타당한 규범이 진실을 만들고, 인간 주체를 구성하며 힘을 상징한다. 트라시마코스, 마르크스, 그람시의 통찰력 있는 규범적인 권력 담론에 근대적 설명을 곁들였다.

푸코는 진실이라고 알려진 것이 다양한 형태의 제약에 의해 만들어졌다고 말한다. 부조리, 일탈, 오류와 합리성, 규범, 정확성을 구분하는 것은 지식과 진실의 정치의 일부분이다. 푸코는 진실은 통치자의 통치자이고 진실의 결과물은 힘 관계에서 나온다고 말한다. 현대 훈육 제도에서 강압과 무력은 객관성을 강조하는 전문 관

---

* 고대 그리스의 수학자 · 물리학자

료제로 탈바꿈되었다. 특정 담론을 특권화하고, 구체적인 기준에 따라 진실과 거짓을 구분하고, 진실을 만들어 내는 특정 방법을 지지함으로써 지식의 통치는 지식을 효과적으로 배우고 사용할 수 있는 사람들의 자부심이 되었다.

초기 푸코는 힘을 가변적이고 모호한 것이라고 말했다. 힘은 관계의 주인이고 관계는 행위가 발생하는 상황 그 이상도 이하도 아니라고 말했다. 푸코식 힘은 개인이나 특정 단체가 소유하고 있지 않고 타인이나 다른 집단에 의해 행사되는 것이 아니다. 대신 힘은 과거 그리고 지금까지도 일어나는 행위의 결과로 상호작용을 통해 현재의 행위에 미치는 영향력 같은 것이다. 그러므로 푸코는 힘의 '행사자'가 아닌 '행위'에 집중했다. 푸코는 내가 첫 번째 챕터에서 묘사했던 지배하는 힘을 부정한다. 푸코의 힘은 완전히 관계적이며 그것 자체가 아니다. 힘 그 자체로는 아무 의미도 없기 때문에 푸코 분석자들은 푸코의 힘을 모든 것으로 해석한다. "푸코는 힘의 '유명론자' 분석에서 세 가지 주제를 강조한다. 힘은 사회관계 모든 곳에 편재하며, 기관 또한 담론을 통해 만들어지며, 힘의 영향과 중요성은 사회관계, 담론, 기관이 어떤 전략 아래에 통합됐는지에 따라 달라지기 때문에 힘은 여러 기능을 해야 한다."[6]

푸코는 힘이 인간 주체를 구성한다고 말했는데, 앞서 말한 분산된 힘의 묘사는 푸코의 주장과 일맥상통하지 않는다. 우리는 힘 관계와 행위가 발생하는 상황에 의해 만들어지며 그 범위 내에서 존

권력의 조건

재한다.

> 개인을 기초적인 핵, 원시적 원자나 원자들 같은 힘이 적용되
> 는 비활성 존재로 생각하거나 힘에 의해 공격당하는 종속된
> 자나 파괴된 개인 같은 존재로 이해하는 것은 실수다. 사실 힘
> 의 첫 번째 영향은 힘이 개인의 육체, 몸짓, 담론, 욕구를 발견
> 하고 구성하게 한다는 것이다. 다시 말해, 개인은 힘의 대응물
> 이 아니라 힘의 첫 번째 영향이다.[7]

푸코는 선행한 존재의 힘의 물리적 행사가 아니라 힘의 창조하
고, 존재하고, 인간 주체를 통제하는 능력을 중요시 생각한다. 푸코
의 '주관화' 개념을 통해 인간 주체가 힘으로 만들어지고 힘의 대
상이 되는 것으로 보았다. 힘 관계의 효과가 말해주듯 인간 주체는
단순히 다른 것으로 인해 힘이 가해지는 선행요소가 아니다. 그렇
기 때문에 푸코는 힘을 상품, 목적, 이전 가능한 실체라고 보지 않
았다. 대신 힘이 인간 주체를 만들었고 관계를 통해 기능한다고 말
한다. 힘은 복잡한 사회망 내에서 작동하고 복잡한 사회 망으로부
터 퍼져나간다.

이런 관점에서 힘은 감옥이나 망명, 공장, 군대, 학교와 같은 곳
에서 운영되는 규율, 감독, 사회계급, 보고, 평가와 같이 개인의 생
산 능력을 극대화하기 위해 행해지는 폭넓은 규율을 통해 인간 주
체를 구성한다. 규율은 지배적인 사회 기구와 행동 양식과 관련된

내면화 등으로 통합되어 육체를 길들인다. 또 다른 구성적 기술은 지배성이다. 규율보다 통제를 위해 만들어진 정부와 합리성의 결합이라고 볼 수 있다. 이 단계에서 전체 국가사회는 효율적이고 합리적으로 관리된다. 규율은 개인적인 것이고 지배성은 전체 사회 주체를 위한 것이다. 둘 모두 인간 주체에 스며들어 표준화의 수단으로 인간의 내면적 가치와 일반적 행동에 나타난다.

이렇게 잘 만들어진 강력한 힘이 개인에게 영향을 미치기 위해서 힘이라는 행동이 발생하는 사회관계와 상황 전체를 아우르는 것이기 때문에 편재하는 힘보다 더한 억압이라 생각하기 쉽다. 그러나 푸코는 우월한 주체에 의해 행사되는 힘이 종속된 자의 관심에 의식적으로나 악의적으로 영향을 주지 않는다고 보았다. 이런 행위를 통제된 비인격적인 존재로 보았다. 또한 지배와 강압은 힘의 필수요소가 아니라고 보았다. 힘을 구성하는 복잡한 관계망에서는 억압, 지배, 위협적인 행동이 일어나기 마련이다. 하지만 억압은 과거와 현재에 행해지는 상호작용의 결과물일 뿐이지 힘의 현상을 규정하는 것은 아니다.

첫 인상과는 달리 푸코는 힘과 지식을 동일한 것으로 보지 않는다. 이 둘은 상호적이며, 또한 구별된다. 힘과 지식은 서로 다른 차원의 것들이다. "힘은 지식 없이 행사될 수 없고 [그리고] 지식이 힘을 만들어 낼 수 없다"[8]라고 말했을 때, 푸코는 인간관계는 인식론이나, 최소한 전문가의 판단에 의해 알려지고 이들을 구성하는 힘 관계와 행위가 권력을 구성한다고 보았다. 새로운 지식이 힘 관계에 영향을 주고 행동을 만들어 내기 때문에 새로운 지식은 새로운 힘을 만들어 낸다. 인간관계의 주체와 행위가 일어나는 상황을 봤을 때 힘은 지식 없이 행사될 수는 없다. "진실은 힘의 밖에 있지 않고 힘이 없지도 않다. 역사와 기능이 길을 알려줄 것이라는 근거 없는 믿음과는 달리 진실은 자유로운 영혼의 보상이 아니고, 오랜 고독의 산물도 아니며 스스로를 자유롭게 한 사람들을 위한 특권도 아니다. 진실은 세계의 것이다. 진실은 다양한 형태로 존재하는 힘의 미덕으로 만들어진다."[9]

이처럼 푸코의 힘은 행위에 직접적인 영향을 준다. 개인이나 집단의 행위가 아니다. 힘은 어떠한 행위를 만들어 내고 다른 행위를 방해한다. 힘은 비인격적이고, 혁명적이며, 저항이 내재되어 있다. 저항은 행위의 특정 제약에 대한 것이고 제약을 약화시키기 위한 노력이다. 그러므로 저항은 힘을 약화시키려는 것이 아니라 힘이 흐르는 상황의 주요성분일 뿐이다. 힘은 고정적이지 않고 최종적 현상도 아니다. 관계의 역학이 힘이 행해지는 상황에 영향을 미칠 뿐이다. 힘은 기동성이 있으며 예측불가하다. 모든 저항이나 순종의 행위는 관계의 전체와 힘이 작동하는 상황에 영향을 준다. 힘의 관계가 증가하면 저항의 행위도 증가한다. 스스로 새로운 힘 관계를 만들어 낸다. 푸코는 힘은 "자유로운 주체에게만 행사될 수 있다. 힘 자체가 자유롭기 때문이다"[10]라고 단호하게 말한다. 노예는 지배의 대상이지 힘 관계의 구성요소가 아니다. 노예의 모든 행위가 강압으로부터 비롯되기 때문이다(헤겔의 주인과 종 관계의 묘사와는 대조적이다). 노예는 단순히 몇몇의 행위가 제한된 것이 아니라 완전히 배제되어 있다. 완전히 통제된 물리적 관계에 있기 때문에 주인과 종 관계는 관계의 구성원에게 선택과 대안이 주어지는 힘 관계와 다르다. 푸코식 힘은 모든 행위 주체에게 동일한 선택과 동일 양과 크기의 대안을 주지는 않는다. 다양한 방법의 힘이 선행적으로 행위자를 구성했기 때문에 힘이 행위자의 선택과 행위를 만들어 내는 것이다(하지만 누군가는 푸코의 주장보다는 헤겔의 주인과 종의 주장이 훨씬 더 정확하고 정제되어 있다고 말한다).

푸코의 힘이 넓은 의미를 가지고 있는 만큼 푸코식 힘은 우리 사회에 만연해 있다. 푸코식 힘은 완전히 관계적이고 다양한 저항을 포함하고 있기 때문에 일상에서 푸코의 힘은 피할 수 없는 것이다. 하지만 푸코식 힘을 반대하는 이들도 많다. 이들은 푸코가 억압, 강압, 위협과 같은 것들이 인간의 삶에 필수적인 요소이며 저항은 무기력하기 때문에 헛된 것이라 말한다. 이와 달리 푸코의 지지자들은 인간의 상호작용이 우리 행동에 영향을 미치는 환경에서 일어나기 때문에 사람은 힘의 관계를 벗어나서 살 수 없다고 말한다. 힘을 초월하려면 힘이 발생하는 장소인 인간관계와 이전의 힘 관계에서 만들어진 환경에서 완전히 벗어나야 한다고 말한다. 결국 유아론Solipsism*을 택하거나 무인도로 도망가거나 노예가 되는 수

---

* 자신만이 존재하고 타인이나 그 밖의 존재물은 자신의 의식 속에 있다는 생각

권력의 조건

밖에 없다(만약 우리가 푸코의 주인-노예관계를 받아들인다면 말이다). 푸코에 따르면 입헌민주정체 같은 기관의 존재는 올바른 힘 관계에 달려 있다.

푸코의 힘은 아주 넓은 관점을 가졌기 때문에 억압이 만연한 것으로 본다는 비판, 힘 관계는 불가피하기 때문에 혁명은 헛된 것이라고 보는 주장, 지식과 힘의 공모 관계는 치명적이고 변화불가능하다는 비판 등의 다양한 이견을 교묘히 피해간다. 하지만 푸코는 더 심각한 문제에 직면한다. 푸코는 우리 주변에 일상적으로 존재하는 힘을 구분할 수 있을까? 도덕적으로 잘못된 힘의 남용과 올바른 권력의 사용을 구분할 수 있는가? 공공의 선을 위한 지식 발전을 촉진시키는 힘의 행사와 기득권층에 특권을 주기 위한 힘의 마법 같은 지식의 사용을 구분할 수 있는가? 이처럼 푸코는 우리가 가장 궁금해 하는 실제적 힘에 대한 의문점에 해답을 제공할 수 없다. 우리의 충성 가치가 되는 힘의 행사와 사회질서를 어지럽히고 남용하는 힘의 행사를 어떻게 구분할 수 있는가? 푸코는 보편적인 도덕규범의 타당성을 거부하기 때문에 이러한 질문에 답하기 어렵다. 오직 논쟁적인 힘과 지식의 관계에서 만들어진 계보학적 분석을 통해서만 대답할 수 있다.

이런 개념정의의 어려움 때문에 정치철학자 낸시 프레이저Nancy Fraser는 다음과 같은 말을 한다.

한편으로 [푸코]는 어떠한 인문과학적인 비난도 허용하지 않는다. 하지만 또 다른 한편으로는 그의 미사여구는 근대 사회가 완전하고 보완할 만한 기능이 없다는 신념을 저버리게 한다. 명백히, 푸코에게 간절히 필요한 것은 허용가능하고 허용가능하지 않은 힘의 형태를 구분하는 데 필요한 규범적 기준이다.[11]

분명한 것은 힘의 행사는 특정 지식주장과는 상통하지만 또 다른 주장은 무효화한다. 힘 행사의 남용은 종종 부적절해 보이는 지식주장을 정당화한다. 정당한 지식주장도 힘의 남용을 위해 사용될 수 있고 이러한 힘은 정당한 지식주장을 만들어 낼 수도 있다. 강력한 힘에 대한 저항은 단단한 지식을 필요로 한다. 푸코의 힘 주장이 이런 명백한 현상을 설명할 수 있을까?

니체와 프랑크푸르트 학파*의 뒤를 이어 푸코는 객관적 지식이 만들어진다는 형이상학 기반의 플라톤 철학을 멀리한다.

그러나 진실의 도구로서 역사의 진실과 원인을 찾고자 한 푸코의 작품이 시대의 구분이 없고 상황을 고려하지 않는 프랑크푸르트 학파의 원인 찾기와 닮아 보일지라도, 이것이 추구한 결과는 명백히 다르다. 발전 전체의 다양성을 통합하려는 하나의 역사적인

---

* 1920년대 독일 프랑크푸르트 대학 사회 연구소에서 시작된 마르크스주의의 일파

원인이 아니고 반대되는 상황, 저항점, 삶의 방식의 다양성에 대한 "진실"이다.[12]

이런 점에서 본다면 푸코는 프랑크푸르트 학파보다는 니체와 닮았다. 진실의 창조와 수용을 각기 다른 사람들의 삶과 연결했다. 특정 진실을 논박한 것이 아니라 진실 주장의 역사적 근원과 관련 있는 사람들에게 의혹을 제기하며 자기관계성(그렇다면 푸코, 당신의 가르침은 어떤 권한을 갖는가?)의 문제점을 피하고자 했다. 푸코는 지식, 힘, 자기구성의 관계에서 파생된 세계의 믿음, 존재, 행위의 새로운 가능성을 제한한다. 푸코의 주장은 기존의 사회행위와 지배적 합의를 구성하는 거짓 필요성을 약화시킨다. 고대 그리스 영웅들과 외부효과 선도자들처럼 푸코는 당대의 파르헤시아Parrhesia*를 자처하며 이론과 행위를 연결한다. "진실은 행하거나 사는 것이다. [단순히] 말하는 것이 아니다."[13]

우리는 푸코가 잘 사용한 힘과 남용된 힘을 구분해야 하고, '할 수 있는 힘'을 향상시키기 위한 지식과 억압을 합리화시키기 위한 지식을 구분해야 하며, 정당하고 정당하지 않은 '지배하는 힘'의 사용을 구분해야 한다고 생각한다. 그러나 푸코는 힘의 편재성만을 강조하며 규범적 평가에는 관심을 두지 않았다. 어쩌면 푸코는 보편적이고 도덕적인 판단력이 그저 힘의 결과이고 수단이라고 생

---

* 담론의 장에서 위험을 무릅쓰고 용기를 내어 진실을 말하는 것으로 직접민주주의 시대 그리스에서 쓰던 말이며 푸코는 저서 《두려움이 없는 발언Fearless Speech》에서 이 단어를 사용

각했기 때문일지도 모르겠다.

그러나 구분이 필요한 것은 사실이다. 어떤 비판적 연구도 관점을 유지할 필요가 있다. 연구의 대상을 단순히 설명하는 것이 아니라 평가해야 한다. 독립적인 규범적 요소가 없다면 제로섬의 상황에서 오직 사리사욕만을 목적으로 우월한 위치를 차지하기 위해 경쟁하는 홉스적 국가 상태라는 설명 외에는 힘의 관계에 대한 저항과 반란을 설명할 방법이 없다. 이런 우울한 세계라면 (규범적 관점에서 본다면) 어떠한 힘 관계도 다른 힘 관계보다 더 좋거나 나쁘지 않다. 하나의 힘의 싸움이 다른 힘의 싸움을 평가하는 상황에서 도덕적 평가는 무의미하다. 결국 정당하고 옳은 힘의 사용이 모든 지식을 대상으로 하는 수사적 전략이자 괴롭히는 힘의 행사 그 이상도 이하도 아닌 상황이 된다. 지식은 힘의 다른 이름이 되고 독립적 타당성을 얻을 수 없다. 그리고 푸코의 작품 또한 힘과 가치를 행사하기 위한 얄팍한 수단으로 치부된다. 푸코가 공격하는 플라톤의 형이상학적인 현실주의자와 다르지 않다. 독자는 어떤 목적의 권력을 행사할지 단순히 선택해야 한다.

홉스적 세계는 개념적으로 불가능하며, 현상학적으로 현실적 진실이 아니다. 사회에서 '지배하는 힘' 관계의 존재는 지속적이고 불가피하며 이러한 관계가 진실에 관한 주장에 영향을 주지만 그렇다고 해서 규범적 평가가 불가능하지는 않다. 진실이라는 것은 단순히 원초적인 힘의 투쟁으로 생긴 결과물이 아니다. 힘 관계의

권력의 조건

기원, 내면의 가능성, 제약 모두 원래는 급진적으로 다르다. 이런 서로 다른 힘의 행사와 지식의 결과물이 인간 존재의 삶의 일부분으로 나타난다.

푸코는 통치가 종속된 자의 동의를 확보하는 방법에 가장 큰 관심을 보였다. 특히 지식과 힘의 연관성을 강조했다. 특권층이 가지고 있는 지식은 타인의 삶에 영향을 미친다. 푸코는 통치와 힘의 비대칭이 사회관계에서 어떻게 작용하는지 설명하기 위해 몇 개의 분야에 집중했다. 힘의 관계가 어떻게 구성되는지 연구했으며, 어떤 형태로 나타나는지, 어떤 방법을 사용하는지에 대해 연구했다. 푸코는 사회관계에서 발생한 힘의 결과로 지배하는 힘을 사용하는 개인이나 집단에는 관심을 두지 않았다. 푸코는 인간은 힘에 의해 구성되며 동시에 힘의 수단으로 기능한다고 결론을 내렸다.

가장 중요한 것은 일상의 사회적 행위 속에 힘이 작용한다는 것을 어떻게 숨기냐에 따라 힘의 효과가 달라진다는 것이다. 힘은 억압되기도 하며 생산되기도 한다. 힘은 규정과 제약에 의해 억압된다. 억압의 대상의 욕구와 선택을 형성함으로써 힘의 결과에 취약하게 만들기도 한다. 한편, 즐거움을 촉진시키고 지식을 형성하고, 특정 담론을 가능하게 하고, 대상에게 정상과 비정상을 정의하는 등 특정 종류의 기질을 형성하도록 유도하고, 사리분별과 건강문제, 성생활 같은 행위와 기존의 가치를 받아들이게 함으로써 힘은 생산된다. 힘은 의미가 있고, 사회질서에 기여하고 부분적으로 사람을 구성함으로써 결국 하나의 생산물이 된다. 최소 두 개의 다른 대상이 된다. 타인의 대상으로 '통제당하고 의존'하고 '의식과 자기지식을 통한 자신의 정체성'과 관련 있는 대상이다.[14]

몇몇의 마르크스 철학자들과는 달리 푸코의 사회 환경은 통치계급의 지배적 개념을 전파하지 않는다. 하지만 더 억압적인 환경을 강조한다. "공통의 요구와 물질적 성향에는 상호 합의"가 필요하다.[15] 아래는 데이비드 인그램David Ingram*의 관찰 결과다.

> 과학적 측정, 분류, 치료는 구금 및 감시의 전략과 학교, 공장, 감옥, 병원 등 공간의 배치 전략을 바꾼다. 그러므로 과학적 규율은 전략기술과 함께 수직적이고 수평적 사회관계를 도구화하는 새로운 지식계급과 힘을 만들어 낸다.[16]

이처럼 자신은 관계로 구성된다. 관계의 변형 없이는 자신을 이해하는 것이 불가능하다. 이런 우연과 역사적인 힘이 합쳐져 자신이 만들어진다.

푸코는 초기 작품에서 계급적 권력의 사회 기관을 계보학적으로 분석했다. 우리 주변에 편재하는 사회관계의 망이다. 푸코는 모든 사회질서, 합리적 행위, 제도적 사회화의 한계를 강조한다. 어쩌면

---

* 푸코와 하버마스를 연구하는 철학자

권력의 조건

우리는 사회적 힘이 불가피할 때 절망적이라고 생각할 수 있다. 푸코는 초기 작품에서 우리가 보통 생각하는 사회적 억압을 둘러싼 문제보다 더 큰 문제가 있다는 점이 더욱 더 절망적이라고 말한다. 여기서 힘을 가지고 있는 우월한 자는 누구인가? 힘의 행사로 그들은 무엇을 얻는가? 종속된 자는 어떤 고통을 받게 되는가? 푸코는 힘을 넓은 의미에서 이해하기 때문에 힘을 가지고 있는 주체자의 거의 모든 행위가 힘의 행사가 된다. '할 수 있는 힘'은 만연하지만 억압이라고 이해되는 '지배하는 힘'은 만연하지 않다는 푸코의 주장만큼은 옳을 수도 있다. 힘을 모든 것에 연결시킴으로써 힘이 아무 의미도 없어진 듯하다.

푸코는 '힘의 중요한 결과 중 하나'와 '힘의 표현 수단'으로 개인이 구성된다고 말한다.[17] 우리는 한곳에 치우쳐 있고 숨 막히는 사회적 힘이 우리를 형성하고 존재하는 힘의 제약을 단순히 강화시키고 영속시키는 존재라고 결론내린다. 현존하는 힘에 대한 반란도 기존 힘의 범위를 벗어날 수 없다고 생각할 수 있다. "힘이 있는 곳에 반항이 있다. 하지만 혹은 그 결과로 저항은 힘 관계의 외부적 요소가 아니다."[18] 종속된 자는 결국 사라지거나 힘의 조력자가 된다.

모든 국가 혹은 대규모의 사회 속 구성원은 사회화되어야 한다. 피할 수 없다. 우리는 가족, 학교, 종교, 대중매체 등의 사회 기관을 통해 좋은 시민, 옳고 그른 것, 성공의 잣대, 문화적 규범 같은 것들의 의미를 배운다. 그러므로 사회관계와 기관의 존재는 우리 정체를 구축하는 데 중요한 역할을 하며 이는 반박 불가능하다. 개인은 시간이 지난 뒤에도 현실을 따르거나, 반박하거나, 변화시킬 수도 있다. 그러므로 사회 내에 실존하는 개인은 사회화 과정 후에도 존재한다. 푸코는 너무 성급하게 사회화 주체의 믿음, 의도, 선택, 행위를 묵살한다. 푸코의 사회화 모델은 비대칭적 억압과 규율의 사회화를 지나치게 넓고 확정적인 것으로 정의한다. 그래서 현재의 사회행위를 인간사를 통치하는 것으로 의인화하였다. 진실과 주관은 사회적인 힘의 결과로 축소되어 이해되었다.

푸코의 초기 저서는 우리가 힘으로부터 해방될 수도, 지배로부터 도망칠 수도 없고 다양한 삶을 판단할 만한 방법도 없다고 말하는 듯하다. 각각의 사회는 영향력과 각자 삶의 길이 있다. 어떤 독립적인 방법으로도 이 상충하는 삶의 방식을 심판할 수 없다. 결론은 뻔하다. 힘은 어디에나 있고, 우리는 힘의 영향력으로 형성되고, 힘 구조를 초월하는 사회 구조는 약하고 실재하지 않으며, 자유행위와 비자유행위의 구별은 중요치 않다.

푸코는 그의 주장을 다음과 같이 정리한다.

> [각각의 상충하는 삶의 방식에는 스스로] 진실의 통치, 진실의
> '일반적 정치,' 진실로 만들고 받아들이는 담론의 종류, 진실과
> 거짓 증언을 구별하게 만드는 방법과 상황, 제재의 방법, 가치

　　　　　　　　　　　　　　권력의 조건

에 맞는 진실 획득 과정과 기술, 진실을 말하는 사람이 처한
상황이 있다.[19]

그리고

사회주체에 만연해 있고, 사회의 특징이 되고, 구성요소가 되
는 다양한 힘의 관계가 있다. 그리고 이런 힘 관계는 담론의
생산과 축적, 순환기능 없이 스스로 성립되고 강화되고, 적용
될 수 없다. 서로 연결되어 작동하는 진실 담론의 특정한 경제
없이는 어떤 힘의 행사도 가능하지 않다. 우리는 힘을 통한 진
실 생산의 대상이며 진실 생산을 통하지 않고는 힘을 행사할
수 없다.[20]

동시에, 푸코는 '지배하는 힘' 또한 의인화하여 이야기한다. "힘
은 더 이상 궁극적인 지배권이 죽음인 법과 상대하지 않고 살아 있
는 존재와 상대할 것이다. 그리고 그들에게 행사될 수 있는 지배력
은 삶 그 자체의 수준에 적용되어야 한다. 힘은 몸에 힘을 주었던
죽음의 위협보다 더 큰 의미에서 인생을 책임지고 있다."[21] 하지만
이런 형상화는 지배하는 힘의 개념을 혼란스럽게 하며 형이상학을
함축하는 것이다. 더욱이, 힘의 의인화는 사람이 사람의 이해와 영
향의 범주를 벗어난 외부 요소의 자비로 살아간다고 암시하는 것
이다. 물론 푸코가 이것을 의도하지는 않았을 것이다. 푸코는 초기
작품에서 힘은 만연해 있고, 피할 수 없으며, 부분적으로만 저항할

수 있다고 말했다. 힘이 사람을 구성하여 우리를 있게 했지만 힘의 주체는 우리의 통제 밖에 있다고 주장한다. 정신분석과 같은 규율의 행위는 대상으로서의 환자를 자유롭게 할 수 있는 구체적인 욕구와 선호로 구성된다. 초기의 푸코는 힘의 분배를 위한 지배하는 힘의 사용을 무시한다.

요약하자면, 푸코의 초기 작업은 다수의 의문을 남긴다. 만약 힘이 만연해 있다면 그것은 특수성을 잃는가? 우리는 적절한 힘의 행사와 부적절한 힘의 행사, 허용할만한 힘 관계와 그렇지 못한 힘 관계를 어떻게 구분하는가? 어떤 규범적 기준이 기존 힘 관계에 대한 반란과 변화의 노력을 정당화하는가? 우리는 왜 반란을 일으키고 변화를 위한 노력을 하는가? 어떤 목적을 가지고 하는가? 그리고 왜 저항이 힘의 기본 구성에 포함되어 있는가?

오직 한 사람의 삶을 위하여

푸코의 후기 작품은 자기 배려, 존재의 미학, 파르헤시아를 강조한다. 그리고 (1)지배로 해석될 수 있는 엄격한 힘 (2)변화와 전환의 여지가 있는 힘 관계를 구분하는데, 이런 요소들은 앞서 말한 푸코에 반대하는 질문들에 대한 답이 될 수 있다. 푸코의 업적에 호의적인 사람들은 어디에나 적응할 수 있는 보편타당한 도덕적 규범과 특정 상황과 시기에만 정당하다고 인정받는 도덕적 규범을 구분하는 것 모두 원치 않는다. 누구도 일관성 있게 적용하지 못하고 행동할 수 없는 규범적 주장은 모두 똑같이 타당하고, 또 타당하지 않다는 푸코의 주장에 안주하며 분석가들의 이의 제기를 의심하거나 부적절하다고 본다.

다행히 후기 푸코는 '지배 국가(억압)'와 '자유로운 힘 관계의 전략적 게임(온정주의와 힘의 분배)'을 구분한다.

> 우리가 '힘'을 말할 때 사람들은 바로 정치적 구조, 정부, 지배 사회 계층, 노예 앞의 주인 등을 생각한다. 그건 내가 말하는 '힘의 관계'의 전부가 아니다. 나는 사람 관계에서. 힘이 언제나 존재한다는 의미였다. 나는 한 사람이 다른 사람의 행동을 명령하고 싶어 하는 관계를 의미한 것이었고. 이런 힘의 관계는 가변적이고, 전환적이며, 이해할 만하다. 지금은 효과적인 지배 국가가 있다. 경우에 따라 힘의 관계는 영원히 비대칭적으로 고정되어 있고 매우 제한적인 자유가 있다.[22]

이제 푸코는 힘이 지배일 필요는 없으므로 악이 아니라고 말한다. 힘이 전환될 수 있거나 종속된 자가 궁극적으로 스스로를 도울 수 있는 자유로운 관계에서 전략적으로 힘을 행사하는 것은 악이 아니다. 후기 푸코는 스스로를 변화시키고 '특정 미적 가치와 스타

일의 기준을 가진 가공된' 삶으로의 변화를 위한 규칙을 만드는 인간 주체로 분석 대상을 변경한다.[23] 니체의 잔향이 분명하다.

후기 작품과 인터뷰에서 푸코는 자신의 초기 작품에 대한 비판을 수용한다. 푸코는 인간이 스스로를 활기차게 구성하는 존재라는 것을 인지한다. 우리는 '문화에서 [우리가 찾은] 패턴과 [우리]에게 [우리의] 문화, 사회, 사회 집단이 제안하고, 시사하고, 부여한'[24] 행위를 통해 스스로를 구성한다. 여기서 주목할 것은 푸코는 초기의 급진적 주장을 고수하지 않으면서 스스로의 주장을 가다듬었다는 것이다. 사람은 사회화된다. 사회가 문화에 맞는 역할과 행위를 제공한다. 우리는 시간이 지나면서 사회가 제공하는 것에 내면화되어 스스로의 것으로 받아들인다. 우리의 실질적 자유가 사회화와 규제에서 시작된다는 것은 익히 알고 있는 것이다.

푸코는 후기 인터뷰에서 자신의 철학 연구의 가장 중요한 주제가 무엇인지 명확히 밝혔다. '힘의 기술로서의 지식, 지식 분야의 설명으로서의 힘, 대상의 지배로의 지식' 즉, 지식, 힘,[25] 사람 주체의 구성 사이의 연관성을 찾는 것이다. 푸코는 정신의학이나 교도소 제도 같은 강압적인 행위 혹은 언어 같은 이론적 상황이나 과학적 행위 등 주체와 진실의 담론 관계를 분석했다. 후기 작품에서 푸코는 '자신의 행위'[26]를 분석하며 그리스 · 로마시대까지 거슬러 올라간다.

푸코는 힘의 관계가 지배 국가로 귀결되지 않는다는 점을 강조하며 지배를 정의한다.

> 힘 관계의 망은 개인, 가족, 교육 관계, 힘 관계의 정치적 주체… [때로는 지배 국가] 힘 관계 사이에서 작동되는데, 변화하는 다른 전략대상이 아니라 단단히 고정되고 굳어 있다. 개인이나 사회 집단이 힘 관계를 막아서고, 힘을 냉정하고 불변한 것으로 해석하고, 경제나 정치, 군사적인 방법을 동원해 운동의 가역성을 방해한다면 우리는 지배 국가를 마주하고 있다고 말할 수 있다. 이런 국가에서 자유 행위는 존재하지 않거나 혹은 일방적으로 존재하고, 자유는 매우 국한되고 제약되어 있다.[27]

푸코는 힘은 인간관계 어디에나 존재하며 타인의 행위에 영향을 준다고 주장한다. 지배 국가가 아닌 힘 관계는 변하고, 전환되며 불안정한 통치이다. 주체들이 자유롭기 때문이다. 지배 국가가 아닌 힘의 관계에서는 상호 인지된 자유가 지속되어야 종속된 주체로부터의 저항이 가능하다. 푸코는 힘이 편재되어 있기 때문에 온전한 자유가 불가능하다는 주장 대신, '만약 우리 사회 분야 전반에 힘 관계가 있다면, 자유가 어디에나 존재하기에… 누구도 나에게 힘이 모든 것을 통제하고 자유가 없는 지배의 체제라는 입장을 전가할 수는 없을 것이다'[28]라는 보다 성숙한 주장을 한다. 푸코는 (1) 상호 인정된 자유 사이에서 누군가가 타인에게 영향을 미치려고 할 때 생겨나는 전략게임으로서의 힘 관계와 (2)지배 국가를 명시적으로 구분한다.

마지막으로 푸코는 자유 행위를 자기 배려를 허용하는 새로운 힘 관계와 연결시킨다. 플라톤 철학, 향락주의, 스토아학파 등이 자신에 대한 관심만을 주장할 때, 푸코는 그리스 · 로마 시대와 현대 사회를 대조함으로써 자신을 의심의 눈으로 바라보는 현대 사회에 메시지를 던진다. "언제부턴가 자기 배려는 자기애, 자기중심적, 타인에게 보여주어야 하는 관심과 모순되는 개인의 관심, 필수적으로 희생되어야 하는 존재로 비난받는다."[29]

자기 배려는 스스로의 지식과 규범과 진실하고 통제적인 원칙적 규칙을 필요로 한다. 푸코는 지식, 힘, 자기 구성 사이의 관련성을 다시 강조한다. 이 모델에서 자유는 종에서 벗어나는 것이 아니라 스스로의 충동적인 욕구로부터 자유로워지는 것이다. 자유 행위를 위해서 누구나 스스로에 대한 규율이나 지배하는 힘을 확립해야 한다. "좋은 지도자는 힘을 올바르게 행사하는 사람이다. 동시에 자신에게도 '지배하는 힘'을 행사하는 것이다. 스스로를 '지배하는 힘'이 타인을 통제하고 지배한다."[30] 이러한 푸코의 주장은 소크라테스를 연상시킨다. 다시 말해, 푸코는 내가 말하는 억압을 지배라고 부르는 것은 올바른 자기 배려의 실패에서 오며 스스로 기본적이고 충동적 욕구에 노예가 된 사람을 만들어 낸다고 주장한다. 놀랍게도 이 부분에서 푸코는 플라톤과 의견을 같이한다. 푸코는 생각의 투쟁인 철학을 기존 지배에 도전하는 구조를 가진 규율이라고 보았다. 철학의 주요 기능은 자기 배려의 필요성을 강조하고 사회의 지배적인 개념을 만드는 규율의 방법과 전제를 의심하는 것이다. "철학이란 무엇인가… 만약 철학이 생각 자체가 부담인 중요한 작품이 아니라면: 무엇으로 구성되어 있나, 만약 철학이 우리가 이미 알고 있는 것을 정당화하는 것이 아니라 어떻게 그리고 얼마만큼의 다른 생각이 가능한지 알기 위해 애쓰는 것이 아니라면?"[31]

푸코는 자기 배려에 중요한 것은 고대 그리스의 진실 말하기 모델인 '파르헤시아'라고 말한다. 소크라테스나 키니코스학파[*]의 파르헤시아는 자신과 타인의 영혼을 위해 진실을 밝힌다. 자기 말을 믿지 않는 수사학자나, 상부 권위자와 대중 사이의 중간자로서 진실을 전하는 예언가나, 선천적으로 자기지식을 말할 의향이 없는 현자나, 지식을 전하는 데 아무런 위험이 따르지 않고 전해야 하는 교사와는 다르게 파르헤시아는 믿음을 전파하기 위해 진실을 말하고 심각한 위험도 감수한다.[32] 파르헤시아의 목적은 세계의 특정 존재 방식이나 행위를 발전시키는 것이다. 푸코에 따르면, 파르헤시아는 유익한 자기변화를 위해 '할 수 있는 힘'을 행사하고 타인에게 힘을 주고 타인을 긍정적으로 변화시키기 위해 자신의 우월한 지식이나 경험에 녹아 있는 지배하는 힘을 행사한다. 푸코는 "삶은 예술 작품이다"라는 니체의 주장과 의견을 같이한 것이다.

---

[*] 그리스 철학자 디오게네스가 창시한 철학적 학파로 견유학파로도 불림

파르헤시아와 관련된 철학적 담론에는 알레테이아aletheia(진실을 표현하는 형태), 폴리테이아politeia(통치의 구조와 법) 그리고 에토스 ethos(사회 관계를 이끄는 규범적 원칙)의 세 가지 차원이 있다. 이것들은 서로 다르지만 하나를 논의하기 위해서는 세 가지 모두 이야기해야 한다고 말한다. 푸코가 지식과 힘, 자기 구성이 불가분의 관계에 있다고 주장하는 것과 같다.

소크라테스는 위대한 파르헤시아였다. 위험을 감수하며 두려움 없이 스스로가 진실이라고 생각하는 것을 말했다. 소크라테스는 미덕이 진실로부터 나오고 올바른 영혼을 구축하는 것이 인간의 최우선 목표라고 말하는데, 이는 푸코의 주제를 예견한 것이다. 소크라테스는 올바른 사회 구조의 필요성을 강조하기 위해 특별한 방법으로 자신을 표출했고, 정당한 규범적 원칙과 이론적 합의를 찾았다. 그리고 자신의 믿음을 지키기 위해 죽음을 택했다. 진정한 파르헤시아의 모습이다. 결정적인 것은 소크라테스가 파르헤시아를 독특한 삶의 방식으로 삼았다는 것이다. 소크라테스는 자신의 주장을 퍼뜨리고 교리에 헌신하는 삶을 살았다. 소크라테스에게 진실 추구는 단순히 추상적인 생각 속의 행위나 지적 능력을 고취시키기 위한 것이 아니었고 오직 한 사람의 삶을 배우기 위한 것이었다. 소크라테스의 인생 방식과 자기 지식은 '한 사람을 해석하는 특정 형태로 이어지는 삶, 진실 말하기 시험 즉 실용적 증거'를 포함하는 '존재의 미학'이 되었다.[33] 조화로운 영혼을 가지고 규범적이고 원칙적인 삶을 살았던 소크라테스는 모순 없는 청렴을 대

권력의 조건

표한다.

키니코스학파는 소크라테스의 이론적 문답형식을 따르지 않고 지배적인 사회 이념의 수정인자로서의 역할을 수행했다. 키니코스학파의 행위는 충격적이고, 위험했으며, 반문화적이었다. 이들의 철학적 신념은 이들의 삶의 방식에 녹아 있었다. 다른 여행자들에게 '현시대의 지혜에 순응하는 삶과는 급진적으로 다른 삶을 살라'[34]며 도전장을 던졌다. 사회 규범의 여백을 공격하는 것이 아니라 현존하는 모든 기관과 신념, 지배적 행위와 문화에 끊임없이 도전했다. 물질적 미니멀리스트로 급진적으로 냉소적이고 사회에 대한 반대와 경멸을 가감 없이 드러냈으며, 모든 인간을 야단치고 이끄는 역할을 자초했다. 파르헤시아를 이야기하며 키니코스학파를 언급하지 않을 수 없다.

진실과 힘의 연관성을 이야기하며 푸코는 '진실의 게임', '과학의 게임' 같은 표현법을 사용한다. 나는 이런 표현들이 대상의 주체를 너무 가볍게 만든다고 생각해서 자제했다. 푸코는 '내가 말하는 게임'은 생산의 법칙과 진실의 조화를 의미한다고 말했다. 모방하거나 오락의 의미에서의 게임이 아니라, 특정 결과로 이어지거나 원칙의 기능이라 여기는 과정과 그 과정 속 법칙의 조화를 의미한다. '정당하든 그렇지 않든, 승자이든 패자이든 상관없다'[35]고 설명하며 게임에 대해 의미를 부여한다.

푸코는 반복적으로 "힘의 존재는 악이 아니며 모든 힘의 관계가 부당한 지배의 상태를 의미하는 것도 아니다"라는 것을 강조한다. 상호적 자유가 존재하는 힘 관계는 변화, 전환, 변형이 가능한 전략적 게임이다. 푸코는 교육기관을 다음과 같이 설명한다.

> 진실 게임에서 다른 사람보다 더 많이 아는 사람이 다른 사람에게 무엇을 해야 하는지 알려주고, 가르쳐주고, 그에게 지식을 전파하고 의사소통 방법을 전달하는 누군가의 행위에서 악을 찾을 수 없다. 힘이 행사되지 않을 수 없을 때, 힘 그 자체로 악이 아닐 때 문제는 오히려 이런 행위를 어떻게 피해야 하는지 아는 것이다. 학생이 교사의 임의적이고 무의미한 권위에 종속되는 지배의 효과가 나타나거나 혹은 반대로 학생이 힘을 남용하는 권위적인 교사 역할을 하게 만든다.[36]

진실에 관해서 푸코는 니체의 주장을 발전시키는 방법을 택한다. 푸코는 플라톤의 형이상학적 진실 외에 다른 근본적인 개념을 발견했다고 주장하지 않는다. 대신 형이상학적 진실의 개념이 숨기고 무시했던 진실의 다양성을 강조하며 필연성의 사슬을 약화시키려 노력한다. 과거 진실의 개념과, 힘과 자기 구성의 관계는 근대의 생각과 행위와는 맞지 않는다. 본질적이거나 불가피한 것이 아니라는 말이다. 사회화 과정에는 정상화를 위한 계획이 담겨져 있는데, 푸코는 이것이 인간 가능성을 제한하고 저하시킨다고 보았

권력의 조건

다. 조세프 로우즈Joseph Rouse*의 말이다.

[푸코]가 제안하는 힘과 지식의 연관성은 단순히 어떤 기관의
지배하는 도구가 되는 지식으로서의 사용을 의미하지 않는
다. 푸코는 힘 관계망을 벗어난 지식 자체를 반대한다. 푸코는
권력에 대한 진실을 말함으로써 효과적인 저항을 장려하고,
특별한 권능을 부여하는 지식의 가능성을 아우르는 범위에 이
의를 제기한다.[37]

후기 푸코에 대한 평가

푸코의 초기 작품의 문제점은 현상에 대한 저항과 현상으로부터
자유를 원하는 원인을 명시하지 않은 것이다. 만약 힘의 제약으로
부터 도망칠 수 없다면 그리고 새로운 제약이 더 나을 것이라는
근거가 없다면, 그러한 반란의 의미는 최소화된다. 지배에 반대하
기 위해서는 지배되지 않는 상황이 가능하고 선호되어야 한다. 푸
코의 주장은 많은 비난을 받았다. 단일한 힘의 통치와 또 다른 힘
의 통치를 구분할 만한 분명한 기준이 없었다. 힘, 지식/진리, 자기

---

* 푸코의 힘과 지식에 관해 연구하는 현대 정치철학자

구성 사이에 존재하는 불변의 연관성에 대해서는 꾸준히 주장해 왔다.

그러나 후기 푸코는 초기 푸코의 많은 부분을 보완했고, 이제 쉽게 공격의 대상이 되지 않는다. 힘은 단순히 우월한 주체에 의해 소유되거나 행사되는 것이 아니다. '왜냐하면 힘은 지지하고 저항하는 주체에 의해 공동으로 구성되기 때문이다. 통치하는 모두에게 법을 부과하는 것은 지배하는 체제가 아니다. 모든 법은 끝없는 투쟁의 대상이기 때문이다.'[38] 힘의 역동성은 계속되는 투쟁의 대상인 힘 관계로 이루어진 복잡한 사회망에 퍼져 있다. '힘은 자유 주체에게만 행해지고 자유로울 때만 행해진다.'[39] 모든 망과 관계를 지배라고 할 수는 없다. 이 챕터의 앞부분에서 언급했듯이 초기 푸코는 모든 힘 관계가 동일하며 모두 지배와 연결되어 있다고 주장했기 때문에 비난을 받았다. 이는 푸코가 주장하는 바가 아니며 후기에 이를 명확히 수정한다.

푸코가 인식론적 기초주의를 거부하고 힘의 편재성을 주장한다는 이유로 주체의 전환 가능성을 거부하고 오직 미학적 감정에만 호소한다고 말할 수 있을까? 나는 그렇게 생각하지 않는다. 명확하게 제시되지 않았지만 나는 푸코가 이 비난을 피해갈 수 있다고 생각한다.

첫째, 푸코가 인식론적 기초주의를 부정한다고 해서 그가 자가

권력의 조건

당착적 역설의 희생양이 될 필요도 없고 그의 긍정적인 가르침의 발전에 방해가 되어서는 안 된다. 니체처럼 푸코는 지배질서의 진실과 지식의 주장을 논리적으로 반박하지 않는다. 대신 계보학, 고고학적 비판을 통해 자연적이고 정당하고 필연적이라고 여겨지는 지배층의 이념에 의문을 제기한다. 이런 비판의 목적은 가능성을 열어두고 질서를 만들 대안을 찾는 것이다. 모든 과정이 보다 나은 삶의 방식을 위한 것이다.

둘째, 푸코는 진전의 역설과 마주한다. 만약 힘 관계가 필연적이고, 반역사적이라면 어떤 진전이 만들어질 수 있으며 객관적 관점에서의 평가는 여전히 실현불가능할까? 모든 사회 질서가 규율, 통제, 감시, 징벌의 방법을 통해 자국민을 사회화하지 않을까? 푸코의 예상과 결론에 따르자면 우리는 어떻게 한 사회질서를 다른 질서와 관련하여 평가할 수 있는가? 어떻게 하면 변화하기 위해 노력하는 사회질서 모델을 구성할 수 있을까?

푸코의 표현법 때문에 답을 찾기 쉽지 않다. 그렇지만 나는 푸코에게서 찾은 답을 다음과 같이 제시하려 한다. 모든 사회관계가 지배로 전락하지는 않는다. 또, 어떤 지배하는 사회관계는 다른 지배하는 사회관계보다 전환되기 쉽고 더 많은 공동의 자유를 허용하며 공평하다. 불안정을 초래하는 상황적 구조에 대한 의존을 초월해야 인간은 발전하고 더 많은 가능성을 갖게 된다. 우리는 자멸적 반란에 가담하지 않는다. 힘 관계는 사람을 자유롭게 하려는 하나의 목적을 위해 끝없이 변화한다. 우리는 모든 미래를 아우르는 아르키메데스의 원리를 찾지 못할 것이다. 우리는 경쟁 상대에 비해 명백하게 우월한 비초월적인 상황에 놓이지도 않을 것이다. 그러나 우리는 조건적 민주주의에 얽매어 있지 않다. 다양한 상황적 맥락을 평가하는 기준이 존재하기 때문에 악의적인 지배와 공정한 힘의 게임을 구분할 수 있다. 어떤 상황적 힘 관계는 유연하고 불안정성에 놓여 있는 다른 힘의 관계보다 우월하다. 불안정성을 위해 반란을 시도하는 융통성 없는 구조와, 스스로 변화를 시도하는 유연한 구조가 비교대상이다. 융통성 없는 상황에서 상황 유지와 변화를 위한 행위의 구분은 비교적 명확하다. 하지만 유연한 상황에서는 이 두 행위를 구분하기는 어렵다. 상황에 맞선다고 해서 다른 일상으로 변하지 않는다. 과정은 끊김이 없고 단조롭지 않다. 하지만 앞서 말했듯이 진전은 있었다.

푸코는 사람이 언제나 타인의 믿음과 행위에 영향을 미치기 위해 여러 가지를 시도한다고 분석했기 때문에 힘의 불가피성을 믿었다. 그러나 모든 힘 관계가 동등하게 희망적인 것은 아니다. 자기 변화를 촉진시키고 불안정을 통해 더 많은 가능성을 허락하는 힘 관계가 고정되고 굳어진 지배의 관계보다 선호된다. 이런 의미에서 푸코는 감정에 호소하는 것을 넘어서 유익한 힘 관계와 파괴적인 힘 관계의 구분을 위한 기준을 제시한다. 더욱이 그의 기준이 어떤 가치가 있는지도 설명할 수 있다. 푸코의 기준은 다른 기준보다 그리스·로마의 모델을 반영하는 자기 배려의 목표를 더 촉진시킨다. 푸코는 우리가 더 다양한 자연을 탐험하고 지배하는 힘 관계 효과를 개선시킬 수 있는 삶의 방식을 만들 것을 권유한다. 푸코는 많은 질문에 해답을 제시하며 다시 한번 진실/지식, 힘 관계, 그리고 자기 구성의 연관성을 강조한다.

푸코는 의도적으로 '힘'을 정의하지 않는다. 그리고 말할 때도 넓은 의미에서 이야기한다. 앞서 말했듯이 타인의 믿음과 행동에 영향을 미치려고 하는 것은 힘 행사와 소유의 필요조건도 충분조건도 아니다. 그러므로 푸코의 힘의 개념은 의심할 여지없이 광범위하다. 푸코는 자신의 규율사회의 결과를 완전히 벗어난 주장은 할 수 없다. 작은 우물에서 도망쳐 특별한 통찰력을 얻고, 여전히 죄수의 삶을 사는 망상의 대중을 교육시키기 위해 돌아온 플라톤의 철학자들과 푸코는 다르다. 푸코는 근대 국가에 맞춰 자신의 훈육기술의 편재성을 과장하고 신앙 없는 삼위일체인 폭력, 강제, 법적 제재를 과소평가했을 것이다. 푸코는 원칙이나 규율의 힘이 양성되는 현상의 과정을 정확하게 밝히지 않는다. 목적과 요점을 가리려면 근대적 힘을 폭력이나 폭력의 가능성에 사용해야 한다. (어쩌면 푸코는 자유, 지배이념과 행위를 초월한 사람, 건강한 자기 배려를 규율의 힘으로 정했는지도 모른다. 그러나 누구를 위한 목적인가? 그리고 지배하는 힘과 관계를 통해? 그리고 어디서부터 시작되는가?) 누군가는 푸코를 위한 나의 주장에 이견을 제시할 수도 있겠다. 지배하는 힘과 좀 더 융통성 있는 힘, 상황 보존과 상황 전환적 활동의 관계, 엄격한 기관과 융통성 있는 기관의 구조 관계는 실질적으로 푸코의 철학에 규범적 기준을 녹여 넣기에 충분한가? 앞서 말한 진보의 개념과 상황 초월적 설명은 푸코의 이론이 '말만 거창하다'는 비판을 잠식시키기에 충분했는가? (보기는 좋았으나 내용은 부실했는가?) 그 판단은 독자들에게 맡긴다.

이와 같은 한계에도 불구하고 힘, 지식/진실, 인간 주체 구성에 대한 푸코의 분석은 매우 유익하다. 첫째, 근대 사회의 힘이 특별한 기량을 가진 개인에 의해 행사되지 않고, 대신 추상적인 법에 따라 운영되는 비인격적인 행정 제도에 의해 행사된다고 주장한다. 규율적 행위, 성적 행위, 정신분석, 범죄학, 의학, 사회학에 사용했던 기술의 일반화는 순종적이고 생산적인 인간 주체를 키워낸다. 푸코는 성행위조차 자연적인 행위가 아니라고 말한다. 지배하는 성적 활동은 사람 주체에 대한 감시와 통제를 구성하는 담론과 행위의 결과물이다.

둘째, 힘의 행사는 인정받은 지식과 진실 주장의 생산을 필요로 한다. 가장 효과적인 힘은 지배하는 규범과 가치가 종속된 자에 내면화되어 있는 관계에서 발생한다. 셋째, 계보학적/고고학적 논리 분석은 지배하는 이념과 행위는 특정 역사에서 기인하기 때문에 객관성과 기초적인 정당성이 부족하다. 넷째, 규율의 힘은 사람을 지배하는 기술로 (할 수 있는 힘의) 가능성을 극대화하고, 동시에 통제가능하다. 다섯째, 지배하는 힘 관계조차도 저항과 반전의 가능성을 없앨 수 없다. 여섯째, 자신을 변화시키기 위해서 인간 주체는

권력의 조건

기존의 상황, 존재, 행동 양식에서 벗어나서 어느 정도 규율의 질서에서 멀어진 새로운 길을 만들어야 한다. 지배하는 힘 관계가 약화되는 것이 최종 목표이다. 마지막으로 푸코의 많은 작품이 니체, 마르크스, 프로이트, 비트겐슈타인으로부터 예견되었으나 성적 행위나, 감옥과 징벌, 화의 개념, 정신과 상담 등 구체적인 적용과 발전능력은 특정 상황에서 분석을 효과적으로 극대화한다.

이쯤 되면 자연과 올바른 규범적 타당성의 문제가 힘에 관한 토론의 중심에 있다는 것을 알 수 있다. 정당하고 비정당한 힘의 행위를 구분하려면 독립된 규범적 기준을 시험하기 위한 구체적인 인간의 행동이 필요하다. 하지만 어떻게 하면 다양하고 글로벌한 사회에서 논쟁을 초월한 기준을 만날 수 있을까? 푸코와 같이 근대의 철학자인 위르겐 하버마스는 계몽주의 시대의 철학적 문제에 대한 답을 제시한다.

9

의사소통의 힘에 관하여

위르겐 하버마스Jurgen Habermas(1929-)

"침묵은 힘의 궁극적인 무기이다. "

_샤를르 드 골Charles De Gaulle

하버마스는 소크라테스나 플라톤 같이 힘을 분석하기 위해 특권과 규범적 타당성을 다룬 위대한 철학자들의 노력에 활력을 불어넣는다. 그러나 이들과는 달리 하버마스의 주장은 아직까지도 불가사의로 남아있는 형이상학에 기초하지 않는다. 하버마스는 서로 다른 인지적 관심에 기초한 세 개의 다른 인문과학이 있다고 주장하는 것으로 그의 연구를 시작한다. 그리고 지식의 본질과 우리의 본질에 대한 이해를 통해 합리적, 보편적, 과학적인 사회적 규범을 찾을 수 있다고 말한다. 만약 하버마스의 연구가 성공적이라면 진실/지식과 억압의 관계를 해체할 수 있는 가능성을 열어줄 것이다.

세 가지의 인지적 관심

세 가지의 인문 과학은 세 가지의 기초 인식적 관심과, 세 가지 차원의 사회적 존재에 기초한다. 다음 자료를 보자.

인문 과학 연관성

과학 혹은 지식의 분류	인지적 관심	사회적 실존
분석적 (자연과학)	기술적	일
역사적/해석적 (역사, 언어학)	현실적	상호작용
비판적 (심리학, 예술, 철학)	해방적	힘

　분석적 과학은 생존을 위한 자연적 환경을 조정하고 통제하는 것이 '인간의 관심'이라고 본다. 역사적/해석적 과학에서 인간은 타인과 사회적 상황을 이해하기 위해 언어와 소통을 필요로 하는 상황을 통해 스스로 만들어 간다. 비판적 과학은 사회 구조에 비이성적이고 부당한 부분을 발견하는 것이 소외받지 않는 노동과 자유로운 상호작용을 가능하게 하는 전제조건이라고 보았다.[1]

　하버마스는 과학과 인지적 관심의 불가분성의 중요성을 고려하지 않는다. 본질적인 사람의 관심은 진실 주장이 만들어지는 분야의 탐구 환경을 결정짓는다. 세 가지의 인지적 관심은 초월적 중간 상태에 있다. 우연적이거나, 근거 없는 사실도 아니지만 반역사적이고 초월적 기반에 있지도 않다.[2] 이런 인지적 관심이 사람의 지식에 대한 욕망과 형태를 형성하고 결정짓는다. 인간 종의 자기구성 환경에 깊게 뿌리내리고 있다. 하버마스는 자연과학 모델에 기초하고 가설을 통한 연역법 이론과 통제된 관찰과 실험으로 정의된 오직 한 종류의 지식만 있다고 주장하는 사람들을 비판 대상으로 삼는다.[3] 하버마스는 이미 뿌리내린 인지적 관심의 지지를 얻기 위해서는 보다 포괄적인 합리성의 개념이 필요하다고 주장한다.

트라시마코스 같은 규범적 회의론자와 의견을 같이하기도 하지만 하버마스는 진실의 과장된 객관성을 멀리하였으며 "행위, 경험, 언어" 형태로 다양하게 구성된 인지적 접근법을 제시하였다.[4] 도구적, 전략적 합리성을 엄밀한 합리성과 동일시하지 않았다. 그는 도구적, 전략적 합리성을 사회 억압의 도구로 받아들이는 것은 일부분에만 집중하는 것이라 말한다. 그에 따르면 자본주의는 올바르게 발전하지 못했다. 합리성의 다른 면모 때문에 경제, 정치 관리자들에게 특권을 주었다. 도구적, 전략적 합리성의 가장 두드러진 예시이다. 하버마스는 근대 사회가 자연 과학을 이해하는 데 필요한 원인 양성에 실패했다고 말한다. 하버마스는 대상적(행위적) 접근을 해석적 분석(해석학적), 비판적(계보학적, 변증법적) 접근과 구분한다. 푸코는 지식과 힘의 불가분적 관계를 주장했지만 하버마스는 대상적 접근만이 선천적으로 사람에 대한 통제를 가능하게 할 수 있다고 보았다. 해석적 분석은 상호 이해를 촉진시켜 상호주관성의 범위를 넓힌다. 하버마스는 언어행위가 다른 사람의 행동에 미치는 영향을 강조한다. 강압적이지 않은 담화는 지배하는 힘의 행사보다 타인의 행위에 더 효과적으로 작용한다. 이러한 비판적 접근은 현재 우리 사회를 지탱하고 있는 고정 관념으로부터 우리를 한 발 멀어지게 도와준다. 하버마스에게 사회적인 규범은 현실적 담화에 참여하여 규범에 영향을 받는 모든 이들에게 인정받을 수 있어야 정당하다고 할 수 있다. 하버마스는 "연속체는 단순히 사실적 관습인 힘과 규범적 권한으로 변화된 힘의 중간을 얻는다"고 말한다.[5] 위협에 의해 강요되는 규범과 도덕적 권위자의 합리적, 강제적 명령을 구분한다. 권력은 분명한 힘이나 협박이 아닌 개인적 명망과 영향력에 의해 행사될 수 있다.

하버마스의 문제점은 그가 초월적 원인과, 역사적 현실과, 의사소통과, 전략적 행위가 원인의 자기준거적인 역설을 피할 수 있는지 여부에 달려 있다. 푸코가 그랬듯 하버마스도 딜레마 앞에서 고전한다. 이데올로기는 권력 투쟁으로 발생하는 우연적 사회 현실과 타당성의 독립성 부재로 나타난다. 이데올로기를 비판하는 누구라도 자신들의 설명에 만연해 있는 힘을 약화시키려 할 것이다. 만약 이론이 심미안적 호소에만 집중한다면 이는 비판의 표적이 된다.

권력의 조건

제약이 없는 대화의 가능성

하버마스는 독립적 정당성의 문제점을 직접적으로 언급한다. 규범은 소외된 형태의 행동과 담론에서 전제되고 예상된다고 주장한다. 현재의 왜곡된 인간 담화가 "이상적 연설" 상황을 전제하고 예상하는 것과 마찬가지이다.[6] 모든 소통적 행위는 다음과 같은 네 개의 타당한 주장의 합의를 전제로 한다. (1)말의 이해: 사용하는 문장이 자연적 언어의 문법적 규칙을 따른다. (2)명제 내용의 진실성: 연사가 정세에 관한 참의 명제를 소통한다. (3)연사의 정직성과 진리성: 연사가 자신의 의도를 진실되고 정직하게 표현한다. (4)수행적 말의 적합성: 연사의 발화요소는 상호 인정된 규범을 바탕으로 한다. 이런 합의는 보통 당연한 것으로 이해하기 쉽다. 하지만 기존의 합의가 담화 속 심문의 대상이 될 때는 더 이상 당연한 것이 아니다. 담화의 목적은 받아들여진 동의와 합리적으로 정당한 동의를 구분하고자 한다. 이런 구분의 근거가 되는 논증 그 자체로 확고한 의견 과정과 명백한 평가기준이 없다.

이런 논쟁은 이상적 연설 상황에서 다음과 같은 모습으로 나타난다: (1)지배, 계층, 내면적 신경증, 외면적 억압의 부재 (2)진실을 주장하는 자와 비판하는 자의 평등한 참여 (3)논쟁 그 자체의 힘 외의 '지배하는 힘'의 부재. 이런 상황은 적절한 물질적 상황과 이상적인 지역사회, 완벽한 삶의 형태를 필요로 한다.[7] 현재 이런 이상적 연설의 상황은 존재하지 않는다. 소비주의 이데올로기, 성차별주의, 인종차별주의, 기술주의 등의 이유로 소통이 구조적으로 불안정하기 때문이다. 현재는 이런 이상적 상황을 구현할 수 없기 때문에 오직 예상할 수밖에 없다.

데이비드 인그람은 하버마스를 다음과 같이 정리한다.

> 의사소통의 행위는 사회적 역할의 내면화와 재귀 학습의 필수요소인 합리적 논쟁을 위한 고차원 역량의 취득을 전제로 한다. 하버마스는 이런 담화가 스스로의 합리성을 설명할 수 있는 연사를 위한 내재적 가능성이라고 믿는다. 연사는 도전에 대항하여 자신의 말을 정당화할 수 있어야 하며 합리적이어야 한다. 이것은 논쟁적인 지식 주장과 도덕적 믿음에 공평한 합의를 얻기 위한 헌신을 의미한다. 합의는 각각의 대담자가 동일한 발언의 기회를 갖고 있고 소통을 방해하고 공통의 합의를 괴롭히는 외부와 내부 제약으로부터 자유로워야 보장받을 수 있다.[8]

이처럼 이상적 연설 상황은 진실 주장에 대한 판결을 필요로 하지 않으며 대신 정당하고 지배적이지 않은 환경에서의 자유로운 대화로 정의될 수 있다. 이상적 연설의 상황에서 사람은 참여하고 논쟁의 의미에 동등한 결정권을 가지고 있어야 한다. 연설은 인간 삶의 필수요소이다. 하버마스는 제약이 없는 대화에서의 자유와 정의 같은 연설에 전제된 가치가 보편적 정당성을 가지고 있다고 주장한다. 과학, 이상적 연설의 상황, 규범을 이런 방식으로 서로 연관시킨다. 하버마스는 인지적 판단에 객관적 기준을 제시한다. 이상적 연설 상황에서 전제조건을 위반하는 규범은 정당하지 않다.[9]

하버마스는 옳고 정당한 것에 대한 현실적인 정의를 제공하기를 원했지만 아직 엄밀한 과학적 근거를 얻지는 못했다. 비판적 이론의 규범은 구조적인 행동 상황에서 절대적으로 필요하다. 원인의 주장은 삶의 외부가 아니고 삶의 형태를 평가하는 기준인 사회 행위의 내재적인 힘이다. 명백히, 하버마스의 주장은 목적론적이다. 상호 합의를 위한 인간 소통적 행위에 본질적이고 불가분한 텔로스를 인지한다. 특히 이 텔로스는 불가피한 생물학적 진화 과정이나 역사의 힘 같은 위대한 합의에 존재하는 것이 아니다. 체계적으로 변형된 소통을 이겨 내려는 경향을 포함한다.[10]

하버마스의 진실에 대한 합의 이론은 더 나은 논쟁을 추구하는 이상적 연설의 상황에서 대중의 참여를 유도하는 '선'의 원인을 포함한다.[11] 하버마스는 치명적인 지배 형태로부터 독립하고 싶어 하는 지역사회의 상호주관적 규범을 강조한다. 이런 지능적 회의는 반역사적이거나 불변하는 진실이 아니고 논쟁적이며 자기 수정적 존재로서의 진실을 불러온다.

하버마스의 순환적 오류

하버마스의 연구를 비난하는 몇몇 의견이 있다. 첫째, 하버마스가 설명한 이상적 연설의 상황을 문제 삼는다. 하버마스는 단순히 우연적이고 임의적인 초월적인 중간 현실에서 판단력을 향상시키기 위해 이상적인 연설의 상황이 필요하다고 말한다. 하지만 순환적 오류를 무시할 수 없다. 이상적 연설의 상황은 합리적 합의의 배경을 필요로 한다. 그러나 상호주관적 논쟁과 토론을 통해 이상적 역설이 필요로 하는 합리적 합의의 배경을 성립해야 한다. 더욱이 단순히 추상적 이상이 아닌 이상적인 연설의 상황은 구체적인 정치적 현실(담론이 필요함)을 전제로 한다.

또한, 자유로운 상황의 정의가 명확하지 않다. 하버마스는 합리적 논쟁의 힘만 존재하는 상황을 자유라 말한다. 불공평한 협상력, 종속된 계급, 급진적으로 불공평한 물질적 분배, 신체적 억압 같은 것들이 없어야 한다. 논쟁의 힘만이 실질적인 판단의 주체다. 그러나 논쟁은 대담자를 필요로 하며 대담자는 다양한 설득력과 높은 교육수준, 개인적 매력, 수사력을 갖는다. 이런 합리적 토론이나 이상적 연설 대담자들의 불가피한 불평등은 피할 수 없는 왜곡을 야기한다. 하버마스는 합리적 논쟁의 힘이 원칙과 전제, 그리고 어떻게 추상적으로 결론을 내리는가에 대한 문제로 제한되어 있다고 묵시적으로 언급한다. 사실, 같은 합리적 논쟁이라 할지라도 대담

권력의 조건

자의 성격과 기술에 따라 설득력이 달라진다.

그럼 대안은 무엇일까? 논쟁 기술, 기질 같은 위에 언급한 모든 것이 동일한 무리의 사람들이 알 수 없는 논쟁력을 가지고 서로를 설득하는 상황인가? 하버마스가 순수한 힘, 추상적 논쟁, 말하는 사람이나 그 사람이 어떻게 말하는지로부터 독립하는 것을 추구하지 않는 이상, 수사적 힘과 개인에 의한 왜곡은 불가피하다. 만약 하버마스가 알 수 없는 논리력을 헌신적으로 주장한다면 하버마스의 주장은 의미가 없다.[12] 칸트Kant의 지상명령*과 라울Rawls의 원초상태**와 다를 바 없다. 만약 이상적 연설 상황의 모든 참여자가 수사력과 설득력을 포함한 모든 면에서 완전히 평등하다면 각각의 참여자는 별반 다르지 않기 때문에 결국 무의미한 논쟁의 권위에 굴복하는 결론을 내리게 될 것이다. 하버마스식 풍자는 진정 상호주관적이다.

둘째, 하버마스의 이상적 연설 상황의 상태 그 자체가 실질적인 도덕과 정치 이론에 호소한다고 비난한다. 하버마스는 이런 비난을 무시하거나 이전 원인의 상태가 연설의 전제가 된다고 주장한다. 하버마스는 문제 해결책을 문제 안으로 넣어버리는 이전의 철학자들에 반대하므로 전자는 표리부동하고, 후자는 하버마스가 도

---

* 가장 높은 곳에 놓인 명령. 즉 누구도 거역할 수 없는 명령
** 존 라울의 사회 계약론에 등장하는 정의로 "정의는 공정하다"고 주장

망치고자 했던 칸트 철학*의 잔재로 보인다.

하버마스의 합의는 곧 실현될 실제이거나 합리성을 위해 필요하다고 판단되는 이론이다. 만약 전자라면 하버마스는 서로 다른 사람의 존재를 심각하게 생각하지 않는 것이다. 후자라면 하버마스의 주장은 칸트 같은 선험철학자들을 재탕한 것이다. 하버마스는 모순되는 진실 주장이 용인되고, 중립적이고 분리된 원인을 받아들일 만큼 계몽적이지도 않다. 하버마스는 이상적 연설 상황에서 지배가 없어져야 한다는 사실을 당연하게 받아들인다. 하지만 논쟁은 무엇이 치명적인 지배인지 아닌지 결정하는 것과 관련이 있다. 하버마스는 보편적 합의가 이미 존재한다고 간주하는데 이는 사실이 아니다.

셋째, 하버마스는 우리가 받아들이고 경험하는 체제, 일상의 규범적 담화가 자명하다고 말한다. 그러나 일상의 담화가 심문의 대상으로 추락한다면 우리는 어떤 근거를 기준으로 판단을 해야 할까? 하버마스가 주장한 절차나 담화의 규범적 전제에만 의존하고, 일상의 담화가 무너짐으로써 재결될 실질적 존재는 무시해야 하는 걸까? 이런 결과는 발화의 실질적 내용이 아니라 규범적 주장을 말하는 발화를 특권화하는 성향을 보여 준다. 하버마스는 발화가 정당화의 중심 기능을 하는 과정과 논리 전제라고 주장한다. 논쟁이

---

* 불멸의 영혼, 절대적 이성이라는 본질에 순응하는 삶의 실천철학

기준을 선택하는 기능을 하는 것이 아니라 타당성의 기준이 논리의 결론이라는 견해를 지지하는 것이다.

넷째, 하버마스는 우리의 기술적 관심과 인지적 진실, 상황적 규범을 찾기 위해 노력하는 인간 주체와, 기존의 것을 고수하려는 인간 주체를 구체적으로 구분하지 않는다. 즉 하버마스는 과학적 합리성의 보편적 이해를 촉진시키는 능력이 있기 때문에 우리가 부분적인 사실로서 과학적 합리성을 받아들일 것이라고 말한다. 따라서 우리의 과학적 관심은 우리로 하여금 자연환경을 통제하고 제어할 수 있도록 한다. 그리고 자연환경은 모두를 통제하고 제어한다. 이런 방법과 기준의 보편적 합리성은 우리가 과학적 관심을 받아들이게 만든다. 하지만 우리의 해방적 인지 관심은 반하버마스적이며 조금 더 다른 동기를 필요로 한다. 개인의 관심은 종종 상충된다. 홉스도 사리사욕을 추구하는 개인을 온전히 예상하지 못했기 때문에 사회계약*은 자연국가를 발전시키지 못했다. 순수한 자기 관심의 관점에서는 다른 사람들이 사회적 규범에 순종하고 있지만 '나는' 중앙 권력의 통제를 받지 않고도 불복할 수 있는 최고의 상황이다. 그러므로 하버마스도 역시 한 사람이 선험적으로 일반적 선이나 공동의 사회 이득에 열성적이지 않는 한, 합리적 도덕 또는 정치적 규범이 도덕과 정치적 행위에 동기를 부여하기에 불충분하다는 것을 이해하지 못했다.[13]

---

* 최소 한도의 사회계약의 원칙 안에서, 개인들은 그 기능만을 수행하는 국가라는 공동의 기구에 의해 자신들의 자연권을 저장당하는 것에 동의

이런 시점에서 니체주의자가 말했듯이, 하버마스는 의견충돌 보다는 합의를 선호하고, 정당한 상호주관적 판단 질서를 만들기 위해 불가피한 충동에 굴복하는 계몽주의의 다른 형태로 이해될 수 있다. 하버마스의 역할 모델은 규범적 선택과 의논에 순수하고 합리적인 배경으로 전제된 무언가를 밝히기를 바라던 기존 철학자들의 새로운 버전일 수밖에 없다.

이런 관점에서 본다면, 하버마스는 치명적인 합리주의자이다. 하버마스는 세 가지 인지 이해 영역에서 하나 혹은 그 이상의 실수로 사회적 문제와 결함을 동일시한다. 따라서 하버마스는 만약 우리가 더 알거나 혹은 추론을 잘 할 수 있거나 문화적 편견을 부인할 수 있다면 더 나은 정치연합의 비전이 생길 것이라고 믿는 위대한 철학자들과 의견을 같이한다고 볼 수 있다.

비평가들은 순수한 인식과 이 인식이 주는 정치적 개선효과에 큰 믿음을 가지고 있지 않다. 예를 들어, 신 마르크스는 심각한 진보 정치의 출발점을 (경멸스러운) 이데올로기적인 추론을 개선시키는 것보다 더 중요하다고 생각할 것이다.

권력의 조건

의사소통의 힘

하버마스는 자신의 주요 철학적 주제를 발전시키면서 스스로의 위치를 조정하고 힘의 자연, 의사소통의 합리성, 규범적 타당성과 사회 · 행정적 힘의 행사를 구분하는 데 더 집중했다.

언제나 그렇듯 하버마스의 믿음은 구조적 제약에서 자유롭고, 합리적 담론에서 참여자들의 동일한 기회를 방해하는 사회적 구조로부터 자유로운 왜곡되지 않은 의사소통에 기반한다. 이런 의사소통은 "세계관에 숨어있는 미래의 의미뿐만 아니라 일반적 관심에 짓눌려 표현되지 못했던 이미 존재하는 관심도 드러나게 할 수 있다."14

한나 아렌트의 힘은 목적 달성을 위해 협력적으로 행동하는 인간의 능력을 강조한다. 이런 힘은 특정 인물에 의해 구체화되지 않으며 특정 집단의 사람들이 분산될 때 존재를 다한다. 아렌트의 주장은 힘의 규범적 버전이고 목적 달성이 긍정적인 가치로 연결된다고 보았다. 아렌트에게 사람을 억압하는 정부는 강한 정부가 아니라 오히려 약한 정부다. 하지만 이런 구조의 정부는 한시적이며 내부 혁명이나 외부 정복에 항복하게 되거나 결국 명백한 폭압을 통해 특권 강화를 시도할 것이다. 하버마스는 아렌트의 힘의 이해가 의사소통적 합리성을 통해 공동의 의지를 형성하는 데 기초한

다고 보았다. 이런 관점에서 힘은 "상호적인 연설이나 자유로운 의
사소통에서 [비롯된] 공통적인 확신의 의사소통 능력이다."[15]

하버마스는 아렌트의 의사소통 힘의 개념을 발판으로 사용하여
사회 · 행정적 힘이 규범적 기준을 갖춘 공공 담화를 통해 타당성
을 얻는지 설명한다. 의사소통의 힘은 의사소통적 합리성에 의해
만들어진 집단의 의지에 의해 얻어진 단체의 합의에 기반한다. 전
략적 사회 · 행정적 힘의 틀에서 만들어진 결과의 규범은 다른 규
범보다 덜 억압적으로 사용될 수 있다. 공공의 장소에서 공정하게
만들어진 의사소통의 힘 행사는 사회적 힘의 차이를 약화시킬 수
있다.

하버마스에게 의사소통적 합리성의 과정을 통해 만들어진 도덕
적 규범은 초월적 합리성의 상황을 상징하며 사회적 행동을 규정
하는 정치적 법적 구조 안에서 제도화되어야 한다. 다시 말하자면,
이런 규범은 적절한 조건에서 수행된 상호주관적 의사소통적 합리
성에 기인한다. 이런 방식으로 하버마스는 억압적으로 행사된 사
회적 힘의 오염으로부터 보호받을 만한 진실과 지식을 만들고자
했다.

권력의 조건

강압적이지 않은 힘

하버마스는 규범적이고 정당한 힘인 의사소통의 힘을 잠재적으로 억압적인 행정·사회적 힘과 구분한다. 이해를 목적으로 하는 의사소통의 영역인 (올바르게 만들어진) 법률은 국가의 잠정적인 강압과 다르게 그려져야 한다. 소통하는 힘은 "왜곡되지 않은 공공의 영역에서만 발생한다. 의사소통에서 발견된 손상되지 않은 상호주관성의 소통에서만"[16] 발생한다. 행정적 힘은 제도의 합리적 과정을 통한 국가의 권한 행사이다. 두 힘은 법률로 연결되고 분리된다. 의사소통의 힘을 변화시켜 비공식적 공공의 영역을 만들고, 정부 부처를 국가의 힘을 보여주는 행정적인 힘의 상징으로 만들었다. 또한 하버마스는 사회적 힘을 "사회관계에서 다른 사람의 반대에도 불구하고 행사주체가 자신의 의지와 이익을 주장할 수 있는 가능성을 측정하는 척도"로 묘사한다.[17]

하버마스는 세 가지 힘이 다음과 같은 역할을 한다고 말한다: "힘이라는 암호를 통해 운영되는 일반적 헌법 국가의 이념적 행정 체제에서 필수적이며, 입법적인 의사소통의 힘과 관련이 있으며 사회적 힘의 불법 개입으로부터 자유롭게 하는 것(즉 스스로 주장하는 특정 권력의 힘)"[18] 또한 행정적 힘은 규범적 의사소통의 힘에서 나오는 타당성 없이는 스스로를 재생산해서는 안 된다. 만약 그렇다면, 행정적 힘은 규범적 합리성을 직접적으로 언급하지 않는다.

도구적으로 합리적이기 때문에 의사소통의 힘에 의해 구체화된 규범적 타당성을 언급하며 스스로를 타당하게 만든다.[19]

하버마스는 두 가지 문제를 최소화하기 위해 노력한다: 행정적 힘이 규범적 타당성과 의사소통적 힘으로부터 도출되지 않고 스스로를 극대화시키는 것과 사회적 힘이 직접적으로 행정적 힘이 되는 것이다. 하버마스에게 탄탄한 정치적 기관은 의사소통적 힘을 행정적 힘으로 변환시켜야 한다. 따라서 하버마스는 국가와 사회의 분리라는 원칙을 앞세워 사회적 힘이 "먼저 의사소통의 힘을 지니지 않고는 행정 권력으로 변환될 수 없다"고 주장한다.[20]

우리는 어떻게 행정적 힘 행사가 의사소통적 힘에서 만들어진 규범적 타당성이라는 정화조를 통과하지 않고 불평등한 사회적 힘으로부터 악영향이 있었는지 판단할 수 있는가? 하버마스는 이상적인 의사소통적 구조인 생활세계를 이야기한다. 억압적 관계에 의해 왜곡되지 않고, 훼손되지 않은 주관적 구조의 변형되지 않은 공공의 영역이다.[21]

하버마스의 프로젝트에 결정적인 점은 단순히 전략적, 도구적인 행동, 합리성, 힘으로부터 오염되지 않은 의사소통적 합리성이다. 그러나 하버마스의 상호적인 힘의 개념은 인간이란 주체가 종종 억압적 관계에 의해 구성된다는 사실을 무시한다. "행위자가 자신의 의지와 관심을 주장하기 위해 사회적 관계에서 가질 수 있는 능력을 측정하는 수단"으로서 사회적 힘의 대리인이 진정한 관심과 단순히 사회의 억압적인 힘의 선호를 구분해야 한다. 만약 사회적 힘이 의사소통적 합리성에 참여하는 사람 주체를 구성하는 데 불가피한 역할을 한다면 그 담화가 왜곡으로부터 자유롭다고 단정 짓기는 어렵다. 하지만 하버마스의 프로젝트에서 규범을 만들어 내는 출처의 역할은 매우 중요하다.

하버마스의 의사소통의 힘에 대한 설명은 야심적이다. 아렌트의 주장을 바탕으로 하버마스는 억압적이지 않고 강압적이지 않은 힘을 구조화하고 싶어한다. 하버마스는 진정한 개인의 자율성을 향상시키는 사회적 구조를 그린다. 하지만 하버마스가 주장하는 기존의 지배하는 힘의 해결책은 실제 세계의 상황에서 도덕적 규범을 형성하고 실질적으로 손상된 상황에서 공식적인 정당성을 강조한다. 사실 의사소통적 합리성으로부터 나오는 도덕적 규범은 사회적 힘의 차이가 주는 영향력으로부터 완전한 보호막이 되지 못한다.

타당한 규범조건

하버마스는 다양하게 시도했지만 특히 타당한 주장과 (단순한) 힘의 주장을 구분하고자 했다. 하버마스는 의사소통적 합리성을 주장하며 사회 이론의 규범적 기초를 확립하고자 했다. 그의 의사소통 개념은 보편적 근거에 뿌리를 둔다. 의사소통을 위한 이성은 강제적이지 않는 방법으로 강력한 규범적 구속력을 상징한다. 이는 강압과는 달리 우월한 자가 자신의 힘을 행사하거나 권력을 증대시키기 위해 종속된 자에게 압력을 행사하지 않는다. 합리성을 따르는 충성심을 위해 꼭 필요한 힘을 사용할 뿐이다.

하버마스는 목적을 가지고 상반적인 영향을 미치는 성공의 요건과 의견의 합치라는 담론의 목적을 이해하는 것을 구분한다. 도구적인 행동은 주체자가 자신이 원하는 목적을 이루기 위해 행동하는 것을 말한다. 전략적 행동은 도구적 행동의 한 종류로 주체자가 목적을 가지고 타인에게 무언가를 할 것을 요구하는 것이다. 도구적 합리성과 전략적 행동의 목적은 합의에 도달함으로써 결정된다. 그 결과, 도구적 합리성과 전략적 행위의 결과인 부의 체제와 사회적 힘은 주체자가 숨기고 있는 의도인 행동 패턴을 반영한다. 유익한 사회는 도구적·전략적 행동이 삶의 세계(가족, 문화 공간, 비공식적 정치적 삶, 대중매체, 자발적 협회 등 의사소통과 대화가 이루어지는 곳)에 침투해 기능에 악영향을 미치는 것을 미연에 방지해야 한다. 탄탄하고 선제적인 도구적·전략적 이성이 시민들의 삶에 만연해 있을 때 사회적 억압이 생겨난다.

하버마스는 도구적·전략적 언어 사용과 성공을 목표로 하는 것은 규범적 주장을 이해하고 받아들이는 언어의 기본 기능에 기생하는 것이라고 주장한다. 하버마스는 목적을 드러내는 발화행위와 "숨겨진 전략적 행위의 특정한 비대칭적 특징"[22]으로 정의되는 발화효과의 행위를 구분한다. 발화행위는 쉽게 발견이 가능하다. 발화행위는 말하는 행위 그 자체를 넘어서는 목적론적 행동을 의미하지 않는다. 말하는 행위 그 자체와 연결되어 있다. 그리고 그 목적은 표현되어야만 이루어진다. 발화효과의 행위 목표는 상황에 따라 청중의 추론에 달려 있고, 그 효과는 말의 의미 외부에서 발휘된다. 그리고 연설자가 목적을 직접적으로 드러내지 않을 때 비로소 그 목적을 이룰 수 있다.[23] 발화 행위는 상대방이 이해했을 때 성공했다고 할 수 있다. 일반적으로 사회적 행동은 서로의 발화행위를 통해 이해관계를 형성하는 것이다.

이 범주에 속하지 않는 것은 지시와 명령뿐이다. 이것들은 발화행위로 알려졌지만 이해를 목표로 하지 않는 것처럼 보인다. 지시는 자신의 성공과 특정 권력을 얻기 위해 사용된다. 그러므로 지시는 힘의 주장이라고 이해하기 쉽다. 그러나 하버마스는 지시가 비록 행동의 성공을 목적으로 하는 행위이지만, 규범적 권위를 주장하기 때문에 이 또한 이해를 목표로 한다고 보았다. 명령을 통해 충성심을 얻는 것은 발언자의 위치나 상황 때문이 아니라 명령 그 자체의 규범적 타당성 때문이다. 예를 들어 "오토바이를 탈 때는 안전모를 착용하시오"는 개인의 안전을 위한 규범적 타당성의 주장이다. 규범적 타당성의 주장을 받아들이는 것은 지시에 대한 순종과 이해 모두를 의미한다. 규범적 타당성이 명백히 부족한 명령, 예를 들어 무장한 폭력배가 "돈을 주지 않으면 네 목숨을 가져가 겠다!"라고 소리를 치는 것은 극단적으로 강압적인 힘의 주장이며 하버마스의 일반적 견해에서 벗어나는 사례이다.

하버마스는 '행동은 말의 행동에서 나온다'고 주장한다. 행위자는 담화를 사용해 행동을 만들어 내고 선한 이유에서 나오는 논거에 근거하여 이런 행위를 정당화한다. 이것은 정당한 보편적인 주장이다. 규범적 지휘를 (모든 행위자에게) 보편적으로 적용하려 함으로써 모든 언어 사용자에 대한 의무를 만들어 낸다. 이것들은 선한 이유와 타당한 논쟁에 바탕을 두고 있으므로 합리적이다. 이 때문에 담화의 주요 기능은 이해를 통해 합의에 도달하는 것이다. 그러므로 어떤 규범도 합리적 동기에 의한 합의에 도달하면 어떤 말도 유효하고, 어떤 표현도 타당하고 사실적이다. 이런 맥락에서 하버마스는 더 강한 원칙인 보편성의 원칙을 통해 도덕적 규범의 타당성을 시험함으로써 의사소통의 이론에서 나온 좀 더 약한 원칙인 담론의 원칙을 진일보시킨다.

- 담론원칙: 오직 모든 영향을 받는 사람이 합리적인 담화의 참여자로서 동의하고 행동규범만 타당[24]
- 보편성의 원칙: 한 규범이 각각 개인의 이해와 가치 지향에 대한 일반적 준수의 예측가능한 결과와 부작용이 강압 없이 모든 관계자에 의해 공동으로 받아들여졌을 때 타당[25]

하버마스는 생활세계의 의사소통적 합리성에 근거한 행동 규칙인 규범과 우리의 선호, 관심, 욕구를 형성하는 가치를 구분한다. 가치는 문화적, 역사적이며 규범은 보편가능하다. 가치와 규범이 이처럼 깔끔하게 구분지어질 수 있는지에 대한 논의는 잠시 접어두자. 규범이 타당의 필요조건만 제공하여 규범이 타당하지 않을 때만 담론 이론이 결정될 수 있다. 영향받을 가능성이 있는 모든 사람들은 합리적 담화에 참여해야 한다. 이 시험에서 통과하지 못하면 규범은 타당하지 않다. 하지만 이 시험을 통과한다면 오직 규범의 필요조건만 갖춘 것이다. 보편성의 원칙은 필요충분 조건을 모두 제공한다(최소한 우리가 "언제"를 "만약 그리고 오직 만약"으로 이해할 때). 이 시험을 통과하면 규범의 타당성이 입증된다.

하버마스는 보편화의 원칙을 특정한 가치와 관심사가 일반적 규범의 타당성으로 승격시킬 만한 가치가 있는 것인지 시험하기 위해 만들었다. 하버마스는 비평가들이 보편성의 원칙이 시간초월적인 결론을 만들기 위해 우발적이고 민족중심적인 직관을 받아들인다고 비난할 것이라고 예상했다. 즉 보편화의 원칙에 의해 제기된 질문에 대답할 때 우리는 상황적, 제한적 이해 내에서 대답할 수밖에 없다. 하버마스는 초월적 실용주의적 주장을 펼친다. 보편성의 원칙은 "대체할 수 없는 담론과 보편성의 불가피한 전제"라고 주장한다.[26] 이로써 보편적 원칙은 모든 도덕적 주장에 필요한 전제조건으로 피할 수 없다. 토론의 참여자는 토론에서 공동으로 찾아낸 진실에 더 좋은 논쟁의 합리적인 힘이 있다는 것을 받아들

여야 한다.[27]

보편화 원칙의 정당성은 어둡다. 의사소통적 합리성과 담론 원칙의 개념은 보편화의 원칙에 의존하는 얇은 갈대이다. 기술적인 문제뿐만 아니다. 보편화 가능성의 원칙에 통과한 규범은 몇 개나 있는가? "좋은 행동을 하고, 악을 피하라"는 일반적인 원칙은 시험을 통과하겠지만 과연 보편적 원칙이 상충하는 다양한 도덕적 문제들을 판단할 만한 능력이 있는지는 의문이다. 만약 두 개의 규범적 기능이 도덕적 갈등을 해결하고 사회적 구조를 만들고 있다면 보편성의 원칙의 시험에서 살아남는 몇 가지 일반적인 규범만으로는 불충분할 수 있다. 마지막으로, 비평가도 보편적 원칙의 시험을 통과하는 것이 타당하거나 필요충분한 조건이 아니라고 말한다. 어떤 규범에게는 적용 가능할 수 있으나 보편적 원칙의 영향을 받은 모든 규범이 보편적 원칙을 인정하지 않을 것이다. 보편적 원칙에서의 부결은 자신의 진정한 관심을 찾지 못한 사람으로부터 야기됐기 때문이다. 다른 규범이 일반적으로 받아들여질 수 있겠지만 타당성의 근거가 불충분하고 근본적으로 잘못된 믿음에서 비롯됐기 때문에 타당하지 않은 것이다. 트라시마코스, 마키아벨리, 마르크스, 그람시, 푸코가 말한 이데올로기적 왜곡이 사람 주체의 구성에 미치는 영향에 대한 교훈을 잊지 말아야 한다.

그러나 하버마스의 궤변론자는 언제나 인간이 실제로 무엇에 동의하고 동의하지 않는지 그리고 원칙적으로 합의할 수 있는지에

　　　　　　　　　　　　　　　권력의 조건

대한 구분을 하고 있을 것이기 때문에 또 다시 만나게 될 수도 있다. 즉 보편화 가능성의 원칙은 현실 세계에서 실제로 인간이 동의하는 것을 보여주기 위한 것이 아니다. 왜곡된 영향으로부터 오염된 합의나 일부 인식론적, 사회적 힘의 다름의 불확실한 결과를 반영하는 것이 아니다. 대신에 보편 가능성 원칙은 원칙적으로 의사소통적 합리성을 통한 규범이 이상적인 조건에서 합의에 도달할 수 있다고 보았다. 따라서 보편화의 원칙에 따르면 타당한 규범으로 받아들여지기 위해서는 외부 유혹에 흔들리지 않는 동의를 받아야 한다. 실제로 전 세계 사람으로부터 동의를 받을 필요는 없다.

이 재결합은 효과적이지만 하버마스는 더 많은 비판을 피할 수 없다. 규범의 가치를 확인할 만한 실질적인 질문 없이 규범의 가치를 확인할 수 있는가? 의사소통적 합리성의 이상적인 조건들 속에서 만들어 낸 실제적인 규범적 전제조건 없이 규범의 가치를 확인할 수 있는가? 우리는 진정으로 규범의 가치를 도출할 수 있는가? 우리가 초기 상황과 선택의 구조에 맞춰 선험적으로 가치를 결정해야 하는 것은 아닐까? 따라서 비평가는 하버마스가 해답을 문제에서 꺼내는 사람이 아니라 문제안에 답을 채워 넣는 사람이라고 말한다.

푸코의 반대의견은 다음과 같다.

아무 제약 없이, 강제적인 장애물 없이 순환하는 의사소통 상태가 존재한다는 것은 나에게는 유토피아로 보인다… 만약 누군가가 개인이 타인의 행동에 영향을 미치려고 만들어 놓은 전략이라는 것을 이해하려면 사회는 힘 관계가 존재해야 한다. 문제는 완전히 투명한 의사소통의 유토피아를 해결하려고 하는 것이 아니다. 하지만 도덕, 에토스, 자기배려 등 지배가 최소한인 힘의 게임에서 이용할 수 있는 기술과 법적 규칙을 만드는 것이다.[28]

또한 하버마스는 "상황에 의존한 배경의 합리성의 표준에만 반하는 이유는… 상황에 따라 바뀌는 배움의 결과를 표현하는 이유는 기존 합리성의 표준을 약화시킬 수 있다"고 주장한다.[29] 그러나 이렇게 좋은 이유가 합리성의 상황 때문에 우리의 충성심을 강요한다면 그 상황이 어떻게 좋은 이유로 받아들여질 수 있겠는가? 사람 주체는 상황에 내면화되면서 합리적이 된다. 따라서 인간 주체는 독립적인 이유에 호소하지 말고 합리성의 상황에 내면화되어야 한다. 만약 우리가 합리성의 상황이나 사회적 힘의 효과에 임의적으로 내면화된다면 사회적 힘에 형성되고 영향을 받은 사람들 사이에서의 담론이 시작된다. 비록 진실에 대한 우리의 주장이 이상적인 상황에서 타당할 수 있다는 것을 전제조건으로 한다는 하버마스의 주장이 옳다고 하더라도, 우리가 이미 처한 상황을 어느 정도 포함해야 한다. 다시 말해 이상적인 상황에 대한 개념은 독립적으로 정당한 주체가 아니고 역사적으로 초월적 주체가 아니라면 이미 역사적 상황에 전제되어 있는 것이다. 어쩌면 우리는 진실이 초월적이

권력의 조건

길 바라는지도 모르지만 진실은 역사적 상황에서 발생한다.

하버마스는 문제를 직감하고 사회적 힘의 영향은 필요하지만 내면화 과정의 충분조건은 아니라고 말한다: "[내면화 과정은] 일반적으로 억압으로부터 자유롭지 않다. 하지만 자주적 양심과 함께 하는 권위의 결과이다."[30] 또한 법은 "개인이 자신의 도덕적 판단을 형성하는 인지적 부담을 덜어줌으로써"[31] 규범에 순응하기 위한 외부 요소를 제공함으로써, 정당한 기관으로서 도덕을 뒷받침한다. 그럼에도 불구하고 현실세계에서 법률은 때로는 사회적 힘의 악영향으로부터 물들 수 있으며 시민들에게 영향을 줄 수 있다. 하버마스는 푸코와는 달리 인간 주체가 어떻게 구성되는지에 대해 지나치게 낙천적인 견해를 가지고 있다고 말할 수 있을 것이다. 담론과 의사결정에서 규범적 타당성을 유지하기 위해 하버마스는 개인적 시민, 의사소통적 합리성, 이유의 진취성을 사회적 힘의 악효과로부터 막아내기 위해 노력한다. 그러나 담론, 주제대상, 법의 구성, 정치적 기구의 일상에는 사회적 힘이 개입한다. 유해한 사회적 힘이 보편적이지는 않더라도 하버마스의 진화 과정을 심각하게 위협할 만큼 퍼져 있다.

푸코는 하버마스의 제약 없는 합의에 대한 유토피아적 견해를 유지하며 다음과 같은 말을 던진다.

나는 힘의 관계가 없는 사회가 있다고 믿지 않는다. 만약 다른 사람의 행동을 결정짓기 위해 한 개인이 구축하고자 하는 수 단으로 이해한다면 말이다. 완벽하게 투명한 의사소통이 가 능한 유토피아에서 이런 문제를 해결하려고 하는 것이 아니라 자기 자신에게 어떤 법의 규칙을 부여하고, 경영기법과 윤리 정신, 자아의 실천력을 주는 것이다. 최소한 지배의 환경에서 힘의 게임을 할 수 있도록 말이다.[32]

헌법적 민주주의

하버마스에게 헌법적 민주주의는 담론의 실용적 전제를 구체화하 는 절차이고, 힘을 통제하고 제한하는 정치적 절차이다. 민주주의 는 돈과 권력을 통제하기 위해 합리적 합의를 위해 의사소통을 용 이하게 하였으며 체계적인 통합의 통치형태이다. 여기서 돈과 권 력은 의사소통적 담론을 왜곡시키는 외부 세력이다.

하버마스는 자유주의적인 자본주의 사회에서 힘은 생산 관계와 관련된다고 주장한다. "계급투쟁은 정치적으로 조직되고 노동조합 을 통해 경제적 성공을 이루었고, 착취를 최소화시키는 등 눈에 띄 게 변화시켰기 때문에 안정되었을까?"[33]

권력의 조건

놀랍게도, 인간 주체를 구성하는 하버마스의 개념은 민족 국가의 역할을 최소화한다. 전통적으로 공통된 정체성을 형성하고, 소속감을 키우며, 이질적인 시민들 사이의 사회적, 문화적, 경제적 차이를 완화시키는 데 반하는 것으로 이해되는 민족 국가는 공동의 선에 대한 추상적인 것을 가시적인 것으로 만든다. 그러나 하버마스는 국가 정체성이 시대에 뒤처진 문화적 가공품이라고 주장한다. 대신 그는 다문화 사회의 "헌법 애국심"[34]을 지지한다. 하버마스는 국가에 대한 두 가지 혐오를 가지고 있다. 첫째, 그의 견해에서 민족 국가는 배타적이며 동일한 언어 또는 조상이 없는 사람들과 멀어지게 한다. 국가 내 소수 집단에 대한 억압을 초래할 수 있다. 둘째, 상대적으로 폐쇄적인 공동체와의 정서적 정체성은 "정치적 견해와 무관하고 그 이전에 있던 시민들에 의해 형성된 것이다".[35] "조국"과 "민족"의 부름은 행정적, 사회적 권력 대리인이 대중의 의지를 조작하는 강력한 슬로건이다.

하버마스는 인간 주체가 어떻게 구성되는지를 이해하지 못한다는 비판에 취약하다. 인간을 방해받지 않는 추상적인 추론자로 보는 경향이 있다. 가족, 문화적 전통 및 국가 유산은 개인의 정체성을 구성하는 역할을 하기 때문에 가치가 있다. 인간은 소중하기 때문에 사회적 행위와는 관계없는 행동들이 무의식적으로 나타날 수 있다. 우리는 겉으로 보기에 무서운 강력한 우주 앞에 서 있다. 우리의 형이상학적 구성이 국가, 부족, 또는 부모들에게 속한 것이 아니며 곧 아무것도 아니라는 것을 알게 될 것이다. 우리는 유산으로 구성되며, 이동하지 않는다면 뿌리째 뽑힐 수 있다. 난민과 외부인에겐 큰 비극이다. 비록 하버마스가 행정 및 사회 권력 대리인들이 종종 그들의 억압적 욕구를 위해 국가 정체성과 애국심을 주장한다고 말하지만 그것이 가능한 것은 따로 이유가 있다. 국가 정체성과 애국심 그 자체로 구성요소가 된다. 조작되고 학대를 당할 수 있다는 것은 중요한 교훈이지만, 그 조작과 학대가 그 가치를 파괴한다는 것은 불필요하고 무분별하다는 결론이다.

하버마스는 조금 미흡하지만 몇 가지 부분에서 힘의 연구에 크게 기여한다. 첫째, 그는 소크라테스와 플라톤과 같은 고전 철학자의 통찰력을 세련되게 만들었다. 억압의 가능성을 약화시키기 위해 타당한 규범의 프리즘을 통해 행정과 사회적 권력을 구분했다. 둘째, 그는 아렌트의 통찰력을 극대화시켜 합리적인 이유에 근거한 건전한 논증의 "비강제적 강압적" 힘을 강조하는 의사소통적 합리성의 이론을 구성한다. 셋째, 트라시마코스와는 달리 이론 수준에서 너무 많이 상충되는 입장을 용납하지만, 실행의 단계에서는 다른 모습을 보여 준다. 넷째, 푸코의 초기 연구와 달리 하버마스는 규범적 합리성을 위해 필요한 조건을 왜곡하는 억압의 조력자들에 관한 이론적 근거를 제시한다. 현존하는 하버마스의 가장 큰 열망은 아직 실현되지 못했다. 실제로 모든 철학자는 결국 실패한다. 그는 더 탄탄한 형태의 인간관계를 추구하는 연구의 정신을 보여 준다.

권력의 조건

힘 이론은 사회를 변화시키고 인류의 최대 관심사를 충족시키기 위한 제도적 구조를 창출하려는 실제적인 노력에서 가장 잘 관찰된다. 이러한 행동 철학을 보기 위해, 다시 새롭게 주목받는 현대 페미니즘을 들여다 보자.

10

스스로에게
행사하는 힘

페미니즘feminism

"나는 〔여성들〕이 남성들에게 '지배하는 힘'을 행사하길 바라지 않는다. 스스로에게 행사하길 바란다."

_매리 울스톤크레프트Mary Wollstonecraft

페미니스트는 여성에 대한 억압적인 힘의 행사를 약화시키고 남녀 평등을 얻어내기 위해 여성에게 집단적 힘을 부여하고 전략을 개발한다. 페미니스트의 힘은 네 가지로 뚜렷하게 나누어지지만 이들 사이에 교집합은 존재한다.

페미니즘의 특징

1. 가부장적 억압 끝내기

가부장적인 사회를 남녀 불균형에 따른 불평등한 사회라고 정의한다. 평등한 사회의 불균형은 해소되어야 한다고 주장하지만 몇몇의 페미니스트는 사회 변화에 따른 힘이 페미니스트의 역할과는 모순된다고 주장한다.[1]

페미니스트들이 강하게 비난하는 것은 '억압'이라는 힘 행사이다. 결과에 영향을 미치는 개별적/기질적 역량을 이해하기 위한 힘은 사라지면 안 된다. 오히려, 사회 불균형을 완화하기 위한 개혁자들의 집단적 행동은 특정 상황에 영향을 미칠 수 있도록 더 큰 힘이 필요하다. 더욱이 페미니스트는 사회적 힘의 체계적이고 관념적인 개념으로부터 벗어나고 가부장적인 표현이 아닌 보다 평등주의적인 개념을 원한다.

억압을 제거하는 것이 목적인 페미니스트들의 이 논제는 처음에는 다소 진부하고 뻔해 보일 수 있다. 누가 억압에 호의적인가? 아마 파시즘 신봉자들과 훈련 중인 독단적인 폭군만이 (자신이 억압의 주체가 될 경우에만) 억압을 받아들일 수 있을 것이다. 하지만 그외 과연 누가 억압 앞에 호의적일 수 있을 것인가? 심지어, 부당한 지배의 지지자들조차 납득할 만한 모습으로 그들의 정책과 신념을 무장할 것이다. 이들은 가혹한 원칙과 견해가 단순히 대중의 기회와 가능성을 위해 짓눌려 있는 것이 아닌 보다 원대한 목적을 위해 필요하다고 주장할 것이다.

따라서 억압을 전적으로 옹호하고 억압이 사회에 주요한 역할을 행사한다고 믿는 사람들을 찾는 것은 정말 어려운 일이다. 억압에 반대하는 것은 힘의 잘못된 행사이고 보다 힘 있는 사람들이 힘이 약한 사람들에게 악영향을 미친다고 분석된 진실을 재확인하는 것에 그칠 뿐이다. 심지어는 "억압의 종결"이라는 슬로건은 사회에

권력의 조건

서 혜택을 받지 못한 사람들은 무력하고 따라서 열등하다고 한다. 안나 이트만Anna Yeatman은 다음 현상을 관찰하였다:

어떠한 움직임이 무력층과 권력층의 피해자를 대변한다고 할 경우 세계문제에 대한 책임감이나 유대감을 직접 갖지 않는다. 세계문제와 특히 힘에 관해서 보다 무고하다. 모든 관계 속에서 힘의 의미나 현실의 해석이라는 힘의 징표이자 상대적으로 무력한 사람들이 힘에 동참하는 진실을 파헤치지 않는다.[2]

사실 "억압의 종결"이라는 명백한 허공의 외침은 페미니즘의 대형 프로젝트의 초기 단계일 뿐이다. 억압을 둘러싼 중요한 문제가 사회 변화의 기초가 된다. 우리는 힘의 합법과 비합법적 행사를 어떻게 구별할 수 있는가? 어떠한 사회적 관행과 정책이 가부장적 억압이며 그 이유는 무엇인가? 이러한 관행과 정책은 어떻게 생기는가? 어떻게 식별이 가능한가? 어떻게 변화될 수 있는가? 어떤 정의와 관행적 힘이 페미니즘의 이상인 평등사회와 양립가능한가? 이러한 질문에 대한 답을 생각하다 보면 명백히 반대적 성향으로 시작되었던 것이 정의되고, 개혁되는 복잡한 과정을 거치게 된다.

또한 다수의 근본적인 문제들이 (질문에 대한) 답을 보다 복잡하게 만든다. 예를 들어, 대부분이 아닌 전부라고 가정하면 오늘날 사회는 가부장적이며 여성에게 불리한 입장을 취하고 "힘"의 개념이 남성중심으로 편향될 것이다. 이 가정에 따른 페미니스트 개혁은 가부장적 맥락에서 출발한다. 이러한 "개혁"이 과연 성 평등의 길을 열어줄 것인가? 혹은 그 기원을 보았을 경우, 기존의 특권과 특혜를 강화하거나 재구성하는 것인가?

이러한 근본적인 관심사는 우리의 관심과 잘못된 의식에 팽배한 역설을 비춘다. 어떤 사람이 현재와 미래에 달성하고 싶은 것과 같은 자신의 장기적이거나 단기적인 관심 분야를 명확히 이해하는 것은 사회 속에서 자신이 갖는 맥락을 통해 가능하다. 만약 사회적 맥락에 근본적인 결함이 있다면, 페미니스트들이 비판을 시작하고 종속된 자가 표명한 장·단기 관심분야가 즉시 의심스러워질 것이다. 가부장적 사회의 악의적 사회화의 영향에 따라 여성이 그들의 관심 분야를 명확히 이해하는 것은 여성을 억압하는 세부적인 특권과 특혜를 강화할 뿐이다. 따라서 억압의 피해자인 여성 자신은 개인적 관심분야가 아닐지라도 선호도가 매우 높다(그녀 개인의 복지를 향상시킬 수 있는 성취라고 생각하기 쉽다). 따라서 페미니스트는 억압의 정의, 그 출처와 변화의 가능성, 권력자의 이익을 부주의하게 다루지 않는 개혁 발전 프로그램에 대해 신중해져야 한다.

마르크스와 그람시의 교훈을 상기하면 억압의 문화적 현상 중 일부는 특권층 집단(이 경우 상류남성층)의 인식, 가치관 및 경험이 보편적 기준으로 확고하게 정립되는 과정에 있다. 엘리트 남성은 통역과 소통에 우선권을 갖기 때문에, 문화적 이해에 불균형적 영

　　　　　　　　　　　　　　　　　　　권력의 조건

향을 미친다. 예를 들어, 법률에서 "합리적인 사람"의 기준은 종종 법리학적 해석에서 사용되며 적절히 명명된다. 이 기준은 교육받은 남성의 유리한 관점으로써 일련의 행동을 바라보며 보편적 의미를 구현하기 위해 노력한다.

이러한 문화적 제국주의의 결과로, "억압받는 개인은 종종 자신이 속한 집단의 부정적인 문화이미지를 자신의 자아상을 기초로 하여 거의 완전히 수용하고 식별한다. 억압받는 집단의 문화적 가치를 확인하는 것은 적어도 억압당하는 사람들에 대한 부정적인 자아상에 대한 동정과 식별로 인해 억압이 발생하는 한 억압을 유지하거나 심지어 강화시킬 수 있다.[3] 우리는 다시 오늘날의 진정한 관심과 발생 가능한 마찰을 마주해야 한다.

2. 힘의 재분배

또 다른 페미니스트 집단은 힘을 자원이자 사회적 선으로 여기며 평화주의적 사회개혁을 위해 재분배되어야 한다고 여긴다. 이 관점의 문제는 남성이 여성을 해칠 만큼 큰 힘을 가졌다는 것이다. 반면 여성은 남성에 비해 지나치게 적은 힘을 갖는다. 따라서 지나친 가부장적 사회의 해결책은 힘을 보다 공평하게 재분배하는 것에 있다.[4]

이 견해는 억압을 직접적으로 촉진하지 않는다. 즉, 힘이 남녀 모두에서 공평하게 강압적으로 행사된다면 부당한 지배에 따른 부정적 영향은 균형을 이루게 된다. 대신에 남녀 간에 힘이 균등하게 분배된다면 성 차별이 감소하고 어쩌면 없어질 수도 있는 가능성을 제기한다. 만약 개인적으로 남녀의 기질적 역량과 각 성별 집단이 결과에 동일한 정도로 영향을 줄 수 있다면 각 집단은 상대집단을 억압할 수 없다. 따라서 성 평등에 따른 힘의 보다 공평한 재분배는 성 억압의 종결을 간접적으로 유도한다. 이 관점에서 힘은 소중하고 바람직한 자원이며 보다 공평한 분배는 가치 있고 변형적인 사회적 효과를 가져온다.

하지만 이 견해의 배경에는 문제가 있다.[5] 첫째, 힘을 물질로서, 마치 흔한 자원처럼 소유되고 분배되어야 할 대상으로 묘사한다. 따라서 힘이 동적관계의 일부이고 힘은 일부 저항에 의해 형성되며 힘의 반전이 있다고 말한 푸코 외의 사람들의 지혜를 무시하는 것 같기도 한다. 둘째, 힘을 주로 또는 유일하게 두 가지로 구분한다. 이 견해는 사회적 힘의 체계적이고 조직적인 측면을 무시하면서 개별주체의 기질적 역량에 대해 가장 직접적으로 다룬다. 힘의 개념, 힘 획득 가능성 및 힘 관계를 형성하는 광범위한 사회적 맥락을 다루지 않음으로써 억압에 대한 문제와 해결책을 지나치게 단순화한다. 셋째, 만약 푸코가 맞다면 힘은 사실, 모든 실현 가능한 행동과 상호작용의 역동적인 기반이 되는 반면 보다 공평하게 공유되어야 하는 희소한 자원이기도 하다.

비록 이러한 우려는 제기될 가능성이 있으며 힘 재분배를 수정하거나 보완함으로써 약화될 수 있다. 이 견해의 핵심은 평등한 사회로의 전환을 위한 전주곡으로써 여성의 역량을 강화하는 것에 있으며 힘을 소유되고 분배되는 상품처럼 다루지 않는다. 비록 힘이 관계형은 아니지만 종종 보다 큰 사회적 맥락에서 양성이 된다. 따라서 여성의 힘을 향상시키고자 하는 사람들은 인간 관계와 사회적 환경에 세심한 주의를 기울여야 한다. '힘의 재분배'라는 논제를 단순히 문자적으로 받아들이지 않고 그 실체를 이해한다면 억압에 대한 문제와 해결책을 지나치게 단순화시키지 않는다는 것을 알게 된다. 이 관점이 우리가 여성의 힘을 증대시키는 것이 중요하고 가부장적인 억압을 종결시키기에는 부족하다고 인정한다면 이 견해는 그 진가를 발휘할 것이다. 비록 이의 제기가 야기될 수 있지만 '힘의 재분배'라는 논제는 그 핵심을 유지하면서 수정안을 수용할 수 있다.

3. 집단적 변화를 위한 힘의 활용

또 다른 (집단의) 페미니스트는 결과에 영향을 미치기 위한 여성의 역량강화를 집단의 노력으로 간주하며 집단적 변화를 강조한다.[6] 나는 이 책에서 집단적 변화를 힘의 세 번째 주요용도로 언급하였다. 힘은 우월한 측이 종속된 자의 가능한 대안이나 선택을 통제하거나 제한함으로써 종속된 자를 자신에게 유리하게 변화하기 위해 사용된다.

그러나 집단적 변화를 옹호하는 페미니스트는 비록 고의적으로 동기부여가 되었을지라도 위계적 형상과 호의적인 통제에 저항할 수 있다. 그들은 이 과정을 호의적인 상사와 수동적인 부하직원 간의 하향식 제도가 아닌 동등한 사람들 간의 상호 노력으로 이해한다. 내가 전에 제시한 권력은 교사와 학생 및 부모와 아이 관계 간을 연상하게 되지만, 페미니스트는 (이 권력이) 그들의 최종목적에 위배되고 의식향상을 위한 방법에도 적합하지 않다고 여긴다.

따라서 페미니즘의 집단적 변화에 대한 개념은 권력 행사를 위한 힘의 사용과는 (그 의미가) 다르다. 우리는 두 가지 개념이 모두 힘을 강화함으로써 유리해지는 사람들의 힘을 키우며 궁극적으로는 그들을 긍정적으로 변화시킨다는 것에 동의할 수 있다. 나는 지식과 경험이 있고, 상대적으로 힘이 있는 우월한 자가 얇은 지식과 적은 경험을 보유한 사람들의 긍정적인 변화를 돕는다고 믿는 반면, 페미니스트는 동등한 사람들의 상호탐구를 통해 자신과 타인의 변화하는 것에 주목한다. 집단적 변화를 옹호하는 페미니즘은 냄새를 풍기는 쓰레기통과 같은 가부장적인 이미지를 통해 내가 묘사한 비압력적인 힘을 이해할 수 있다.

나는 사람들이 힘을 사용하는 방법에 따라 그들이 어떻게 강력해지는지 구별하고자 한다. 나는 타인의 힘을 제거하는 것이 아닌 증가시키기 위한 목적으로 힘을 사용하는 사람들을 옹호하는 페미니스트와 입장을 같이 할 수 있다. 힘의 두 개념은 억압을 명백히 거부하고 자신과 타인의 변화를 전적으로 옹호한다. 페미니즘은 힘을 보유하기 위함이라는 공통의 목적을 가진 수많은 사람들 사이의 호혜성과 상호성을 강조하고, 권력을 남용하는 것은 지식과 경험에 근거한 힘을 이미 보유한 사람들로부터 시작한다.

더욱이 평등주의적이고 비계급적이며 집단적으로 상호적인 힘을 페미니즘 의식함양으로 신격화하는 것은 지나치게 안이하다. 앞서 이트만이 지적했듯이 말이다.

페미니즘 의식함양은 본질적으로 비민주적이다. 비록 토론을 통해 민주적인 형태를 갖추더라도 집단구성원이 경험과 감정의 공통점을 발견하려는 목적에 따른 대면관계의 측면에서 (의식함양은) 기능한다. 이것은 특정 도덕적 협박과 개인적인 폭력에서 쉽게 발견되는 종합정치이다.[7]

마지막으로, 우리는 다시 한번 집단적 변화를 위한 노력이 압력적 힘의 관계를 통해 종종 형성되고 구조된다는 것을 기억해야 한다. 에이미 알렌Amy Allen은, 우리가 관계적인 용어로 힘의 개념을 생각할 때, 지배나 억압을 힘이라는 물건이나 상품이 결여되어 있다는 견해는 더 이상 바람직하지 않을뿐더러 권력이 힘을 얻거나 확보하는 과정으로 여기는 것 역시 바람직하지 않다. 오히려 지배와 억압이 자기결정과 자기계발을 방해하는 사회적, 문화적, 경제적, 정치적 관계로 이해되는 것처럼, 권력은 힘을 육성하고 증진하는 사회적, 문화적, 경제적, 정치적 관계의 하나로 이해되어야 한다. 만약 우리가 권력이 지배와 억압을 통한 것이 아닌 이를 통해 형성되고 구조화되는 것으로 이해한다면, 자유로운 권력과 억압의 구조를 재확인하거나 재조명하는 권력 간의 구분이 어려워질 것이다.[8]

페미니즘의 힘에 대한 집단적 변화의 개념은 두 가지 힘의 관계로만 전부 설명할 수 없다. 집단적 심의와 행동에 기초를 둔 (힘의) 개념은 여성의 힘을 증대시킴으로써 힘을 제거하거나 약하게 하기를 원한다. 주변 사람들을 해치기보다 돕는 것을 목적으로 하는 소크라테스의 철학적 방법론과 아렌트의 집단적 행동으로서의 합법적 힘의 개념, 하버마스의 유익한 상황에서 발생하는 집단적 심의에 대한 이상적인 개념에서 볼 수 있듯이, 페미니스트의 집단적 변화로서의 힘의 정의는 모두 억압과는 거리가 멀고 사회적 관계 안에서 획득되어야 하는 것으로 이해할 수 있다. 따라서 우리는 페미니스트의 이 정의가 명백히 힘을 획득하거나 강화하는 방법과 용도라는 것을 알 수 있다. 힘은 다수의 개체가 자발적으로 상호탐구에 참여하여 공동의 결과 또는 관심에 긍정적으로 영향을 미치고, 집단적으로 '할 수 있는 힘' 향상을 위한 개인과 집단의 역량 증진을 돕는다.

4. 힘의 재분배를 위한 지배하는 힘 사용

앞서 설명했듯이 '지배하는 힘'의 행사는 언제나 억압적인 것이 아니다. 전통적인 역할에서도 여성들은 타인을 변형시키고 성장시키기 위해 힘을 행사했다.[9] 가장 가부장적인 상황에서 여성들은 타인에 대해 상당한 힘을 가지고 있었고, 지배하는 힘을 행사했다. 사실 낸시 하트스토크Nancy Hartstock*는 전통적인 사회적 역할에서 여성들이 힘을 사용하며 남성들보다 더 다양한 경험을 했고, 그 결과로 힘을 이해하는 독특한 관점을 가지게 됐다고 주장한다.

단순히 어머니가 아닌 여성의 경험은 (더 넓게는 어머니를 위한 여성의 일반적인 교육과 스스로의 성별에 따라 엄마가 되는 경험) 지배하는 힘의 하나이며 이 힘은 점진적으로 힘을 가지고 있는 자와 지배하는 힘을 받는 자 모두를 변화시켜 자주성과 (이상적으로) 상호존중을 가져온다. 따라서 다른 사람을 지배하는 힘은 상대방을 지배하거나 죽이는 힘이 아니라 상대방을 해방시키는 힘이다.[10]

따라서 하트스토크는 내가 이 책에서 사용하는 용어와는 대조적으로 사용한다. 지배하는 힘을 힘의 분배를 위해 사용하고, 전환적 힘을 억압적인 지배하는 힘으로 사용한다(남성의 입장에서 본 지배하는 힘이다). 힘의 분배를 위한 지배하는 힘의 사용이나 전환적 목적의 사용은 다음의 세 가지 요소를 포함한다. (1)종속된 자(여기서는 어린아이)를 통제하거나 억압하려는 게 아니라 혜택을 주기 위해 지배하는 힘을 행사하는 우월한 자(여기서는 어머니) (2)현존하는 비대칭적 힘 관계를 없애기 위한 프로그램의 일환으로서의 힘

---

* [1943-2015] 저서 《여성의 관점》으로 잘 알려진 페미니스트 철학자

의 행사. 즉, 현재의 비대칭적 권력 관계가 부당하다고 이해할 수 있는 완전한 능력이 있는 사람들로 전향하는 힘 (3)결과는 더 이상 힘의 관계로 구분지어지지 않는 두 주체의 상호적인 관계의 형성이다. 종속된 자를 의존적이고 약하게 만들어 사회관계에서 없애버리기 위해 사용되는 가부장주의 힘의 행사와는 다르다. 이런 면에서 봤을 때, 가부장주의는 안정된 관계를 강화하려하고 전환적인 힘의 행사는 현재 상태를 역동적이고 불안정하게 만든다. 그러므로 분배적이고 전환적인 목적을 가진 타인에 대한 지배하는 힘의 행사는 페미니즘에 의해 사용될 수 있다. 모든 힘의 사용이 억압적이지 않다. 그리고 힘으로부터 만들어지는 진실/지식이 동일하게 오염되지 않았으며 유익한 힘 관계와 파괴적인 힘 관계를 구분하는 방법이 될 수 있다. 요약하자면 페미니스트가 비참한 상대주의의 늪에 빠지지 않도록 예방할 수 있는 규범적 기반이 필요하다. 힘 관계의 만연성을 받아들인다고 해서 비판적 성찰이 불가능하거나 긍정적인 개혁 프로그램을 차단하는 것이 아니다.

그러나 전환적인 힘 행사는 더 명확하게 구분지어야 한다. 첫째, 전환적인 힘은 독특한 힘의 형태가 아니다. 대신 지배하는 힘의 한 형태이다. 전환적인 힘을 사용하는 것은 특수한 권력을 행사하는 것이다. 둘째, 전환적인 힘의 행사가 억압당하는 자가 많은 할 수 있는 힘을 가지고 있고, 또 종속된 하위 영역에서 힘을 유지하는 방법을 강조한다. 가지고 있는 힘 안에서 일반적인 종속관계를 불안정하게 만들고 또 다른 힘 관계를 만들 수 있다. 우리는 억압적인 사회적 상황에서 종속된 자가 저항과 반란을 위한 힘을 가지고 있다는 것을 알 수 있다. 나는 현재의 권력 관계를 불안하게 하고 지배적인 질서에 저항할 가능성에 대해 강조하고 있지만 사회에는 더 많은 가능성들이 숨어 있다. 지배적인 사회질서에 깊숙이 사회화된 어머니와 교사는 일반적인 억압적인 상황을 유지하고 강화하기 위해 자신의 사회적 역할을 이용해 전환적인 힘을 사용할 수 있다. 이러한 힘의 사용에서 비롯된 변화는 단순한 우연이 아니다. 부모나 교사가 일반적인 억압적인 힘을 사용하는 방법에 따라 어린 아이나 학생들을 희생양으로 전향시킬 수 있다.

진정으로 종속된 자에게 힘을 분배하기 위해서 우월한 자는 자신의 역할을 규정하고 일반적인 힘 관계를 인지해야 한다. 폭넓은 사회적 관계가 억압적이라면 그 힘의 분배는 개혁을 위한 것이어야 한다. 넷째, 힘 관계 그 자체에서 힘이 보여지는 것과 주체가 이해하는 것과는 다르게 전환적인 힘의 행사가 아니라 우월한 주체에 의한 지배하는 힘의 행사와 종속된 자의 의존성을 증폭시키는 것일 수도 있다. 종속된 자와의 관계에서 충족감과 만족감을 느낀 우월한 자(이 경우에는 어머니와 교사)는 무의식적으로 힘 관계의 유지를 위한 행동을 할 수 있다. 다섯째, 일반적으로 힘 관계의 규범적 평가를 위한 안정을 제공하기 위함이라면, 힘의 변형적 사용은 일반적인 육아 및 가르침의 예를 뛰어넘어 더 확장되어야 한다.

페미니스트의 동일성

네 가지 주제의 주요 요점을 그려보았다. 사실 모든 페미니스트가 관계가 타인을 긍정적인 방법으로 전향시키고 힘 분배의 기회를 준다는 점에서 동일하다. 사람들이 자신의 역량과 할 수 있는 힘을 행사를 집단적 변화나 힘 분배를 위해 사용하든 상관없이 주된 합리적 힘의 사용은 타인의 삶을 경시하지 않고 극대화한 것이다.

사회적 세계에서 힘의 관계를 이야기하면 대부분 지배자의 부정적인 힘의 행사를 떠올리기 마련이다. 집단적 전향과 힘의 분배를 위해 특권을 허용하는 것은 결코 작은 성과가 아니다. 힘은 더 이상 부정적인 용어로 비춰지거나 악의적인 것으로 인식되어서는 안 된다. 게다가 페미니스트는 권력의 비합리적인 행사와 구분할 수 있는 합리적인 힘을 행사한다.

앞서 언급한 네 개의 페미니스트 주제가 서로 뚜렷하게 구분되지만 이들 사이의 교집합은 페미니즘적 사고의 궤도를 보여 준다. 첫째, 억압적으로 행사되는 지배하는 힘은 부당한 행위의 패러다임이다. 둘째, 결과의 영향을 미칠 수 있는 능력인 할 수 있는 힘은 사회적 선이며 일반적으로 관계적이고 보통 더 넓은 사회적 상황에서 사용되어 집단행동을 증폭시킬 수 있다. 셋째, 억압적이고 부당한 힘의 행사를 발견하고 설명하고 개혁하는 것은 규범적 이상

권력의 조건

에 대한 헌신을 필요로 한다. 넷째, 페미니즘의 규범적 추론과 이상적 평등주의 사회에 대한 신념은 억압적인 사회적 상황에서도 여성이 살아 있는 동안 자신의 진정한 흥미를 찾는 것을 필요로 한다. 다섯째, 결과에 영향을 미치기 위해 여성의 능력을 신장시키는 것은 할 수 있는 힘을 증강시키는 것이며 평등주의 사회로의 전환을 위한 준비이다. 여성의 힘 분배는 억압을 끝내기 위한 충분요건은 아니지만 필수요건이다. 여섯째, "힘"의 개념 그 자체로도 정당하고 부정당한 행위를 구별하는 데 중요한 역할을 한다. 일곱번째, 몇몇 특수 상황에서 힘의 사용은 정당하다. 할 수 있는 힘과 나와 타인의 긍정적 전환을 위한 힘의 행사 등이 있다.

마르크스, 그람시, 푸코에 따르면 대부분의 페미니스트는 가장 해로운 형태의 힘은 잔인하고 명백히 보이는 힘의 행사가 아니라는 것을 인지한다. 페미니즘은 힘의 구성 주체를 이야기하며 푸코를 강조한다. 선행적으로 구성된 여성에 대한 모델을 대신해 억압은 여성들의 평등에 해를 끼치는 사회적으로 받아들일 수 없는 성적모델을 만들어 낸다. 웬디 브라운Wendy Brown과 조안 W. 스콧Joan W. Scott은 페미니즘과 푸코를 다음과 같이 이야기한다.

푸코의 비판에 따라 여성의 종속됨은 남성이나 국가, 명령이나 법에 의해 휘둘러지고 여성의 내면적 힘과 진실의 본질을 억압하기 위해 행사되는 힘의 직접적인 결과이다. 가부장주의의 개념을 하나의 이유를 위해 뿌리박혀 기계적으로 일관되게 작동하는 것으로 희생시킨다. [그러므로 페미니즘은 항복하고] 힘을 장악하는 상상을 하는 저항을 형성하고, "외부 힘"을 찾는 상상을 한다. 자기를 구성하는 힘으로부터 독립된 저항전략이다.[11]

진정한 관심발견의 역설

일부 페미니스트들은 "여성의 경험"을 진정한 관심을 발견하는 기본으로 삼는다. 힘을 재분배할 수 있다고 믿는 자유로운 주체로부터 시작된 객관적 토대로 받아들인다. 개인적인 삶의 정치는 가장 큰 자부심이다. 푸코는 억압적, 가부장적 힘으로 만들어진 지식/진실과 의학기술, 사회적 일, 심리학이 어떻게 여성을 복종시키기 위해 사용되는지를 그렸다. 그의 분석이 이런 제도의 구조에 저항하기 위한 전략의 길을 열어주었다.

예를 들어 산드라 바트키Sandra Bartky는 규율적인 기술이 다이어트, 피트니스 프로그램, 특정 방법으로 걷고 말하는 방법에 대한 조언, 머리와 화장품을 사용하는 방법 등 고정된 여성의 겉모습만을 강조한다고 말한다.[12] 여기서 주의해야 할 점은 억압적 힘은 여성의 '할 수 있는 힘'을 부추겨 여성을 희생양으로 삼는다는 것이다.

여성들은 새로운 능력을 습득하고, 고정된 여성상을 추구하고 그런 모습에 자부심을 갖고, 자기 스스로를 성적인 매력도로 평가한다. 만약 이런 주장이 설득력이 있다면, 가부장적인 힘은 직접적으로 여성의 힘을 빼앗는 것이 아니라 여성에게 해가 될 수 있는 힘을 부추김으로써 교활한 방법으로 가부장적인 힘의 사용을 극대화한다. 억압적인 힘은 특정한 여성상을 만들어 자신의 특권을 누린다. 지금껏 그래왔듯 이 과정은 음모나 전략으로부터 시작되는 것이 아니고 쌍방의 합의를 통해 이루어진다.

여성이 직면한 사회적 구조의 상황은 상충되는 분석이 있기 마련이다. 여성의 육체적인 모습을 계속 예로 들어 보자. 상당히 풍요로운 사회의 여성들은 육체적 모습에 높은 가치를 두도록 유혹하는 화장품 문화에 사회화되어 있다. 이 현상에 대한 페미니스트들은 이런 가부장적 특권이 여성들이 더 높은 역량을 키우지 못하도록 방해하고 남자들에게 보이는 육체적 매력 같은 상대적으로 사소한 문제에 집중하게 만든다고 분석했다.

바트키는 이 문제가 생각보다 단순하지 않다고 지적한다.

머리를 다듬고 립스틱을 바름으로써 내 자신을 '매력적으로' 만들어야 한다는 것은 유아기 시절부터 남성의 눈에 매력적으로 보임으로써 사람의 가치를 찾도록 교육받은 "맹목적인" 여성의 가짜 필요이다. 아니면 우리 청교도의 문화에도 남성에게는 거부되고 여성에게는 허용되는 원시적 사회의 공통된 행동처럼 육체를 꾸밈으로써 누군가의 '완전한 사랑'을 필요로 한다는 표현의 일부인가? 이런 불확실성 때문에 여성은 투쟁의 방법과 투쟁의 상대를 결정하는 데 어려움을 겪는다. 스스로의 동기와, 성격, 충동을 이해할 수 있는 가능성에 문제가 생긴다.[13]

아마도 여성들의 육체적 매력에 대한 집중도가 여성의 능력을 향상시키는 데 얼마나 방해가 되는지에 대해 평가함으로써 대답을 구할 수 있을지도 모른다. 아름다움에 대한 관심도가 모두 억압을 의미하는 것은 아니다. 하지만 육체적 매력을 얻는 것이 여성이 사회에서 개인적 가치를 얻는 유일하고 주된 길이라면, 소외와 착취의 문제가 발생한다. 여성들이 자신들의 사회적 상황에서 종속된 사회적 역할을 위해 만들어 놓은 필요와 만족에 일부가 될 때, 여성은 자신들의 가치에 반하는 관심에 내면화된 것이다.

지배적이고, 억압적인 가치에 내면화되면 종속된 자는 스스로에게 지배하는 힘을 행사한다. 자기 스스로의 억압자가 되기 때문에 주인은 더 이상 이들을 감시할 필요가 없어진다. 따라서 중요한 것은 육체적 매력이 여성을 종속되게 하는지 아닌지의 여부가 아니고, 육체적 매력이 특정 사회적 상황에서 억압자의 관심사를 위하는 것인가 하는 문제이다. 여성이 고용기회를 잡고 자기가치의 근원을 육체적 매력의 일반적인 기준을 통과하는 것이라고 본다면

권력의 조건

너무도 당연하게도 화장품산업이 여성들에게 억압적인 가부장적 특권을 사용한다고 결론내릴 수 있다. 고용기회와 자기가치의 가능성이 더 광범위하다면 육체적 매력에 대한 여성들의 관심이 조금 덜 위험할 수 있다.

푸코의 교훈에 따르면, 규율적 힘의 편재성은 익명성을 촉진시키며 이 익명성은 더 전형적인 "여성성"의 생산이 생물학적으로 자연적이고 사회적으로 자발적이라는 결론에 도달하게 한다. 육체적 매력에 대한 보편적인 이상이 여성을 남성의 유순한 부속물로 만드는 요소라면 미용산업은 억압적인 가부장적 관심을 위한 것이다. 푸코의 말대로 사회적 현상과 억압의 관계를 분명히 식별하는 것은 어려운 일이고 심지어 불가능할 수 있지만 이것이 인과관계를 모호하게 해서는 안 된다.

어떻게 하면 페미니스트들이 미묘한 억압에 저항할 수 있을까? 페미니스트적 모습을 억압하는 사회적 상황에 어떻게 대응할 수 있을까? 첫째, 피해자가 이 과정을 정당한 힘의 분배가 아닌 억압적인 것으로 받아들여야 한다. 둘째, 여성 주체의 대체 이미지가 만들어져야 한다. 강인하고, 지적이며, 스포츠에 열정적인 모습이 바람직한 여성의 신체적 모습으로 보일 수 있을 것이다. 셋째, 페미니스트는 억압받는 사람의 관점과 특정 힘의 이론을 보여주는 대안적 전망을 제시해야 한다. 이런 맥락에서, 하트소크Hartsock는 다음과 같이 주장한다.

[우리는 현실적 일상의 활동이 세계에 대한 이해를 포함하고 있음을 인정하는 힘의 이론이 필요하다. 물질적인 삶에 대한 주장에 [근거한] 인식론 구조뿐만 아니라 사회적 이해관계의 한계를 설정해야 한다. 그러면 지배체제에서 통치자는 오직 부분적인 것만 볼 수 있으며 이는 전체질서를 뒤집을 것이다.[14]

그러나 일부 페미니스트는 이 근본주의적 인식론을 기반으로 한 비전에 우려를 표한다. 만약 여성의 정체성이 가부장적인 사회적 조건하에 만들어진다면 "억압받는 사람의 입장"에 대한 호소가 억압적인 상황 안에서 일어나는 것이다. 이런 관점이 진정으로 가부장주의의 해결책이 될 수 있을까? 아니면 단순히 억압적인 힘 관계에서 권위적인 인식론자들에게 합리적인 주장을 할 수 없는 종속된 자의 반발일 뿐인가? 사실 인식론적 특권에 호소하는 것 그 자체가 가부장주의의 잔재일 수 있다. 웬디 브라운의 말을 들어 보자.

[페미니스트의 인식론적 특권에 대한 주장은] 탈정치 용어와 관행의 선호에 반한다. 정치를 넘어선 진실을 위해 자유를 넘어선 확신과 안전을 위해 의사결정과 [선택]을 넘어선 [과학적인] 발견을 위해, 자기 스스로의 버릇과 주장에 기초하여 자신의 미래를 판단하는 가변적이고 통제하기 어려운 무리를 넘어선 확립된 권위, 정체성과 분리가능한 주제를 위해 [인식론적 특권에 대한 주장은] 힘에 무고하고, 우리를 힘의 밖에 있게 하며, 힘이 이성/도덕성에 대담하게 하며 다른 책임요구를 금

지하는 것이다. 도덕적 비난보다 힘과 집단생활의 대안적 비전으로 지배에 도전하는 법을 배울 수 있을까?[15]

여기서 우리가 찾아낸 문제들은 익숙하다. 페미니스트들이 선천적 합리성 없는 힘의 주장일 뿐이라는 비난으로부터 피해갈 수 있는 우세한 특성은 무엇일까? 만약 페미니스트의 주장이 권력에 물들지 않은 억압당하는 사람들의 주장이라면 페미니스트는 이들의 선제적 주장이 억압적이며 가부장주의를 움직이는 기본주의 인식론으로부터 시작됐다는 반대의견과 마주한다. 문제는 합리성이다. 열정적인 개혁가가 페미니스트의 대안적 비전이 기존의 지배질서가 이득을 강화하기 위해 만들어 놓은 철학적 과잉의 희생양이 되지 않고 지배적 질서보다 우월하다는 것을 어떻게 보여줄 수 있을까? 만약 페미니스트가 대안적 비전을 정당화하기 위해 가부장주의 철학적 앙금을 사용한다면 페미니스트가 종속에서 벗어났다는 것을 보여줄 수 있을까? '억압받는 사람들의 입장'은 여성이 가부장적 힘 관계에서 종속된 상황에서의 경험과 관심으로부터 형성되는 것이 아닌가? 이 입장이 페미니스트가 비판하는 본질주의적 여성주체에 의존하는 것은 아닌가? 또한, 각각의 여성은 성(性)외에도 인종, 사회 · 경제 수준, 종교의 부재, 교육 수준, 전문적 지위, 가족관계 같은 것들과 연관되어 있다. 이런 상반되는 계급 사회에서 한 목소리의 "억압당하는 사람의 입장"이 만들어질 수 있을까?

문제가 아주 까다로워 보이지만 사실은 그렇지 않다. 푸코가 다양하게 제시된 반대의견을 피해간 것처럼 나는 페미니즘도 그럴 수 있다고 본다. 실현가능한 페미니스트 프로그램은 다음과 같다. 첫째, 의식 고양적 행위와 정보전달을 통해 가부장적인 신비의 베일을 벗어나야 한다. 현재 사회질서가 약속을 지키지 못했다는 것을 보여주는 내재적 비판이 필요하다. 현 사회질서의 행위는 이론과 스스로의 이상에 부합하지 않기 때문이다. 억압하는 모습과 종속된 자의 상황을 드러내고 힘 관계를 정당화하는 이데올로기(비꼬는 의미로)적 분석을 비판해야 한다. 이렇게 된다면 현재의 질서가 중립적이고 비관심적이라는 지배적 사회질서의 권위가 거짓임이 드러나게 된다. 사실 지배적 질서는 부분적이고 치우쳐진 관심의 관점으로부터 시작된다. 둘째, 힘 관계가 만연하고 지식과 진리로 보이는 것이 힘으로부터 독립적이지 않다는 주장을 받아들여라. 셋째, 이 주장을 받아들인다고 해서 모든 진실 주장이 동일하게 의미 없고 합리적인 해결책과 대안적 비전이 나올 수 없다는 끔찍한 결론을 내릴 필요가 없다는 것을 이해해야 한다. 모든 도덕적 해결책이 부분적이고 편향적 사고 분석에서 나오며 그렇다고 해서 모든 해결책이 동일하게 가치 있거나, 가치 없는 것이 아니다. 해결책이 만들어지는 사회적 과정, 해결책의 결과, 해결책을 만들어낸 힘 관계의 본질(억압적, 온정주의적, 전환적)은 해결책을 평가하는 데 매우 중요한 요소이다. 널리 공유하는 문화적 이념의 약속이 얼마나 충족됐는지, 그리고 내재적 비판에서 나오는 반대를 피할 수 있는지에 따라 평가가 달라진다. 넷째, 유익한 힘 관계와 파괴적인 힘 관계를 구분하라. 푸코에 대한 나의 주장을 보면 알 수 있다. 모

권력의 조건

든 권력 관계가 똑같이 억압적이고 모든 진실/지식이 똑같이 손상되었다는 생각을 내려놓아야 사회 비평가는 자신의 주장을 합리화할 수 있는 기반을 만들 수 있다. 다섯째, 여성들의 다양한 관심을 수용하는 각기 다른 프로그램을 구성하라. 새로운 정설과 신뢰를 목표를 방해하는 내부 정치적 논쟁을 만들어 내는 "억압받는 사람의 입장"과 여성에 대한 본질주의적 호소를 포기해야 한다. 대신, 이런 프로그램이 지속되는 논의와 잠정적 해결책을 가능하게 해야 하고, 이론과 행위가 세계에서 자리 잡는 과정에 발맞춰 자기수정을 할 수 있어야 한다.

페미니스트의 모성의 역할이 앞서 말한 발상과 그 맥락을 같이 한다. 많은 사람들은 생식 및 자녀양육이 공공영역에서의 주된 여성의 사회적 역할이라고 주장한다. 종종 권력자들은 출산과, 출산으로 인해 사회경력이 단절될 수 있는 여성들을 고용하고 싶어 하지 않고, 여성을 단순히 가족 단계에서의 2차 생산자로만 인식한다. 이런 인식 때문에 비슷한 직종임에도 불구하고 여성이 남성보다 적은 임금을 받고 있으며, 여성의 기업 및 정치적 승진을 제한하는 유리천장이 생겨났다.

이런 주장은 직관적이고, 실증적 경험에 뒷받침되었지만 이런 주장이 너무 단순화되는 경우가 많다. 많은 여성들이 유리천장을 극복하고 있다. 육아보육시설이 보편화되고 육아휴직 제도가 생겨나 이런 사회적 문제를 어느 정도 해결해주고 있다. 더욱이, 가정

안 어머니와 아이 관계에서 어머니는 상당한 지배하는 힘을 갖는데 이 역할은 높게 평가되어야 한다. 장 베이커 밀러Jean Baker Miller는 다음과 같이 말한다.

> [여성의 영향력에 대해] 한 가지 사례는 전통적인 역할에 있다. 여성은 할 수 있는 힘을 사용해 아이와 또 다른 사람들의 성장을 촉진시키는 역할을 했다. 타인의 힘과 능력, 행동 의지를 증가시키기 위해 할 수 있는 힘을 사용하여 다른 사람에게 힘을 분배한 것이다.[16]

다수의 페미니스트가 현재 통치자의 권리를 훼손시키는 것으로 자기주장을 시작한다. 자신의 주장이 중립적이고 관심에 치우치지 않은 듯 말하지만 사실은 특혜와 특권을 누리는 현 사회적 집단에 대한 결론으로 만들어진 불완전하고 지극히 관심에 치우친 주장이다. 몇몇 페미니스트는 객관성 그 자체가 억압의 가면이라고 주장한다.[17] 여기서 하버마스의 통찰력이 도움이 될 수도 있겠다. 여기서 하버마스는 주류 규범적 정당성과 사회적 행위에 대한 좌파 비판의 이론적 약점에 민감하다. 현대적 관행이 스스로 정당화된 규범의 기준을 만족시키지 못하는 것을 보여주는 내재적 비판을 사용하는 대신에, 좌파 비평가들은 자유주의적 규범 구성요소를 사정없이 제거해버려 건설적인 대안의 제공가능성을 아예 없애버린다. 다시 말해, 좌파 비평가들은 탄탄한 비판으로부터 비롯된 진실, 합리성, 자유에 대한 기본적인 약속을 지나치게 자주 거부한다. 페미니스트 정당성 안에 주류 정당성의 책략 뒤에 숨겨져 있는 형이 상학적 현실주의에 대한 신념, 진리에 대한 대답, 인식적 우월성을 구성하는 전문가의 확인과 같은 기준을 반영할 필요는 없다. 하지만 무기력한 상대주의를 따르는 페미니스트는 자신들의 목적에 대해 미련하고 비생산적일 수 있다.[18]

모든 사회에 존재하는 사람의 행위와 특징을 발견하려하고, 횡적 계보를 강조하는 페미니스트는 "본질주의"의 비난을 피할 수 없다. 본질주의는 사람이나, 여성, 남성을 규정하는 데 필요한 특정 기질이 있다고 본다. 페미니스트는 근대문화에서 유해한 성적역할을 규정하는 데 본질주의도 역할을 했다고 주장하기 때문에 자신들의 개혁의제에 본질주의를 포함하는 것을 주저한다. 더욱이, 이론가들이 이런 행위와 특징의 발견을 주장할 때 자신도 모르는 사이에 계보학적 구조를 무시하고 스스로의 사회적 지배를 계획하며 행위에 횡문화적 요소를 포함했다. 그러나 본질주의에 대한 대안은 오직 특정 시간과 장소에만 국한된 억압적 가부장주의의 구체적인 지역분석에 의해서만 가능하다. 이런 분석은 일반적인 개혁 정책과 행위를 더 어렵게 만든다.

지배하는 이상을 대신하기 위해 페미니스트는 "페미니스트 관점"이라는 반대의견을 제시한다. 사회경제적 계급, 민족, 종교, 인종, 성적취향, 나이 등 다양한 여성의 차이점을 고려할 때 이런 관점이 존재할 수 있는가? 페미니스트 관점이 단순히 또 다른 일반적

이해로 극대화된 불완전한 흥미를 반영한 것이 아닌가? 왜 "억압
받는" 사람들이 현실과 진실을 규정하는가? 어떻게 이들의 견해가
현존하는 사회질서를 부분적으로 구성하는 여성 참여자로부터 물
들지 않았다고 볼 수 있는가? "여성의 입장"과 "페미니스트 관점"
이 페미니스트가 비판하는 본질주의를 닮지 않았는가?

어쩌면 이런 반대의견을 피하는 가장 좋은 방법은 거꾸로 분석
하는 것이다. 첫째, 과정과 절차에서 여성계급에게 불이익을 주는
특정 사회의 힘 관계를 규정하라. 둘째, 미래에 발견될 수 있는 일
반적 추세를 파악하기 위해 힘 관계의 계보학을 추적하라. 셋째, 여
성에게 본질주의의 대안을 적용하기 전에 기존 사회에 적용되어온
본질주의를 분석해서 억압에 사용된 본질주의의 믿음과 행위를 파
악하라. 넷째, 여성들이 남성과 마찬가지로 억압을 촉진시키는 인
종, 계급, 종교, 성적 사회관계에 참여한다는 불변의 진실을 인정하
라. 이 책에서 페미니스트적 관점과 여성의 입장은 특권층의 통찰
력을 현실에 반영하는 한 목소리의 결론을 대표하지 않는다. 대신,
이런 표현이 현재 사회질서를 구성하는 억압적인 힘 관계를 파악
하고 약화시키기 위해 페미니스트가 받아들일 절차와 연구 과제를
제시해 줄 수 있을 것이다. 힘의 관계를 종식시키는 것(어차피 불가
능하지만)이 목적이 아니라 푸코가 말한 대로 변화시키고자 한다.
힘 관계는 쉽게 전환가능하고 더 높은 수준의 공동의 자유를 구현
할 수 있다. 유연하고 불안정한 힘 관계는 그렇지 못한 힘 관계 보
다 더 나은 자기배려를 촉진시키고, 모든 주체의 결과에 영향을 미

칠 수 있는 능력(할 수 있는 힘)을 길러준다. 그리고 이런 수준의 전환적 권력의 행사는 권장된다. 더욱이 우월한 자의 금전적, 물질적 손해 없이 종속된 자에게 힘을 분배할 수 있다면 이런 관계는 소중하다.

니체의 지혜도 필요하다. 모든 분석은 불완전하다. 우리가 물론 상충하는 다양한 사회현상을 이해하기 위해, "많은 눈을 보기" 위해 노력해야 하지만 모든 이들의 눈을 볼 수 없다. 인간은 아르키메데스의 점Archimedean Point*에 오르거나 동떨어진 관점에서 현실을 바라보거나, 현실을 완벽하게 바라볼 수 없다. 그래서 인간은 역시 한 관점에 치우치지 않고 완전히 공평할 수 없기 때문에 사회현실에 대한 특권적 관념을 갖게 된다.

페미니스트는 힘을 분배하고 긍정적 전환을 가지고 오는 지배하는 힘의 개념과 관련한 또 다른 역설과 마주한다. 한편, 이 개념은 종속된 자의 할 수 있는 힘을 향상시키고 두 주체의 개인적 관계를 견고하게 한다. 이미 여러 번 언급했듯이, 타인에 대한 지배하는 힘의 행사는 억압적일 필요가 없으며 개인 성장의 전조가 될 수 있다. 이런 종류의 힘 관계는 억압적인 힘 관계의 저항을 위한 타인의 능력을 향상시키고자 하는 페미니스트에게 매력적으로 보일 수 있다. 하지만 전환적인 힘을 강조하는 페미니스트는 모순적이게도

---

* 관찰자가 탐구 주제를 총체적 관점에서 객관적으로 지각할 수 있는 유리한 가설적 지점

가부장적인 억압의 치명적인 결과를 가지고 올 수 있다. 이상적인 희생, 타인에 대한 배려, 겸손함은 모두 전통적인 페미니즘의 사회적 역할에 중요한 부분이다. 부드럽고 온화한 성품과 참을성 있는 성격과 같은 페미니스트의 덕목은 페미니스트의 사회적 역할을 더욱 견고하게 만들었다.

바크니는 여성의 사회행위의 모호성은 여성이 타인, 특히 남성을 보살핌으로써 주관적인 힘의 분배를 느끼며 만들어진다고 강조한다. 여성들은 자신들이 힘을 분배하고 타인을 변화시키기 위해 행사하는 힘을 조금 더 깊이 들여다보아야 한다. 여성이 타인에게 힘을 행사하면서 느끼는 주관적인 경험은 자주 일어나며 장기적으로 여성을 스스로 억압하게 만들 수 있다.

여성은 남성과의 관계에서 상호보살핌을 주고받으며 실제 착취의 위험을 감수한다. 너무 빈번하게 여성의 보살핌은 불공평하게 교환된다. 이 교환의 관계에서 한쪽은 변환 그 자체인 특정한 불공평에 의해 무력화된다. 남성에 따르면 이런 무력화는 여성이 세계에 활발하게 흡수되기 때문이다. 보살핌이 주는 특별한 만족감이 여성으로 하여금 이런 상황을 알아차리지 못하게 한다. 이런 개인에서 발현된 감정은 실제의 힘과는 다르다. 여성은 자신에게 위대한 회복능력이 있다고 상상한다. 이런 힘의 느낌은 여성이 어디서도 느껴보지 못했던 능률감과 소속감을 준다. 남성에게 자양물을 준다는 여성의 일시

　　　　　　　　　　　　　　　권력의 조건

적인 감정은 힘을 분배하는 것처럼 느끼게 해줄 수 있다. 그러
므로 객관적으로 영향력을 빼앗긴다고 여길 수 있으므로 현상
적 단계에서 모순된다.[19]

아이리스 마리온 영Iris Marion Young은 경제적 착취의 관점에서 억
압을 논하며 아래와 같은 관점을 제시한다.

여성의 억압은 단순히 남성이 특권적 활동에서 여성을 제외시
킴으로써 생겨나는 불평등의 지위, 힘, 경제력으로 구성되어
있지 않다. 남성이 자유롭게 자기실현을 할 수 있는 것은 모두
여성이 남성을 위해 일하기 때문이다. 성 착취는 물질적 노동
의 결실과 성적 에너지를 남성에게 전달하는 두 가지의 측면
이 있다.[20]

페미니스트가 타인을 긍정적으로 전환하는 힘을 즐기고 있다면
어쩌면 페미니스트는 자신이 쳐놓은 억압의 굴레를 더 강하게 하
는 것인지 모른다. 보살핌을 주는 당사자를 "강력하다"고 표현함
으로써 페미니스트들은 간접적으로 자신의 종속된 자의 사회적 지
휘를 유지시키기 위한 홍보활동을 하고 있는 것이다. 더욱이 전환
적인 힘 관계에서 우월한 역할을 하는 것으로 알려진 사람은 종속
된 역할을 하는 사람보다 더 많은 자원과 노력을 투자해야 한다.
마지막으로 여성이 가부장적 상황에서 자신이 원하던 우월한 자의
목적을 이루면 타인에게 힘을 주고자 했던 목적에 성공하지 못하

고 스스로의 힘을 빼앗기는 것이 되어버린다. 가장 위험한 것은 여성이 자신의 힘을 나눠주고 있었다고 생각한 주체에게 사실은 힘을 뺏기게 되는 상황이다. 페미니스트들이 어떻게 이런 문제를 피하고 여전히 힘의 가치를 개인적으로 혹은 공동체적으로 다른 사람들에게 전향할 수 있을까?

이런 걱정은 정당하지만 이런 문제를 과장하는 것 또한 경솔하고, 더 큰 문제는 이런 걱정이 긍정적인 개혁에 필요한 반향과 행동을 마비시킬 수 있다는 것이다. 이 챕터에서 나는 모든 힘이 동일하게 억압적이라고 결론내리지 않고 정당하고, 정당하지 않은 힘의 행사를 구분하는 규범적 기준을 제시한다. 페미니스트가 기존의 관심과 상충하는 진정한 관심을 타인에게 전가시키는 것은 신중해야 한다. 선호추구의 영향력으로 타인의 객관적 안녕을 진일보 시켰는지(예를 들면, 담배의 영향과 중독성을 고려할 때 담배를 피는 것이 개인의 안녕과 진정한 관심을 진일보시킨다고 주장하는 것은 다수의 동의를 얻기는 어렵다) 결정하는 증거가 된다는 것을 숙지해야 한다. 마지막으로 다양한 문화에서 남성과 여성의 미래의 삶을 비교하고 대조하는 통계적 자료가 있다. 이런 자료들은 기존 억압적 관계를 분석하고 변화를 찾는 데 매우 유용하다.

권력의 조건

성적억압의 원인과 해결책

여성에 대한 가부장적 억압의 원인은 무엇인가? 어떻게 억압을 해결할 수 있는가? 페미니스트가 말하는 여성에 대한 억압하는 힘의 설명은 광범위하다. 경제적 착취부터, 사소한 사회적 역할을 받아들일 것을 요구하는 해로운 정치적 환경, 일반적인 가부장주의의 특권이 확립해놓은 역사 등이 있다. 이뿐만 아니다. 공공의 영역에서 여성들이 중요한 위치를 추구하는 것에 방해가 되는 여성의 생식역할, 남성계급과 여성계급의 힘의 차이, 결혼의 치명적인 효과, 이성애자, 일부일처제, 개인의 성적관계 등 아주 광범위한 분야에 다양한 요소가 있다. 당연히 이 모든 설명은 상호 양립하지 않는다. 더 효과적인 억압의 방법에 대한 내부의 의견 충돌도 존재한다.

억압의 해결책은 모두 의심되는 곳에서 나온다. 그 범위는 다음과 같다. 남성과 여성의 완전한 분리(이성애자 여성들이 남성을 분리하는 것을 포함), 사회적 변화와 대중매체에서 보이는 여성의 모습에 대해 중대한 변화를 요구하는 여성의 신체 탈상품화, 생물학적 혁명(예를 들면, 여성을 출산으로부터 자유롭게 할 수 있는 인공생식), 여성의 경제적 독립, 개인적인 영역에서 가정적, 사회적 서비스를 제공하는 여성에 대한 비용 지불, "남성의 일"과 "여성의 일"의 구분 배제, 권위 있는 공공 영역에서 여성의 활발한 활동, 자본주의의 소멸 등 다양하다. 다시 강조하지만 이 제안이 상호적으로 양립하지 않으며 페미니스트들은 어떤 방식으로 억압을 활용하여 같은 길을 더 효과적으로 추구할 수 있을지에 대한 내부적 충돌을 경험한다.

페미니스트는 다음과 같은 질문을 던지면서 일반적 관계와 이성애자적 관계를 평가한다. 전통적인 지배자적 남성 역할과 여성적 순응이 존재하지 않는가? 여성이 관계에 참여함으로써 정치적 희생양이 되는가? 여성이 스스로를 통제하고 정의할 만한 힘과 능력을 가지고 있는가? 다시 강조하지만 일반적 힘 관계와 이성애자적 힘 관계는 특히 서로를 돕는 자유의식을 길러야 한다. 자아실현과 자기결정권을 촉진시켜야 하며 결과에 영향을 미칠 수 있는 능력(할 수 있는 힘)을 극대화해야 한다. 모든 참여주체가 공통적으로 긍정적인 변화를 목표로 하고, 힘의 분배를 위해 '지배하는 힘'이 제대로 사용될 때 비로소 우월한 자의 비생산적인 감정의 소비 없이 종속된 자는 이득을 얻게 될 것이다.

마지막 말

지배당하지 않기 위하여

"거의 모든 사람들이 역경을 이겨 낼 수는 있다. 하지만 당신이 누군가의 인격을 확인하고 싶다면 그에게 권력을 줘봐라."

_아브라함 링컨Abraham Lincoln

이 책에 등장하는 힘의 철학자들은 모두 권력 관계에서 나타날 수 있는 중대한 문제점을 이야기한다.

온 세상에 만연해 있는 지배하는 힘. 트라시마코스는 우리가 일반적 규범이라고 받아들이는 것이 권력에 기초한다고 말한다. 맞다. 사회통제를 위한 가장 권위적인 도구인 법은 우리 사회의 가장 권위적인 자들을 대표한다. 사적인 이득을 얻기 위해 진실과 지식이라는 이름의 인식론을 만들어 내고 확산시켜 비정상적인 힘을 취한다. 대중은 선동과 보복에 대한 두려움, 관습 등의 이유로 권위자의 가치에 스스로를 내면화하고 자신의 진정한 흥미로부터 멀어진다. 마르크스와 그람시는 이러한 트라시마코스의 주장을 구체화시켰다.

푸코는 트라시마코스의 주제에 두 가지 견해를 더한다. 힘의 관계는 사회생활에 필수적이며, 우리가 사는 사회는 기존의 사상가들이 생각하는 것보다 훨씬 더 복잡하게 조작되었다고 주장한다.

푸코 이전에 니체가 먼저 사회관계의 복잡성에 대해 이야기한다. 힘에의 의지는 인간 생활의 근본이다. '지배하는 힘'을 양자적 사회관계로만 바라본다면 힘 관계의 현상을 제대로 이해할 수 없다. 만약 니체와 푸코가 옳다면 트라시마코스는 억압적으로 행사된 힘과 규범적 합의의 관계를 과장하거나 오인하고 있는 것이다. 지배하는 힘의 결과는 부정적으로든 긍정적으로든 사회이론과 행위를 구성한다. 건전한 사회로 성장하기 위해서는 이러한 '지배하는 힘'을 잘 사용해야 한다.

강자는 자신도 모르는 사이에 약자를 침묵하는 희생양으로 만든다. 트라시마코스는 이 과정을 명확하게 다루지 않는다. 하지만 마르크스와 그람시는 경제체제나 정치제도의 필요성에 의해 만들어진 이데올로기적 상부구조에 주목한다. 이 구조적 장치는 시민들의 허위의식을 만들어 내고 그들이 진정한 흥미로부터 멀어지는 과정에 대해 구체적으로 설명하고 있다. 간단하게 말하자면, 경제체제나 정치제도는 인간본성에 대한 보편적 개념, 적절한 사회관계, 가족과 직장과 같은 구조적인 것들을 필요로 한다. 그래서 이런 제도들은 이데올로기를 확산시키고, 시민들의 복종을 이끌어 낸다. 그리고 다수의 시민들은 불복종에 대한 처벌을 면하기 위해 이데올로기에 맞춰 행동한다. 서서히 시민들은 이데올로기적 가치에 내면화된다. 시간이 지나면서 이데올로기적 가치는 보편적이고, 합리적이고, 불가피한 것으로 발전한다. 이 과정이 지속되는 동안 권력자는 비정상적으로 많은 혜택을 누리게 된다. 대부분의 시민들

권력의 조건

은 진정한 흥미를 찾지 못하고 권력자의 가치에 현혹된다. 그리고 일반 시민은 자신의 단기적 욕구와 장기적 선호를 지배 권력의 의도대로 선택한다. 체제 안에서 우월한 자는 종속된 자를 감시하지 않아도 되고, 자신의 욕구를 명확하게 지시하지 않아도 된다. 지배 이데올로기가 반영된 체제의 가치에 스스로를 내면화한 종속된 자는 지배 계층에 순응한다. 마르크스와 그람시의 분석은 푸코, 하버마스, 페미니즘이 이야기하는 근대적 힘에 대한 이해의 시발점이라고 볼 수 있다.

사회적 상황과 개인의 힘 관계는 상황에 따라 변화한다. 푸코, 하버마스, 페미니즘은 개인의 힘이 사회 환경에 따라 달리 구성된다고 주장한다. 이 철학자들은 교사와 학생, 고용주와 고용인의 관계를 예시로 든다. 합의된 사회관계에서 교사와 고용주가 학생과 고용인에 대해 각기 다른 '지배하는 힘'을 가지고 있다. 이런 명백한 양자관계에서도 사회적 상황을 이해하는 것은 중요하다. 헤겔은 문명 이전의 상황에서 주인과 종 관계를 묘사했기 때문에 더 넓은 사회적 상황을 고려하지 않은 것이다. 헤겔의 이론은 관계형성에 영향을 미치는 타인에 대한 개인적 힘과 사회배경의 연결고리를 설명하지 못한다.

힘의 축적은 인간이 최우선으로 삼는 동기이다. 힘의 축적이 인간의 생각과 행동의 원동력이라는 사실을 인지하는 것이 힘의 축척이 제1의 인간 동기라는 니체의 주장을 이해하는 것보다 중요하다.

니체의 '힘에의 의지'가 타인에 대한 지배하는 힘과 억압의 욕구를 보여주고 있다는 해석이 지배적이지만, 나는 이 개념이 니체의 주장을 이해하는 데 필요하지 않다고 본다. 오히려 니체의 주장에 대한 올바른 이해를 방해한다. 니체는 힘에의 의지는 첫 번째 욕구를 위해 계속되는 두 번째 욕구이고, 첫 번째 욕구를 충족시키기 위해 넘어야 하는 난관이라고 말한다. 투쟁을 통해 이 난관을 극복해야 한다고 강조한다. 니체는 끊임없이 인생의 안정적인 주춧돌에 대한 논쟁적 갈등을 부여한다. 어떤 업적도 탄탄한 힘에의 의지에 대한 탐욕을 만족시키지 않는다. 그에게 삶이란 성장해야 하고, 힘을 기르고, 끝없이 투쟁해야 하는 것이다. 인간 영혼이 세 가지 메타모르포세스(낙타, 사자, 어린아이)를 되풀이하며 겪는 공정과정은 인간 주체의 품위를 구별해준다. 그러므로 우리 모두는 상상 속의 위대한 자신을 개발하기 위해 노력하는 예술가이다. 이 공정은 끝없이 성장하는 '할 수 있는 힘'과 조심스러운 '지배하는 힘'의 행사를 통한 더 높은 가능성의 현실화를 요구한다. 힘의 축적은 니체가 말하는 이상적인 완벽주의자의 자기충족과 지시, 자아설정의 개념과 연관되어 있다. 우리 안에 내재되어 있는 '할 수 있는 힘'의 크기만큼 우리가 속해있는 사회와 양자적인 '지배하는 힘'의 영향력을 상쇄할 수 있다. 니체가 바라는 인간상은 평화라는 환상을 깨고, 고난과 고통을 이겨 내고 공정과정 자체를 즐기는 위대한 노력가이다. 니체는 트라시마코스의 직관력을 재정비하고 푸코의 '사회적 힘'에 대한 분석을 예견한다. 그리고 다양한 종류의 권력 행사와 인간이 '할 수 있는 힘'을 축적하고자 하는지에 대한 이유를 조심스럽

권력의 조건

게 구분할 것을 요구한다. 니체가 말하는 힘에의 의지와 세계본질에 대한 주장을 그대로 받아들일 필요는 없다. 하지만 분명한 것은 니체는 힘을 위한 욕구, 사회관계의 본질, 인간 주체의 구성요소를 명시적으로 다룬 최초의 철학자라는 사실이다.

인간의 의지 절제를 통해 억압을 당한 경험을 이해할 수 있는 가능성. 스토아학파는 자기만족을 목적으로 '억압하는 힘'을 사용하는 능력만이 가장 중요한 형태의 힘이라 말한다. 의지를 절제할 줄 아는 능력만이 가치 있는 힘이라 생각했다. 올바른 습관을 형성하고 인간에게 본능적인 규범이 무엇인지 이해해야 억압하는 힘의 효과를 약화시키고 선함을 얻고 스스로의 가치를 구성할 수 있다고 보았다. 가장 낮은 계급의 사람도 물질적 자원의 부재나 편견과는 상관없이 자신의 가치를 찾을 만한 능력이 있다고 강조한다. 생물학적 조건을 극복하고 우리가 원하는 사람이 되기 위해서 최선의 노력을 한다면 우리는 긍정적 자기변화의 길로 접어들 수 있을 것이다.

스토아학파가 말하는 사람의 선함과 올바름은 흥미롭지는 않지만, 억압적인 힘의 행사와 불건전한 사회관계에 대한 경각심을 준다. 우리는 억압하는 자로부터 무방비의 상태에 있지 않다. 우리는 자신의 의견을 피력하고, 의지대로 존재 방식을 선택하고, 진실된 흥미를 방해하는 주위 환경과 맞서 싸울 때 자족할 수 있다. 자유롭고 자신의 의지대로 잘 사는 삶을 살게 되는 것이다.

양자적 힘의 관계를 바꾸는 작은 차이. 헤겔이 주인과 종 관계는 '지배하는 힘'의 소유와 행사하는 과정을 설명할 때 첫 인상은 그렇게 흥미롭지 않다. 만약 헤겔이 옳다면, 억압은 힘의 관계에서 '종속된 자'보다 '우월한 자'에게 더 나쁜 결과를 가져다준다. 헤겔은 소크라테스 철학의 두 초석을 함축적으로 보여 준다. 악은 악을 행하는 자의 벌이고, 사람의 행위는 사람 내면의 상황에 중요한 영향을 준다. 우월한 자는 나태해지고 자기 자신으로부터 소외된다. 우월한 자는 종속된 노동자를 통해서만 세상을 경험하는 수동적 사람이 된다. 종속된 자는 관계가 지속됨에 따라 스스로를 행동의 주체로 발전시켰고 창조적 노동을 통해 완전한 자기 이해와 자아실현 단계로 접어들게 된다. 삶을 주도적으로 사는 법을 배우고 노동을 견디는 힘을 기를 수 있다. 달콤한 인생을 꿈꾸며 최소한의 노력으로 최대한의 소비를 하며 궁극적으로 향유하는 삶을 사는 사람은 충족감이 무엇인지 이해하지 못한 것이다. 니체의 '최후의 인간'을 연상시킨다. 마르크스를 예견하듯 헤겔은 사람은 창조적 노동을 통해서만 만족감을 느끼고 자기 개발을 할 수 있다고 주장한다. 양자적 힘 관계의 역학은 전환의 가능성을 열어둔다. 억압하는 자가 작아지고 종속된 자가 강해진다. 헤겔은 개인과 공공의 긍정적인 변화를 위해 '할 수 있는 힘'과 '억압하는 힘'을 행사하는 페미니스트의 이상을 함축적으로 보여 준다.

대규모의 사회 개혁에 필요한 전제 조건. 정통파 마르크스주의는 현재 생산관계가 더 이상 효과적으로 작용하지 못할 때 경제상황은 노동자의 역량에 달렸다고 말한다. 노동자가 허위의식(합법적인 시위가 아닌 본능적인)을 가지고 기존계급으로부터 도망쳐 자본주의를(폭력적 혁명이나 의회를 통한) 무너뜨리고자 하는지의 여부에 따라 달라진다. 이런 관점에서 특정경제의 전제 조건은 사회개혁의 전조가 되는 사회투쟁을 촉진시킨다. 후기 마르크스는 레닌과 같이 경제의 전제 조건에 향해있던 관심을 공산당 같은 전문적인 혁명집단에 의해 만들어진 조직적인 반란문제로 옮겨 놓는다. 이 모델에서 노동자들이 사회 변화에 영향을 줄 수 있는 헌신적인 계급으로 발돋움하기 위해 대규모의 사회 변화를 겪어온 엘리트 계층의 리더십을 필요로 한다. 그람시는 이 두 가지 모델을 자신만의 '유기적 지식인'의 모델로 바꿔 놓는다. 이 지식인들은 일상과 이데올로기가 현재의 지배적 이념을 바꿀 수 있는 패권을 만드는 과정에 참여함으로써 정치예술을 배운다. 사회화와 정치의 본질적 목적은 그 목적을 향한 수단에서 드러나야 한다.

여기서 내가 말하고자 하는 것은 정치적 힘의 관계에서 통치방식의 변화는 필요하지만 유익한 사회 변화의 상황이 충분조건이 아니란 사실이다. 혁명가(혹은 외부의 힘)가 되려는 사람이 군사적 폭정을 몰아낼 만한 힘을 가지고 있다면 진실된 사회 변화는 더 많은 것을 필요로 한다. 견고한 대규모 정치적 힘은 특수한 지배자나 정부형태에 있는 것이 아니다. 모든 장기 폭정은 폭력의 도구를 독점한다. 혁명가는 폭정을 보여주는 문화적 상황을 분산시켜야 한다. 분산시키지 못해도, 폭정을 몰아낼 수는 있겠지만 직접적인 사회 변화를 만들어 내지는 못할 것이다.

인간 주체를 구성하는 힘의 효과. 트라시마코스는 억압하는 자가 되는 것이 좋다고 말한다. 못보다 망치가 되라는 뜻이다. 트라시마코스의 결론은 그의 인간동기(우리는 모두 사리사욕을 추구한다), 세계상황(제로섬의 상황), 인간을 충족시키는 요소(물질적, 유형적 관심의 충족), 그리고 규범적 합의의 본질(법으로 만들어진 원칙에 내면화되는 것, 합의는 강자의 자유의지에서 나온다)에 대한 견해에서 나온다. 그의 견해와 승자독식의 (유쾌하지 못한) 결론에는 많은 이견이 있지만 분명한 건, 트라시마코스가 힘과 인간 주체를 구성하는 것의 관계에 대해 토론의 장을 열어주었다는 점이다.

소크라테스와 스토아학파는 트라시마코스에 반대한다. 인간내면의 중요성에 집중하며 미덕은 상이고 악은 벌이라고 말한다. 소크라테스와 스토아학파는 억압을 당하는 자가 상처를 받는다고 생각하지 않는다. 가난, 물질적 박탈감, 낮은 사회적 지위 등은 억압에 의해 경험할 수 있는 것들이지만 우리를 해치지는 못한다. 이런 것들이 인간내면의 상황에 영향을 주지 못하고 미덕이 사람의 선으로 이어지지 않기 때문이다. 반대로 억압하는 자는 어리석고 사악하게 힘을 행사함으로써 영혼에 해를 입는다. 그러므로 소크라테스와 스토아학파는 헤겔의 "억압적으로 힘을 행사하는 것은 인간의 구성요소이다"라는 분석을 예견하는 것이다.

마키아벨리 또한 이런 주제를 즐겨 다루었다. 정치적 통치자는 반드시 "영혼에 해를 입는 위험을 감수"해야 한다고 보았다. 최고 통치자는 상황에 맞추어 억압적인 힘, 변형적인 힘, 온정주의적인 힘을 적절히 사용함으로써 일반적 도덕의 규범을 넘어서야 한다. 훌륭하게 일을 수행한다 하더라도 손을 더럽혀야 할 것이고 심리적인 불안감을 피할 수는 없을 것이다. 그러므로 마키아벨리는 힘 행사의 효과와 정치적으로 우월한 자의 구조를 연결지어 이야기한다. 만약 강자가 약자에게 자신의 권력을 현명하게 사용한다면 대중은 긍정적으로 받아들일 것이다. 개인적으로나 사회 구조적으로 시민의 미덕이 향상될 것이다.

니체는 '힘에의 의지'와 자기자신에 기반한 철학적 구성을 연결한다. 사람이 가진 가치와 힘에의 의지 정도에 따라 사람의 지위가 결정된다. 일반적으로 강한 힘에의 의지를 가진 사람이 니체의 이상적인 완벽주의자(비록 힘에의 의지보다 더 많은 것이 필요하지만)에 가깝다. 니체는 최후의 사람들을 경멸한다. 그들은 힘에의 의지가 약하고 침묵하는 주체이다.

마르크스와 그람시는 소외와 약탈, 그리고 허위의식이 생겨나는 과정을 이야기하며 억압이 종속된 자와 우월한 자에게 미치는 효과를 이야기한다. 헤겔의 조언을 충실히 따르며 두 이론가는 평등주의적, 상호주의적 사회 관계만이 인간을 풍요롭게 할 것이라고 주장한다.

푸코는 힘이 인간을 어떻게 구성하는지를 다룬 철학자로 대중들로부터 넘치는 관심을 받았다. 이전에 인간을 구성했던 요소를 이야기하는 대신에 억압이 창조적이고 사회에서 인정받는 인간 주체를 구성하는 데 중요한 요소임을 강조한다. 충분히 납득할 만하다. 하지만 주요 힘의 이론가들은 푸코가 위치를 구분하기 위해 노력하지 않았다고 비판한다. 푸코의 통찰력은 이미 만연해 있는 힘을 말한다. 현재 효과를 발휘하는 거의 모든 힘의 관계가 이전의 힘의 관계에서 비롯되었다는 것을 보여 준다. 그러므로 푸코는 수많은 힘의 철학자들이 함축적으로 이야기한 것을 명쾌하게 풀어놓는다.

페미니즘은 과거의 철학자들의 결과물로 만들어진다. 특히 푸코의 이론에 기초하여 그동안 여성 평등을 약화시켰던 억압적인 힘의 행사가 사회적으로 인정받는 성(性)적 인물을 만들어 낸다고 주장한다. 또한 온정주의적 상황과 사회에 팽배해 있는 허위의식으로 인해 여성이 진정한 관심을 찾으며 마주하는 여러 문제점들을 지적한다.

약자에게 힘을 분배하기 위해 권력을 사용하는 방법. 소크라테스는 대답하기 불가능한 질문(예를 들면, 정의란 무엇인가? 독실함이란? 지식이란 무엇인가?)을 던지는 것을 기본으로 하는 변증법을 즐겨 쓴다. 이 문답법에선 등장한 문제에 대해 질문을 던지고 대화자에게 잠정적 해결책을 던진다. 질문과 대답이 오가는 이 과정은 원칙적으로 끝없이 계속된다. 철학적 분석에 빠진 대화자 내면의 영혼을 향상시키기 위한 것이다. 이런 과정을 통해 소크라테스는 상대자에 대한 힘의 행사를 즐겼다. 소크라테스는 변증법에 소질이 있었으며 상대편에게 질문을 던지기 전에 많은 고민을 한 것으로 알려진다. 플라톤의 대화에서 소크라테스는 대화자에게 무례하고 오만하며 집약적인 질문을 던진다. 배경지식 없이 본다면 우리는 소크라테스가 타인에게 굴욕감을 주기 위해 자신의 권력을 휘두르는 인지적 억압자의 역할을 한다고 볼 수 있을 것이다.

하지만 소크라테스의 철학적 행위의 동기를 잊어서는 안 된다. 소크라테스의 행위는 대화참여자의 이득을 목적으로 했다. 미덕은 지식("선을 아는 사람이 선을 행한다"), 미덕이 곧 상("도덕적 성장을 통해 건강과 행복의 질서 있는 내면의 환경을 만드는 것")이라 믿었으며, 오직 혼란스러운 내면의 상황만이 진정한 해로움이라고 생각했다. 소크라테스는 변증법과 자신의 이지력(理智力)을 사용해 타인의 영혼이 올바른 인지론을 가지고 도덕적 행위를 위해 노력할 수 있도록 도왔다.

소크라테스의 일화는 언제나 논쟁적이다. 소크라테스와의 철학적 대화에 참여하는 사람들이 더 좋은 경험을 했는지 확실치 않다. 그러나 소크라테스를 옹호하는 분석가들은 그가 타인에게 힘을 분배하기 위해 '지배하는 힘'을 사용했다고 본다. 더 나은 변증법자가 되고 조화로운 내면의 환경을 얻어 좋은 삶을 살기를 바랐다. 적어도 소크라테스는 우리가 억압적인 '지배하는 힘'의 행사에 개입하지 않을 수 있는 길을 열어주었다.

이런 맥락에서 많은 사람에게 오해를 받는 마키아벨리는 자신의 이상적 군주에게 다양한 방법으로 억압적인 힘을 행사하라고 조언한다. 당근과 채찍을 상황에 맞게 적절히 활용해서 권력을 행사할 수 있는 법을 가르쳐준다. 정치적 통치자가 자신의 힘을 잘 행사해야 안정적인 공화정이 번성할 수 있고 대중의 공민도덕이 성장한다. 최소한 마키아벨리는 우리가 가지고 있었던 '지배하는 힘'은 곧 '억압적인 힘'이라는 편견을 약화시켰다.

긍정적인 영향을 주고 공공의 변화를 주기 위해 다양한 주체에 의해 사용되는 '할 수 있는 힘'. 앞선 철학자들도 언급한 적이 있지만, 특히 그람시는 평등주의자적 의미로 사용되는 '할 수 있는 힘'에 대해 이야기했다. 현대의 페미니즘이나 문학은 개인이나 집단이 긍정적으로 변화할 수 있도록 돕는다. 이 모델에서 우월한 자는 자기이득을 취하기 위해 종속된 자에게 지배하는 힘을 행사하지 않는다. 대신, 다양한 주체가 공동의 선을 위해 민주적으로 행동한다. 비판가들은 이런 이상적 이론과 노력들이 제대로 수행되는지 의문을 제기한다. 그러나 더 중요한 것은 이런 개념의 힘의 행사가 고무적인 규범의 일부분이며 창의적인 방법으로 행사되는 힘의 가능성을 내포하고 있다는 점이다.

정당하거나 혹은 비정당한 힘의 사용 구분하기. 우리는 단순히 힘의 작용을 설명하기보다 무가치한 힘의 관계를 평가하고 개혁하기를 바란다. 이러한 관점에서는 부당한 힘과 허용되는 힘, 정당한 힘과 정당화될 수 없는 힘의 행사를 구분하는 것이 중요하다. 규범적 타당성을 평가할 만한 보편타당함이 전제되어야 한다. 하지만 규범적 타당성의 본질을 구체화하는 것은 매우 어려운 일이고 논쟁이 끝나지 않는 문제이다.

더욱이 뻔뻔한 회의론자는 어디에나 있다. 플라톤에 등장하는 트라시마코스는 이런 평가기준이 불가능하다고 주장한다. 모든 힘의 행사는 합리적으로 발견되고 형성되는 권한을 행사하는 것이다. 가치의 영역에서 트라시마코스는 '할 수 있는 힘'에서 우위를 점령하고 결과에 영향을 미치는 기질이나 능력을 가진 자들이 사회적 삶의 규정에 자신의 관심을 부여하는 것이다. 이처럼 트라시마코스는 제로섬의 세계에서 사람은 사회적 승자 아니면 패자이다. 힘을 행사하는 사람의 평가기준 외에 다른 평가기준이 없다. 인간의 동기는 단순하고 잔인하다. 이에 반대하는 사람은 그 자체로 효과적이고 반복적으로 사용된 힘의 증인인 것이다. 하지만 우리가 '정당한' 힘이라고 생각하는 것은 공동의 가치로 내면화된 권력의 사용 그 이상도 이하도 아니다. 이런 가치에는 독립적 가치가 없고 가장 강력한 사람에 의해 조작된 진실만이 있을 뿐이다. 그러므로 '억압하는 힘'을 사용하기 전에 '할 수 있는 힘'을 키워야 한다. 아니면 의식적이나 무의식적으로나 억압에 순응해야 한다. 트라시마코스에 의하면 규범적 타당성을 강조하는 사람들은 모두 허풍쟁이이며 힘의 효과는 어떤 독립적 권위나 중립적인 평가 원칙에 의해서도 순수화될 수 없는 테제이다.

소크라테스는 초월적 영역에서 발휘되는 가치를 우리 주변으로 가지고 와, 인간의 내면 환경과 연결지었다. 우리 선택과 행동의 질은 곧 내면의 환경이 된다. 결국, 억압적인 힘을 행사하는 사람들은 스스로에게 상처를 주는 것이다. 이런 점에서 본다면 소크라테스는 억압적 힘의 관계가 우월한 주체에 부정적인 영향을 준다고 주장하는 헤겔을 예언했다. 타인에게 자신의 의지와 힘을 행사하는 것은 매혹적이지만 폭정은 궁극적으로 자신을 파괴하는 행위이다. 만약 소크라테스가 옳다면 우리의 정당성은 그 정당성을 입증한 것이다. 개개인에게 비춰지는 모습은 다를 수 있지만, 그것과 상관없이 우주는 합리적이고 정당하다. 무인의 통치자의 원칙 때문이다. 그러나 우리의 바람과 달리 우리는 소크라테스가 옳은지 그른지 확신할 수 없다.

마키아벨리는 보기보다 복잡하다. 그리스도교의 가치를 권위적인 것으로 받아들이지만 통치자라면 특정 상황에서 규범적인 것을 뛰어넘어야 한다고 주장한다. 마키아벨리는 도덕성 사이의 충돌을 알아내는 철학자이다. (1)이상적인 관찰자의 공정한 관점에서의 도덕성과, (2)특정 사회적 역할을 수행하는 사람의 부분적 우세의 의무가 있다. 통치자는 모든 사람의 가치를 평가할 수 없고, 모든 관심을 동일하게 (이상적인 관찰자처럼), 그것도 동시에 채워줄 수 없다. 마키아벨리는 규범적 원칙을 조금 특별한 의미에서 절대적인 것이라 말한다. 도덕성 사이의 충돌은 피할 수 없기 때문에 필요에 의해 규범적 원칙을 어길 수 있다. 통치자의 행동들이 현명하고, 부분적으로 (잘 사용된 악이기 때문에) 이해할 만하다 하더라도 그들의 악행은 사라지지 않는다. 그러므로 마키아벨리는 타당하고 타당하지 못한 힘의 사용을 깔끔하게 구분하기는 어렵다고 주장한다. 사회적으로 중요한 역할을 수행하는 사람이라면 완전한 규범과 불완전한 의무 사이의 갈등을 피할 수 없기 때문이다. 트라시마코스는 규범적 타당성이 거짓이라고 주장하고 소크라테스는 규범적 타당성이 근본적이고 권위적이라 말한다. 마키아벨리는 규범적 타당성은 내면적 모호성이라 결론을 내린다. 이런 모호성 때문에 힘의 행사에 대한 우리의 평가는 더 복잡해진다. 마키아벨리는 합리적이라 여겼던 현실주의에 일침을 가하고 우리 기존의 정치적, 도덕적 판단의 약점을 파헤친다.

니체는 규범적 타당성을 논하는 것 자체를 의심스러운 눈으로 바라본다. 아무리 보편적이고, 객관적이고, 기본적인 가치라고 해도, 트라시마코스 직감대로 권한이 없는 힘의 행사일 뿐이다. 니체는 힘에 대한 질문들이 어떻게 인간의 환경을 구성하는지에 더 많은 흥미를 보였다. 첫 번째 욕구를 충족하기 위한 장애물과 직면하는 두 번째 욕구인 힘에의 의지는 존재 자체에 활력을 준다.

힘에의 의지로 만들 수 없는 첫 번째 욕구는 우리가 '할 수 있는 힘'만을 추구하는지 아니면 그 이상의 '지배하는 힘'을 추구하는지 구별할 수 있는 단서가 된다. 니체는 함축적으로 규범적 타당성의 개념을 받아들인다(비록 니체는 이런 표현을 받아들이지 않겠지만). 약한 힘에의 의지와 탄탄한 힘에의 의지의 가치를 구분하고 최후의 사람과 고차원적 사람의 성격과 삶을 구분한다. 운명애에 가장 높은 가치를 부여하고, 승자와 엘리트주의자, 귀족적 기관의 구조를 분석한다. 니체의 '힘에의 의지'는 제한적으로 적용되기 때문에 정당한 힘의 행사와 비정당한 힘의 행사를 구분하려는 권위적이고 희망적인 평가법을 찾는 사람들을 충족시킬 수 없다. 분명한 건 니체가 현재 규범적 합의에 빠져 있는 사람들에게 도전장을 던진다는 것이다.

스토아학파가 가장 중요하게 생각하는 힘의 행사는 사람의 의지를 규율하여 그 사람이 억압에 취약해지지 않도록 하는 것이다. 누군가에게 억압하는 힘을 행사하는 것은 근본적인 규범의 역할이다. 완전히 우리 통제 아래에 있는 것과 그렇지 않은 것을 구분하고, 올바른 태도로 '선호의 무관심'을 추구하고, 차분하게 '비선호의 무관심'을 받아들임으로써 개인은 억압의 사슬을 끊어낼 수 있다. 일단 사람이 미덕의 윤곽을 이해하고, 충족감을 얻기 위해 무엇이 규범적으로 자연스러운지 이해한다면 권력의 가치를 구분할 수 있을 뿐만 아니라 억압의 힘으로부터 중립성을 유지할 수 있다. 우리가 우리의 의지를 규율할 수 있다고 말하는 스토아학파의 주장이 조금 억지스러워 보이기는 하지만 '종속된 자'가 억압된 힘의

권력의 조건

관계에서 그 힘을 약화시키고 전환시킬 수 있다는 희망을 준다. 스토아학파는 우리가 쉬운 삶을 선택하지 않고, 자신의 미래를 남에게 맡기지 않도록 돕는다.

헤겔의 양자적 힘 관계에 대한 심리학적 분석은 규범적 원칙에 기반한다. 사람의 진정한 자유와 번영은 자아를 깨닫고 타인으로부터 최대한 인정을 받는 것을 의미한다. 사람은 독립심과 의존성 모두를 갖고 있다. 이상적인 자급자족과 근본적인 독립을 꿈꾸는 것은 환상이며 정신적으로 건강하지 못하다. 사람의 충족감을 위해 필요한 요소들이 있기 때문에 힘의 관계는 보이는 것과는 다르다. 이런 관계는 구조적인 문제 때문에, 역전을 인정하고 우월한 자에게 해를 입히고 인간의 온전한 성장을 방해한다. 만약 헤겔이 옳다면 우리는 헤겔의 원칙을 기반으로 하여 정당한 힘과 정당하지 않은 힘의 행사를 구분할 수 있다. 이 힘의 행사에 우월한 자와 종속된 자의 불평등한 힘 관계가 있는가? 이 힘이 확정적이고, 상호적이고, 지속가능한 사회관계를 가능하게 하는가?

마르크스는 기존 철학에 항변했지만, 정당하지 않은 힘의 사용을 구분하기 위해 규범적 원칙에 호소한다. 그의 규범적 원칙은 기본적으로 소외되지 않은 노동자를 전제조건을 갖는다. 창조적인 노동의 가능성을 제한하는 '사회적 힘'과 소외된 노동 환경은 사람의 영혼을 억압하는 것으로 부패한 것이다(역사적으로 불가피하다고 해도 말이다). 이러한 마르크스의 원칙에는 분명한 제약이 있다. 오직 한 분야의 힘 관계에만 집중하기 때문이다. 마르크스는 가장 견고하고 지속가능한 힘 관계는 사회적, 구조적 관계에서 이루어지는 것이지 양자적 개인의 상호작용이 아니라고 말한다. 가장 억압적인 힘 관계는 경제체제의 내부모순에서 나온다. 사회적으로 희생당하는 우월한 자는 이데올로기적 상부구조의 책략으로 종속된 자의 침묵과 의도하지 않은 협력을 확보할 수 있기 때문이다. 억압이 주는 가장 최악의 결과는 인간이 창조적인 노동에 참여할 수 있는 기회를 빼앗겨서 더 많은 가능성으로부터 소외되는 것이다. 마르크스는 푸코를 예견하며 직장에서 사람 주체를 구성하는 억압의 효과를 보여 준다.

그람시는 마르크스의 기본구조를 받아들인다. 하지만 역사적 불가피함에는 동의하지 않는다. 사람의 충족감의 핵심을 소외적인 노동이 아닌 탄탄한 정치적 참여에서 찾는다. (어떤 사람은 그람시가 말한 활발한 정치적 참여를 비소외적, 지능적 노동이라고 보기도 한다.) 그러므로 그람시에게 불합리한 사회적 힘의 관계는 온전한 정치적 참여를 방해하는 것이고 정당한 힘의 관계는 이런 행동을 가능하게 하는 것이다. 마르크스처럼 그람시의 힘 관계 해석도 제한적이다. 하지만 그 영역 내에서 마르크스의 허위의식 개념과 이데올로기적 상부구조를 정리하고 무혈 혁명에 대한 포괄적 설명을 곁들인다. 그람시는 하버마스를 예견하며 평등적인 정치적 논쟁에 대한 결론을 '규범성'이라고 본다.

푸코의 초기 작업은 힘에 대한 평가보다 힘 자체를 설명하고, 인간 주체의 구성과의 연결성에 주목했다. 하지만 푸코의 후기 작업은 정당하고, 정당하지 않은 힘의 사용을 구분하는 규범적 기준을 중시했다고 생각한다. 힘의 사용은 (1)쉽게 전환 가능하고 폭넓은 상호 간의 자유를 인정하고 (2)스스로의 불안정성을 고무하여 가능성을 키워주고 (3)고대 그리스 파르헤시아의 진실 말하기를 포함한 자기배려에 대해 설명한다. 푸코는 인간 주체가 현재 존재하고 행동하는 상황에서 벗어나 규율적 질서를 깨고 새로운 길을 창조해야 한다고 말한다. 최종목적은 부당한 힘의 관계에서 발생하는 힘의 제약을 최소화하는 것이다. 물론 아무도 가능하리라 생각하지 않겠지만, 우리는 권력 차이를 완전히 없앨 수 없다. 단지 위의 기준에 따라 건강한 힘 관계를 만들어 낼 수 있을 뿐이다.

하버마스는 정당하고, 정당하지 않은 힘의 행사를 담론과 보편 타당성의 원칙에 따라 구분한다. 지식과 진실주장을 부당한 지배로부터 정화시키고자 한다. 하버마스의 이상적 소통 합리성은 "비강압적 강압"인 규범적인 힘에 기반한다. 강압과 달리 비강압적 강압은 압박을 지배자의 힘을 더 강하게 하기 위해 사용하지 않는다. 합리성을 추구하는 사람들의 충성심 얻기 위해 필요한 최고의 논거로서의 힘을 사용한다. 하버마스의 믿음은 합리적 대담에서 참여자를 방해하는 불공평한 구조적 제약으로부터 벗어나 왜곡되지 않은 소통을 통해 만들어진다. 하버마스는 현대판 계몽 프로젝트를 진행하며 억압하는 힘으로부터 탄생한 권위적 원칙과 기관을 약화시킨다. 하버마스는 규범적 논쟁의 판결자로 이성에 대한 우리의 신앙을 높이 평가한다. 하지만 여전히 인간 이성에 대한 궁금증은 남는다.

페미니즘의 노력은 직접적으로는 여성을 억압으로부터 구하기 위한 것이지만, 최종적으로 자기발전과 자기결정의 효과를 통해 정당하고, 정당하지 않은 힘의 행사를 구분하게 만든다. 개인과 집단의 긍정적인 성장을 위해 동등한 입장에서 자발적으로 다수의 주체가 행사하는 '할 수 있는 힘'은 부당한 지배와는 대조를 이룬다. 억압을 약화시키기 위한 페미니스트들의 창조적인 권력 사용은 설득력 있는 이상을 불러일으킨다.

대다수 힘의 철학자들은 나와 타인의 관계를 긍정적으로 만들거나 변화시키기 위해 필요한 '할 수 있는 힘'의 성장을 주장한다. 인간 충족감을 기르고, 유익한 변화를 위해 갖추어야 할 것들에 대한 사소한 의견 차이가 있을 뿐이다. 예를 들어, 인간 충족감이 넓은 의미로는 자기결정과 자기발전에 달려 있는가?(페미니즘), 아니면 온전한 사람의 자아실현을 위한 필수요소인가?(헤겔) 아니면 적절한 개인의 의지 규율(스토아학파)과 영혼의 적절한 내면 환경에 달려 있는가?(소크라테스) 아니면 인간 충족감이 온전한 삶을 위한 신앙적 믿음을 필요로 하는가?(니체) 아니면 보다 구체적으로 소외되지 않는 노동력의 기회(마르크스)나 온전한 정치적 참여(그람시)를 필요로 하는가?

긍정적인 사회 변화를 위해서 적절한 경제(마르크스)나 사회적 체제(그람시, 마키아벨리)를 필요로 하는가? 아니면 이상적인 소통의 합리성에서 발생하는 권위적 원칙의 발견(하버마스)을 필요로 하는가? 아니면 우주의 형이상학에 기반하거나(소크라테스) 적절한 자기배려(푸코)에서 시작되는가? 아니면 개인이 자신의 '힘에의 의지'를 적절히 행사하여 사회적 환경을 초월할 수 있는가?(푸코) 이러한 질문에 대한 답은 우리의 궁금증을 불러일으키고, 사회적이거나 양자적 관계에서 정당하거나 정당하지 않은 힘의 행사를 구분하고, 규범적 타당성의 기준을 정하고 발견하게 해줄 것이다.

하지만 이런 논쟁의 배경에는 항상 우리의 트라시마코스가 숨어 있다. 그는 이런 질문과 대답은 모두 허구라고 주장한다. 모든 끝과 시작에는 권력이 있고, 권력(억압적으로, 때론 온정주의적으로 행사되는 지배하는 힘)이 우리가 옳다고 믿는 것을 결정한다. 칼케돈 Chalcedonian의 궤변자는 "역사는 승자의 기록"이라고 외칠 뿐만 아니라 사회 가치를 형성하는 데 있어서 비정상적으로 많은 힘을 장악하고 있다고 말한다. 우리의 환상은 거짓이고, 거짓이어야 한다. 트라시마코스의 회의적인 웃음이 들리는 듯하다.

| 감사의 말 |

많은 사람들이 이 책에 직·간접적으로 도움을 주셨습니다. 저의 가족은 저에게 언제나 최우선입니다. 마르시아, 안젤로, 비토리아에게 깊은 감사인사를 전합니다. 이 작품에 전문성을 살리고 참을성 없는 작가 곁을 지켜 준 참을성 많은 최고의 편집자, 미셸 리넬라에게 감사드립니다. 책 구성 전문가 조앤 포엘러에게도 감사인사를 드립니다. 수많은 오류들을 수정하고 효율적으로 최종원고를 만들어 주었습니다.

마지막으로, 이전에 출판된 저의 작품들을 재판, 적용, 변경할 수 있도록 허락해 준 아래의 출판사들에게도 감사인사를 전합니다.

1. 마르크스 챕터의 일부분은 *Justying Law: The Debate over foundations Goals and Methods* (Philadelphia: Temple University Pores, 1992)에서 처음 출판.

2. 그람시에 대한 분석은 *Watching Baseball, Seeing Phi-*

losophy: The Great Thinkers at Play on the Diamond (Jefferson, NC: McFarland Publishing, 2008)의 내용 포함.

3. 마키아벨리에 대한 해석은 *Nicolo Machiavelli: The Laughing Lion & The Strutting Fox* (Lanham MD: Lexington Books, 2008)을 참고.

4. 스토아학파에 대한 내용은 *Roman Philosophy and the Good Life* (Lanham, MD: Lexington Books, 2009)에 주장한 내용 인용.

5. 니체에 대한 설명과 분석의 일부분은 *Jesus or Nietzsche: How Should We Live Our Lives?* (Amsterdam, Netherlands, Value Inquiry Book Series: Ethical Theory and Practic, Rodopi Publishers, 2013)에서 처음 출판되었음.

6. 하버마스 챕터의 일부분은 "Radical Politics and Nonfoundational Moralit," *International Philosophical Quarterly 29* (1989): 33-51의 내용을 재구성.

| Notes |

1. 지배하는 힘이란 무엇인가

1. See, for example, Steven Lukes, Power: *A Radical View*, 2nd ed. (New York: Palgrave MacMillan, 2005); Thomas E. Wartenberg, *The Forms of Power* (Philadelphia: Temple University Press, 1990); Jeffrey C. Isaac, *Power and Marxist Theory* (Ithaca: Cornell University Press, 1987); Stanley I. Benn, "Power," in *The Encyclopedia of Philosophy*, ed. Paul Edwards, vol. 6 (New York: Macmillan, 1967); Robert A. Dahl, "The Concept of Power," *Behavioral Science* 2 (1975): 201–15; Peter Morriss, *Power: A Philosophical Analysis*, 2nd ed. (Manchester: Manchester University Press, 2002). These works have greatly influenced this chapter.

2. See, for example, Benn, "Power," 424–6.

3. See, for example, Dahl, "Concept of Power," 201–5.

4. Steven Lukes, "Introduction" in Power, ed. Steven Lukes (New York: New York University Press, 1986), 9.

5. See, for example, Charles Tilley, "Domination, Resistance, Compliance . . . Discourse," *Sociological Forum* 6 (1991): 593–602.

6. Lukes, *Power: A Radical View*, 29, 125–51.

7. Lukes, "Introduction," 4.

8. See, for example, Lukes, *Power: A Radical View*, 85–88.

9. Hannah Arendt, On *Violence* (London: Allen Lane, 1970), 44, 52, 51.

10. Ibid., 48–49.

2. 권력이 곧 권리인가 : 트라시마코스와 소크라테스

1. Plato, "Republic," trans. Paul Shorey, in *Plato: Collected Dialogues*, ed. Edith Hamilton and Huntington Cairns (Princeton: Princeton University Press, 1973), 575–844.

3. 존경받는 군주에 관하여 : 니콜로 마키아벨리

1. Raymond Angelo Belliotti, *Niccolo Machiavelli: The Laughing Lion and the Strutting Fox* (Lanham, MD: Lexington Books, 2009), 63–98.
2. Isaiah Berlin, *Against the Current* (Princeton: Princeton University Press, 2001), 43–44.
3. Ibid., 44.
4. Belliotti, *Machiavelli*, 63–98.
5. See, for example, Michael Walzer, "Political Action: The Problem of Dirty Hands." *Philosophy and Public Affairs* 2 (1973): 160–80.
6. Raymond Angelo Belliotti, *Machiavelli's Secret: The Soul of the Statesman* (Albany: State University of New York Press, 2015).

4. 힘 있는 의지에 관하여 : 프레드릭 니체

1. See, for example, Walter Kaufmann, *Nietzsche: Philosopher, Psychologist, Antichrist*, 4th ed. (Princeton: Princeton University Press, 1974), 242, 246–47; Maudemarie Clark, *Nietzsche on Truth and Philosophy* (Cambridge: Cambridge University Press, 1990); John Richardson, *Nietzsche's System* (Oxford: Oxford University Press, 1996); Alexander Nehamas, *Nietzsche: Life as Literature* (Cambridge: Harvard University Press, 1985). I argue for my favored interpretation in Raymond Angelo Belliotti, Jesus or *Nietzsche: How Should We Live Our Lives?* (Amsterdam: Rodopi Editions, 2013).
2. Belliotti, Jesus or *Nietzsche*, 126–31.
3. Raymond Angelo Belliotti, *Happiness is Overrated* (Lanham, MD: Rowman and Littlefield, 2004), 82–88.
4. Philippa Foot, *Virtues and Vices and Other Essays in Moral Philosophy* (Oxford: Oxford University Press, 1979), 85.

5. 중립적인 태도에 관하여 : 스토아학파

1. Richard McKeon, "Introduction to the Philosophy of Cicero," in Marcus Tullius Cicero, *Selected Works*, trans. Hubert M. Poteat (Chicago: University of Chicago Press, 1950), 48–49: Raymond Angelo Belliotti, *Roman Philosophy and the Good Life* (Lanham, MD: Lexington Books, 2009), 61–71.

2. John Sellars, Stoicism (Berkeley: University of California Press, 2006), 64–70.

3. Stephen A. White, "Cicero and the Therapists," in J. G. F. Powell, *Cicero: The Philosopher* (Oxford: Clarendon Press, 1999), 239.

4. Tad Brennan, *The Stoic* Life (Oxford: The Clarendon Press, 2005), 99.

5. Ibid., 98.

6. Ibid., 144.

6. 노동의 힘에 관하여 : 게오로크 헤겔

1. Georg Hegel, *Philosophy of Mind*, trans. William Wallace and A. V. Miller (Oxford: Clarendon Press, 1971), 172.

2. Georg Hegel, *Phenomenology of Spirit*, trans. A. V. Miller (Oxford: Oxford University Press, 1977), 234.

3. See, for example, Thomas E. Wartenberg, The Forms of Power (Philadelphia: Temple University Press, 1990), 121–28.

4. Hegel, *Phenomenology of* Spirit, 118.

5. Ibid., 118–19.

6. Frederick Neuhouser, "Desire, Recognition, and the Relation between Bondsman and Lord," in *The Blackwell Guide to Hegel's Phenomenology of Spirit*, ed. Kenneth Westphal (Oxford: Wiley-Blackwell, 2009), 50.

7. Hegel, *Philosophy of Mind*, sec. 431, 436.

7. 정치적 참여에 관하여 : 칼 마르크스와 안토니오 그람시

1. Karl Marx, "Contributions to the Critique of Hegel's Philosophy of Law," in Marx and Engels, *Collected Works*, vol. 3 (New York: International Publishers, 1976), 192.

2. Karl Marx, "Economic and Philosophic Manuscripts of 1844," in *Collected Works*, vol. 3, 333.

3. Ibid., 332–33.

4. Karl Marx, *Das Kapital*, trans. Samuel Moore (Seattle: Pacific Publishing Studio, 2010).

5. Karl Marx, "Critique of Hegel's Doctrine of the State," in *Early Writings*, trans. Rodney Livingstone and Gregor Benton (New York: Penguin Books, 1992), 176.

6. See, for example, Richard Schmitt, *Marx and Engels: A Critical Reconstruction* (Boulder: Westview, 1987), 36; Jorge Larrain, "Base and Superstructure." In A *Dictionary of Marxist Thought*, ed. Tom Bottomore (Cambridge: Harvard University Press, 1983), 44; Raymond Angelo Belliotti, *Justifying Law* (Philadelphia: Temple University Press, 1992), 147–50.

7. Larrain, "Base and Superstructure," 43; Belliotti, *Justifying Law,* 148.

8. Antonio Gramsci, *Selections from the Prison Notebooks,* ed. and trans. Quinton Hoare and Geoffrey Nowell-Smith (London: Lawrence and Wishart, 1971).

8. 지식은 권력이 될 수 있는가 : 미셸 푸코

1. Michel Foucault, "How Much Does It Cost for Reasons to Tell the Truth," in *Foucault Live: Interviews, 1966–1984*, ed. Sylvere Lotringer (New York: Semiotexte, 1989), 254.

2. See, for example, Michel Foucault, *Power/Knowledge: Selected Interviews and Other Writings, 1972–1977*, ed. Colin Gordon (New York: Pantheon Books, 1980).

3. Michel Foucault, "Disciplinary Power and Subjection," in *Power*, ed. Steven Lukes (New York: New York University Press, 1986), 234.

4. Ibid.

5. See, for example, Michel Foucault, *The History of Sexuality*, vol. 1: An *Introduction*, trans. Robert Hurley (New York: Pantheon Books, 1978).

6. Bob Jessop, "From Micro-powers to Governmentality," *Political Geography* 26 (2007): 34–40, 35.

7. Michel Foucault, *Society Must Be Defended: Lectures at the College De France, 1975–76*, ed. Mauro Bertani and Alessandro Fontana (New York: Picador, 1997), 29–30.

8. Foucault, "Prison Talk," in *Power/Knowledge*, 52.

9. Foucault, "Truth and Power, in *Power/Knowledge*, 131.

10. Michel Foucault, "The Subject and Power," Afterword to Hubert L. Dreyfus and Paul Rabinow, *Michel Foucault: Beyond Structuralism and Hermeneutics*, 2nd ed. (Chicago: University of Chicago Press, 1983), 221.

11. Nancy Fraser, *Unruly Practices* (Minneapolis: University of Minnesota Press, 1989), 33.

12. Thomas Flynn, "Foucault as Parrhesiast," in *The Final Foucault*, ed. James Bernauer and David Rasmussen (Cambridge: The MIT Press, 1988), 112.

13. Ibid., 113.

14. Foucault, "Why Study Power?" Afterword to *Michel Foucault: Beyond Structuralism and Hermeneutics*, 212.

15. David Ingram, "Foucault and Habermas on the Subject of Reason," in *The Cambridge Companion to Foucault*, ed. Gary Gutting (Cambridge: Cambridge University Press, 1994), 220.

16. Ibid., 221.

17. Foucault, "Two Lectures," in *Power/Knowledge*, 98.

18. Foucault, *The History of Sexuality*, 95.

19. Foucault, "Prison Talk," in *Power/Knowledge*, 38.

20. Foucault, "Disciplinary Power and Subjection," 229–0.

21. Foucault, *The History of Sexuality*, 142–43.

22. Michel Foucault, "Interview," in *The Final Foucault*, 11–12.

23. Ibid., 19.

24. Ibid., 11.

25. Garth Gillan, "Foucault's Philosophy," in *The Final Foucault*, 38.

26. Foucault, "Interview," in *The Final Foucault*, 2.

27. Ibid., 3.

28. Ibid., 12–13.

29. Ibid., 4–5.

30. Ibid., 8.

31. Michel Foucault, *The History of Sexuality*, vol. 2: *The Use of Pleasure*, trans. Robert Hurley (New York: Pantheon Books, 1978), 9.

32. Flynn, "Foucault as Parrhesiast," in *The Final Foucault*, 103–104.

33. Ibid., 108, 109.

34. Ibid., 110.

35. Foucault, "Interview," in *The Final Foucault*, 16.

36. Ibid., 18.

37. Joseph Rouse, "Power/Knowledge," in *The Cambridge Companion to Foucault*, ed. Gary Gutting (Cambridge: Cambridge University Press, 1994), 99.

38. Ibid., 109.

39. Foucault, "How Power is Exercised," in *Foucault: Beyond Structuralism and Hermeneutics*, 221.

9. 의사소통의 힘에 관하여 : 위르겐 하버마스

1. Jürgen Habermas, *Knowledge and Human Interests* (Boston: Beacon Press, 1968), 308–10.

2. Ibid., 196–97.

3. Ibid., 309.

4. Thomas McCarthy, "The Critique of Impure Reason," in *Rethinking Power*, ed. Thomas E. Wartenberg (Albany: State University of New York Press, 1992), 128.

5. Jürgen Habermas, "A Reply," in *Communicative Action*, ed. Axel Honneth and Hans Joas (Cambridge: MIT Press, 1991), 239.

6. Habermas, *Knowledge and Human Interests*, 317; *Theory and Practice* (Boston: Beacon Press, 1973), 1–40; *Legitimation Crisis* (Boston: Beacon Press, 1975), 102–17; *Communication and the Evolution of Society* (Boston: Beacon Press, 1979), 1–68.

7. Ibid.

8. David Ingram, "Foucault and Habermas on the Subject of Reason," in *The Cambridge Companion to Foucault*, ed. Gary Gutting (Cambridge: Cambridge University Press, 1994), 225.

9. Habermas, *Knowledge and Human Interests*, 317; *Theory and Practice*, 1–40;

Legitimation Crisis, 102–17; *Communication and the Evolution of Society*, 1–68.

10. See, for example, Richard Bernstein, *Beyond Objectivism and Relativism* (Philadelphia: University of Pennsylvania Press, 1983), 195.

11. Habermas, *Communication and the Evolution of Society*, 18–35.

12. Moral thinkers such as Kant and Rawls are sometime viewed as attempting a task both impossible and undesirable: in an effort to purify reason from distorting influences, they extract rationality from social and historical context, and hope thereby to discover Reason in a disembodied, impersonal form.

13. See, for example, Roger S. Gottlieb, "The Contemporary Critical Theory of Jurgen Habermas," *Ethics* 91 (1981): 280, 287.

14. Robbie Pfeufer Kahn, "The Problem of Power in Habermas," *Human Studies* 11 (1988): 361–87, 375; Habermas, *Knowledge and Human Interests*, 274–300.

15. Jürgen Habermas, "Hannah Arendt's Communication Conception of Power," *Social Research* 44 (1977): 3–23, 6.

16. Jürgen Habermas, *Between Facts and Norms* (Cambridge: The MIT Press, 1998), 148.

17. Ibid., 175.

18. Ibid., 150.

19. Ibid., 150, 484.

20. Ibid., 169–70.

21. Ibid., 148.

22. Jürgen Habermas, *The Theory of Communicative Action*, vol. 1 (Boston: Beacon Press, 1985), 294.

23. Ibid., 290–92.

24. Habermas, *Between Facts and Norms*, 107.

25. Jürgen Habermas, *The Inclusion of the Other*, ed. Ciaran Cronin and Pablo De Greiff (Cambridge: Polity Press, 1998), 42.

26. Jürgen Habermas, "Discourse Ethics," in Moral Consciousness and *Communicative Action*, trans. Christian Lenhardt and Shierry Weber Nicholson (Cambridge: The MIT Press, 1990), 84.

27. Ibid., 88–89.

28. Michel Foucault, "Interview," in *The Final Foucault*, ed. James Bernauer and David Rasmussen (Cambridge: The MIT Press, 1988), 18.

29. Habermas, *Between Facts and Norms*, 36.

30. Ibid., 67.

31. Ibid., 115.

32. Foucault, "Interview," 18.

33. Habermas, *Legitimation Crisis*, 57.

34. Jürgen Habermas, "The Postnational Constellation and the Future of Democracy," in *The Postnational Constellation* (Oxford: Polity Press, 2001), 74.

35. Habermas, *The Inclusion of the Other*, 115.

10. 스스로에게 행사하는 힘 : 페미니즘

1. See, for example, Carole Pateman, *The Sexual Contract* (Stanford: Stanford University Press, 1988), 207–19; Marilyn Fyre, *The Politics of Reality* (Freedom, CA:
The Crossing Press, 1983), 98–105.

2. Anna Yeatman, "Feminism and Power," in *Reconstructing Political Theory,* ed. Mary Lyndon Shanley and Uma Narayan (University Park: The Pennsylvania State University Press, 1997), 147.

3. Amy Allen, "Power and the Politics of Difference: Oppression, Empowerment, and Transnational Justice," *Hypatia* 23 (2008): 156–72, 164.

4. See, for example, Susan Moller Okin, *Justice, Gender, and the Family* (New York: Basic Books, 1989), 136.

5. See, for example, Iris Marion Young, *Justice and the Politics of Difference* (Princeton: Princeton University Press, 1990), 31–33.

6. See, for example, Sarah Lucia Hoagland, Lesbian Ethics (Palo Alto: Institute of Lesbian Studies, 1988), 114–18; Jean Baker Miller, "Women and Power," in *Rethinking Power*, ed. Thomas E. Wartenberg (Albany: State University of New York Press, 1992), 241–48.

7. Yeatman, "Feminism and Power," 146.

8. Allen, "Power and the Politics of Difference," 167, 169.

9. See, for example, Virginia Held, *Feminist Morality* (Chicago: University of Chicago Press, 1993), 136–37.

10. Nancy Hartsock, *Money, Sex, and Power* (New York: Longman, 1983), 257.

11. Wendy Brown and Joan W. Scott, "Power," in *Critical Terms for the Study of Gender*, ed. Catharine R. Stimpson and Gilbert Herdt (Chicago: University of Chicago Press, 2014), 344.

12. Sandra Lee Bartky, *Feminism and Domination* (New York: Routledge, 1990), 15–21.

13. Ibid., 18.

14. Hartsock, *Money, Sex, and Power*, 171–72.

15. Wendy Brown, "Feminist Hesitations, Postmodern Exposures," differences 3 (1991): 63–84, 69, 76–77.

16. Miller, "Women and Power," 189.

17. See, for example, Catharine A. MacKinnon, "Feminism, Marxism, Method, and the State: An Agenda for Theory," *Signs* 7 (1982): 515–44.

18. See, for example, Nancy Fraser, *Unruly Practices* (Minneapolis: University of Minnesota Press, 1989), 182.

19. Bartky, *Feminism and Domination*, 117, 116, 115, 114.

20. Iris Marion Young, "Five Faces of Oppression," in *Rethinking Power*, ed. Thomas E. Wartenberg (Albany: State University of New York Press, 1992), 183.

Allen, Amy. "Discourse, Power and Subjectivation." *The Philosophical Forum* 40 (2009): 1–28.

———. "Power and the Politics of Difference: Oppression, Empowerment, and Transnational Justice." *Hypatia* 23 (2008): 156–72.

———. *The Power of Feminist Theory*. Boulder: Westview, 1999.

———. "Rationalizing Oppression." *Journal of Power* 1 (2008): 51–65.

———. "The Unforced Force of the Better Argument." *Constellations* 19 (2012): 53–368.

Arendt, Hannah. *On Violence*. London: Allen Lane, 1970.

Aurelius, Marcus. *Meditations*. Edited by Martin Hammond. New York: Penguin Books, 2006.

———. *The Meditations*. Translated by A. S. L. Farquharson; introduction by R. B. Rutherford. Oxford: Oxford University Press, 1989.

Bachrach, Peter, and Morton S. Baratz. "Decisions and Non-decisions: An Analytic Framework." In *Political Power: A Reader in Theory and Research*, edited by Roderick Bell, David V. Edwards, and R. Harrison Wagner. New York: Free Press, 1969.

———. "The Two Faces of Power." *American Political Science Review* 56 (1962): 941–52.

Ball, Terence, "Power, Causation, and Explanation." *Polity* 8 (1975): 189–214.

———. "Two Concepts of Coercion." *Theory and Society* 15 (1978): 97–112.

Barnes, Barry. *The Nature of Power*. Cambridge: Polity Press, 1988.

Barry, Brian, *Power and Political Theory*. London: Wiley, 1976.

Bartky, Sandra Lee. *Feminism and Domination*. New York: Routledge, 1990.

———. *"Sympathy and Solidarity" and Other Essays*. Lanham, MD: Rowman and Littlefield, 2002.

Belliotti, Raymond Angelo. *Dante's Deadly Sins: Moral Philosophy in Hell*. Oxford: Wiley-Blackwell, 2011.

———. "Do Dead Human Beings Have Rights?" *The Personalist* 60 (1979): 201–10.

————. *Happiness Is Overrated*. Lanham, MD: Rowman and Littlefield, 2004.

————. *Jesus or Nietzsche: How Should We Live Our Lives?* Amsterdam: Editions Rodopi, 2013.

————. *Justifying Law: The Debate over Foundations, Goals, and Methods.* Philadelphia: Temple University Press, 1992.

————. "Machiavelli and Machiavellianism." *Journal of Thought* 13 (1978): 293–300.

————. *Machiavelli's Secret: The Soul of the Statesman*. Albany: State University of New York Press, 2015.

————. *Niccolò Machiavelli: The Laughing Lion and the Strutting Fox*. Lanham, MD: Lexington Books, 2009.

————. *Posthumous Harm: Why the Dead Are Still Vulnerable*. Lanham, MD: Lexington Books, 2012.

————. *Roman Philosophy and the Good Life*. Lanham, MD: Lexington Books, 2009.

————. *Seeking Identity: Individualism versus Community in an Ethnic Context*. Lawrence: University Press of Kansas, 1995.

————. *Stalking Nietzsche*. Westport: Greenwood Press, 1998.

————. *What Is the Meaning of Human Life?* Amsterdam: Editions Rodopi, 2001.

————, and William S. Jacobs. "Two Paradoxes for Machiavelli." In *Terrorism, Justice, and Social Values*, edited by Creighton Pedan and Yeager Hudson. Lewiston, NY: The Edwin Mellen Press, 1990.

Benhabib, Seyla, Judith Butler, Drucilla Cornell, and Nancy Fraser. *Feminist Contentions*, edited by Linda Nicholson. New York: Routledge, 1995.

Benn, Stanley I. "Power." In *The Encyclopedia of Philosophy*, edited by Paul Edwards, vol. 6. New York: Macmillan, 1967.

Berlin, Isaiah. *Against the Current*. Princeton: Princeton University Press, 2001.

Bernstein, Richard. *Beyond Objectivism and Relativism*. Philadelphia: University of Pennsylvania Press, 1983.

Bordo, Susan. *Unbearable Weight: Feminism, Western Culture, and the Body*. Berkeley: University of California Press, 1993.

Brennan, Tad. *The Stoic Life*. Oxford: The Clarendon Press, 2005.

Brown, Wendy. "Feminist Hesitations, Postmodern Exposures." *differences* 3 (1991): 63–84.

———, and Joan W. Scott, "Power." *In Critical Terms for the Study of Gender*, edited by Catharine R. Stimpson and Gilbert Herdt, 335–57. Chicago: University of Chicago Press, 2014.

Butler, Judith. *The Psychic Life of Power: Theories in Subjection.* Stanford: Stanford University Press, 1997.

Chodorow, Nancy. *The Reproducton of Mothering.* Berkeley: University of California Press, 1978.

Cicero. *De Officiis* (On Obligations). Translated by P. G. Walsh. Oxford: Oxford University Press, 2000.

Clark, Maudemarie. *Nietzsche on Truth and Philosophy.* Cambridge: Cambridge University Press, 1990.

Clegg, Stewart R. *Frameworks of Power.* London: Sage, 1989.

Cudd, Ann. *Analyzing Oppression.* Oxford: Oxford University Press, 2006.

Dahl, Robert A. "The Concept of Power." *Behavioral Science* 2 (1957): 201–15.

Digeser, Peter. "Forgiveness and Politics: Dirty Hands and Imperfect Procedures." *Political Theory* 26 (1998): 700–24.

Dovi, Suzanne. "Guilt and the Problem of Dirty Hands." *Constellations* 12 (2005): 128–46.

Epictetus. *Discourses*: Book 1. Translated with an introduction by Robert Dobbin. Oxford: The Clarendon Press, 1998.

———. *Manual for Living* (*Encheiridion*). Translated with an introduction by Sharon Lebell. New York: HarperCollins, 1994.

Everitt, Anthony. *Cicero.* New York: Random House, 2001.

Femia, Joseph, V. *Gramsci's Political Thought.* Oxford: Clarendon Press, 1981.

Finnis, John. "Practical Reasoning, Human Goods, and the End of Man,. *Proceedings of the American Catholic Philosophical Association* 58 (1985): 23–36.

Fish, Stanley. "Does Philosophy Matter? *New York Times*, The Opinion Pages, August 1, 2011.

Flynn, Thomas. "Foucault as Parrhesiast." *In The Final Foucault*, edited by James Bernauer and David Rasmussen. Cambridge: The MIT Press, 1988.

Foot, Philippa. *Virtues and Vices and Other Essays in Moral Philosophy*. Oxford: Oxford University Press, 1979.

Foucault, Michel. "Disciplinary Power and Subjection." In Power, edited by Steven Lukes. New York: New York University Press, 1986.

———. *The History of Sexuality*, vol. 1: *An Introduction*. Translated by Robert Hurley. New York: Pantheon Books, 1978.

———. *The History of Sexuality*, vol. 2: *The Use of Pleasure*. Translated by Robert Hurley. New York: Pantheon Books, 1978.

———. "How Much Does It Cost for Reasons to Tell the Truth." In *Foucault Live: Interviews, 1966–1984*, edited by Sylvere Lotringer. New York: Semiotexte, 1989.

———. "How Power Is Exercised." In Afterword to Hubert L. Dreyfus and Paul Rabinow. *Michel Foucault: Beyond Structuralism and Hermeneutics*, 2nd edition. Chicago: University of Chicago Press, 1983.

———. "Interview." In The *Final Foucault*, edited by James Bernauer and David Rasmussen. Cambridge: The MIT Press, 1988.

———. *Power/Knowledge: Selected Interviews and Other Writings, 1972–1977*. Edited by Colin Gordon. New York: Pantheon Books, 1980.

———. "Prison Talk." In *Power/Knowledge: Selected Interviews and Other Writings, 1972–1977*, edited by Colin Gordon. New York: Pantheon Books, 1980.

———. *Society Must Be Defended: Lectures at the College De France, 1975–76*. Edited by Mauro Bertani and Alessandro Fontana. New York: Picador, 1997.

———. "The Subject and Power." Afterword to Hubert L. Dreyfus and Paul Rabinow, *Michel Foucault: Beyond Structuralism and Hermeneutics*, 2nd edition. Chicago: University of Chicago Press, 1983.

———. "Truth and Power." In *Power/Knowledge: Selected Interviews and Other Writings*, 1972–1977, edited by Colin Gordon. New York: Pantheon Books, 1980.

———. "Two Lectures." In *Power/Knowledge: Selected Interviews and Other Writings*, 1972–1977, edited by Colin Gordon. New York: Pantheon Books, 1980.

———. "Why Study Power?" Afterword to Hubert L. Dreyfus and Paul Rabinow, *Michel Foucault: Beyond Structuralism and Hermeneutics*, 2nd edition. Chicago: University of Chicago Press, 1983.

Fraser, Nancy. "Foucault on Modern Power: Empirical Insights and Normative Confusions." *Praxis International* 1 (1981): 272–87.

———. *Unruly Practices*. Minneapolis: University of Minnesota Press, 1989.

Fyre, Marilyn. *The Politics of Reality*. Freedom, CA: The Crossing Press, 1983.

Germino, Dante. "Second Thoughts on Leo Strauss's Machiavelli." *Journal of Politics*(1966): 794–817.

Gilbert, Felix. "On Machiavelli's Idea of *Virtù.*" *Renaissance News* 4 (1951): 53–55.

Gillan, Garth. "Foucault's Philosophy." In *The Final Foucault*, edited by James Bernauer and David Rasmussen. Cambridge: The MIT Press, 1988.

Goldman, Alvin I. "On the Measurement of Power." *The Journal of Philosophy* 71(1974): 231–52.

———. "Power, Time, and Cost." *Philosophical Studies* 26 (1974): 263–270.

———. "Toward a Theory of Social Power." *Philosophical Studies* 23 (1972): 221–67.

Gottlieb, Roger S. "The Contemporary Critical Theory of Jürgen Habermas." *Ethics* 91 (1981): 280–95.

Gramsci, Antonio. *Selections from the Prison Notebooks*. Edited and translated by Quinton Hoare and Geoffrey Nowell-Smith. London: Lawrence and Wishart, 1971.

Griffin, James. *Well-Being*. Oxford: Clarendon Press, 1986.

Habermas, Jürgen. "A Reply." In *Communicative Action*, edited by Axel Honneth and Hans Joas. Cambridge: MIT Press, 1991.

———. *Between Facts and Norms*. Cambridge: The MIT Press, 1998.

———. *Communication and the Evolution of Society*. Boston: Beacon Press, 1979.

———. "Discourse Ethics." In *Moral Consciousness and Communicative Action*, translated by Christian Lenhardt and Shierry Weber Nicholson. Cambridge: The MIT Press, 1990.

————. "Hannah Arendt's Communication Conception of Power." *Social Research* 44 (1977): 3–23.

————. *The Inclusion of the Other*. Edited by Ciaran Cronin and Pablo De Greiff. Cambridge: Polity Press, 1998.

————. *Knowledge and Human Interests*. Boston: Beacon Press, 1968.

————. *Legitimation Crisis*. Boston: Beacon Press, 1975.

————. "Moral Development and Ego Identity." In *Communication and the Evolution of Society*. Boston: Beacon Press, 1979.

————. "The Postnational Constellation and the Future of Democracy." In *The Postnational Constellation*. Oxford: Polity Press, 2001.

————. *Theory and Practice*. Boston: Beacon Press, 1973.

————. *The Theory of Communicative Action*, vol. 1. Boston: Beacon Press, 1985.

Hartsock, Nancy. "Community/Sexuality/Gender: Rethinking Power." In *Revisioning the Political: Feminist Reconstructions of Traditional Concepts in Western Political Theory*, edited by Nancy J. Hirschmann and Christine Di Stefano. Boulder: Westview, 1996.

————. *Money, Sex, and Power*. New York: Longman, 1983.

Haugaard, Mark. "Power: A 'Family Resemblance' Concept." *European Journal of Cultural Studies* 13 (2010): 419–38.

————, ed. *Power: A Reader*. Manchester: Manchester University Press, 2002.

Hegel, Georg. *Phenomenology of Spirit*. Translated by A. V. Miller. Oxford: Oxford University Press, 1977.

————. *Philosophy of Mind*. Translated by William Wallace and A. V. Miller. Oxford: Clarendon Press, 1971.

Heidegger, Martin. *Being and Time*. Translated by John Macquarrie and Edward Robinson. New York: Harper and Row, 1962.

Held, Virginia. *Feminist Morality*. Chicago: University of Chicago Press, 1993.

Hoagland, Sarah Lucia. *Lesbian Ethics*. Palo Alto: Institute of Lesbian Studies, 1988.

Holland, Tom. *Rubicon*. New York: Doubleday, 2003.

Hollis, Martin. "Dirty Hands." *British Journal of Political Science* 12 (1982): 385–98.

Howard, W. Kenneth. "Must Public Hands Be Dirty?" *Journal of Value Inquiry* 11 (1977): 29–40.

Hurka, Thomas, Perfectionism. New York: Oxford University Press, 1993.

Ingram, David. "Foucault and Habermas on the Subject of Reason." In *The Cambridge Companion to Foucault*, edited by Gary Gutting. Cambridge: Cambridge University Press, 1994.

Inwood, Brad. *Reading Seneca*. Oxford: The Clarendon Press, 2008.

Isaac, Jeffrey C. *Power and Marxist Theory*. Ithaca: Cornell University Press, 1987.

Jaggar, Alison. *Feminist Politics and Human Nature*. Totowa, NJ: Rowman and Allanheld, 1983.

Jessop, Bob. "From Micro-powers to Governmentality." *Political Geography* 26 (2007): 34–40.

Kahn, Robbie Pfeufer. "The Problem of Power in Habermas." *Human Studies* 11 (1988): 361–87.

Kant, Immanuel. *Critique of Practical Reason and Other Works on the Theory of Ethics*. Ttranslated by T. K. Abbot. London: Longmans, Green Publishers, 1926.

———. *Critique of Pure Reason*. Translated by J. M. D. Meiklejohn. New York: John Wiley, 1943.

———. *Lectures on Ethics*. Translated by Louis Infield. New York: Harper and Row, 1963.

———. *The Metaphysics of Morals*. Edited and Translated by Mary Gregor. Cambridge: Cambridge University Press, 1996.

Kaufmann, Walter. *Nietzsche: Philosopher, Psychologist, Antichrist*, 4th ed. Princeton: Princeton University Press, 1974.

Kekes, John. The Examined Life. University Park: The Pennsylvania State University Press, 1992.

———. "Morality and Impartiality." *American Philosophical Quarterly* 18, no. 4 (1981): 295–303.

Kraut, Richard. *What Is Good and Why: The Ethics of Well-Being*. Cambridge: Harvard University Press, 2007.

Larrain, Jorge. "Base and Superstructure." In A *Dictionary of Marxist* Thought, edited by Tom Bottomore. Cambridge: Harvard University Press, 1983.

Long, A. A. *Epictetus: A Stoic and Socratic Guide to Life*. Oxford: The Clarendon Press, 2002.

———. *From Epicurus to Epictetus*. Oxford: The Clarendon Press, 2006.

Lukes, Steven. *Power: A Radical View*, 2nd ed. New York: Palgrave MacMillan, 2005.

———, ed. *Power*. New York: New York University Press, 1986.

Machiavelli, Niccolò. *The Art of War*. Edited and translated by Neal Wood. Cambridge, MA: Da Capo Press, 1965.

———. *Discourses on the First Decade of Titus Livius ("The Discourses")*. In *The Chief Works and Others*, edited and translated by Allan H. Gilbert. Durham: Duke University Press, 1989.

———. *Discourses on the First Decade of Titus Livius ("The Discourses")*. In *Selected Political Writings*, edited and translated by David Wootton. Indianapolis: Hackett, 1994.

———. *Florentine Histories*. Edited and translated by Laura F. Banfield and Harvey C. Mansfield. Princeton: Princeton University Press, 1988.

———. *Machiavelli and His Friends: Their Personal Correspondence*. Edited and translated by James B. Atkinson and David Sices. DeKalb: Northern Illinois University Press, 1996.

———. *The Prince*. In *Selected Political Writings*, edited and translated by David Wootton. Indianapolis: Hackett, 1994.

MacKinnon, Catharine A. "Feminism, Marxism, Method, and the State: An Agenda for Theory." *Signs* 7 (1982): 515–44.

Mansfield, Harvey C. "Strauss's Machiavelli." *Political Theory* 3 (1975): 372–84.

Marx, Karl. "Contributions to the Critique of Hegel's Philosophy of Law." In Marx and Engels, *Collected Works*, vol. 3. New York: International Publishers, 1976.

———. "Critique of Hegel's Doctrine of the State." In *Early Writings*, translated by Rodney Livingstone and Gregor Benton. New York: Penguin Books, 1992.

———. "Economic and Philosophic Manuscripts of 1844." In Marx and Engels, *Collected Works*, vol. 3. New York: International Publishers, 1976.

————. *Das Kapital*. Translated by Samuel Moore. Seattle: Pacific Publishing Studio, 2010.

May, J. A. "The 'Master-Slave' Relation in Hegel's 'Phenomenology of Spirit' and in the Early Marx." *Current Perspectives in Social Theory* 5 (1984): 225–66.

McCarthy, Thomas. "The Critique of Impure Reason." In *Rethinking Power*, edited by Thomas E. Wartenberg. Albany: State University of New York Press, 1992.

McKeon, Richard. "Introduction to the Philosophy of Cicero." In Marcus Tullius Cicero, *Selected Works*, translated by Hubert M. Poteat. Chicago: University of Chicago Press, 1950.

Miller, Jean Baker. "Women and Power." In *Rethinking Power*, edited by Thomas E. Wartenberg. Albany: State University of New York Press, 1992.

Moravia, Alberto. "Portrait of Machiavelli." *Partisan Review* 22 (1955): 357–71.

Morriss, Peter. Power: A *Philosophical Analysis*, 2nd ed. Manchester: Manchester University Press, 2002.

Murphy, Arthur E. "The Common Good." *Proceedings and Addresses of the American Philosophical Association* 24 (1950): 3–18.

Nehamas, Alexander. *Nietzsche: Life as Literature*. Cambridge: Harvard University Press, 1985.

Neuhouser, Frederick. "Desire, Recognition, and the Relation between Bondsman and Lord." In *The Blackwell Guide to Hegel's Phenomenology of Spirit*, edited by Kenneth Westphal. Oxford: Wiley-Blackwell, 2009.

Nietzsche, Friedrich. *Beyond Good and Evil*. Translated by Walter Kaufmann. New York: Vintage Books, 1966.

————. *The Birth of Tragedy*. Translated by Walter Kaufmann. New York: Random House, 1967.

————. *Ecce Homo*. Translated by Walter Kaufmann and R. J. Hollingdale. New York: Random House, 1967.

————. *The Gay Science*. Translated by Walter Kaufmann. New York: Random House, 1967.

————. *On the Genealogy of Morals*. Translated by Walter Kaufmann and R. J. Hollingdale. New York: Vintage Books, 1967.

———. *Thus Spoke Zarathustra*. Translated by Walter Kaufmann. In *The Portable Nietzsche*. New York: Viking Press, 1954.

———. *Twilight of the Idols*. Translated by Walter Kaufmann. In *The Portable Nietzsche*. New York: Viking Press, 1954.

———. *Untimely Meditations*. Translated by R. J. Hollingdale. Cambridge: Cambridge University Press, 1986.

Nozick, Robert. "Coercion." In *Philosophy, Politics, and Society*, edited by Peter Laslett, W. G. Runciman, and Quentin Skinner. Oxford: Oxford University Press, 1972.

———. *The Examined Life: Philosophical Meditations*. New York: Simon and Schuster, 1989.

———. *Philosophical Explanations*. Cambridge: Harvard University Press, 1981.

Nussbaum, Martha C. *Women and Human Development*. New York: Cambridge University Press, 2000.

Okin, Susan Moller. *Justice, Gender, and the Family*. New York: Basic Books, 1989.

O'Mahony, Patrick. "Habermas and Communicative Power." *Journal of Power* 3 (2010), 53–73.

O'Neill, John, ed. *Hegel's Dialectic of Desire and Recognition*. Albany: State University of New York Press, 1996.

Parsons, Talcott. "On the Concept of Political Power." In *Political Power: A Reader in Theory and Research*, edited by Roderick Bell, David V. Edwards, and R. Harrison Wagner. New York: Free Press, 1969.

Pateman, Carole. *The Sexual Contract*. Stanford: Stanford University Press, 1988.

Plato. *Collected Dialogues*, 7th ed. Edited by Edith Hamilton and Huntington Cairns. Princeton: Princeton University Press, 1973.

———. "Gorgias," translated by W. D. Woodhead. In *Plato: Collected Dialogues*, 7th ed., edited by Edith Hamilton and Huntington Cairns. Princeton: Princeton University Press, 1973.

———. "The Republic," translated by by Paul Shorey. In *Plato: Collected Dialogues*, edited by Edith Hamilton and Huntington Cairns. Princeton: Princeton University Press, 1973.

Plutarch. *The Lives of the Noble Grecians* and Romans. Translated by John

Dryden. Edited and revised by Arthur Hugh Clough, volumes 1 and 2. New York: The Modern Library, 1992.

Poggi, Gianfranco. *Forms of Power*. Cambridge: Polity Press, 2001.

Powell, J. G. F. *Cicero the Philosopher*. Oxford: The Clarendon Press, 1999.

Prezzolini, Giuseppe. "The Christian Roots of Machiavelli's Moral Pessimism." *Review of National Literatures* 1 (1970): 26–37.

Price, Russell. "The Senses of *Virtù* in Machiavelli." *European Studies Review* 3 (1973): 315–45.

———. "The Theme of *Gloria* in Machiavelli." *Renaissance Quarterly* 30 (1977): 588–631.

Radford, Robert T. Cicero. Amsterdam: Editions Rodopi, 2002.

Rawls, John. A *Theory of Justice*. Oxford: Clarendon Press, 1972.

Richardson, John. *Nietzsche's System*. Oxford: Oxford University Press, 1996.

Rouse, Joseph. "Power/Knowledge." In *The Cambridge Companion to Foucault*, edited by Gary Gutting. Cambridge: Cambridge University Press, 1994.

Russell, Bertrand. Power. New York: W. W. Norton, 1983.

Saar, Martin. "Power and Critique." *Journal of Power* 3 (2010): 7–20.

Sawicki, Jana. *Disciplining Foucault: Feminism, Power, and the Body*. New York: Routledge, 1991.

Schmitt, Richard. *Marx and Engels*: A *Critical Reconstruction*. Boulder: Westview, 1987.

Schopenhauer, Arthur. *The World as Will and Idea*, 3 vols. Translated by R. B. Haldane and J. Kemp. London: Routledge and Kegan Paul, 1948.

Scott, John C. *Domination and the Arts of Resistance*. New Haven: Yale University Press, 1990.

———. *Power*. Cambridge: Polity Press, 2001.

Sellars, John. Stoicism. Berkeley: University of California Press, 2006.

Stimpson, Catharine R., and Gilbert Herdt, eds. *Critical Terms for the Study of Gender*. Chicago: University of Chicago Press, 2014.

Strauss, Leo. *Thoughts on Machiavelli*. Chicago: University of Chicago Press, 1958.

Taylor, Charles. *Hegel*. Cambridge: Cambridge University Press, 1977.

Tilley, Charles. "Domination, Resistance, Compliance . . . Discourse."

Sociological Forum 6 (1991): 593–602.

Trebilcot, Joyce, ed. *Mothering*. Totowa, NJ: Rowman and Allanheld, 1983.

Wagner, Gerhard, and Heinz Zipprian. "Habermas on Power and Rationality." *Sociological Theory* 7 (1989): 102–109.

Walzer, Michael. "Political Action: The Problem of Dirty Hands." *Philosophy and Public Affairs* 2 (1973): 160–80.

Wartenberg, Thomas E. The Forms of Power. Philadelphia: Temple University Press, 1990.

———, ed. *Rethinking Power*. Albany: State University of New York Press, 1992.

West, David. "Power and Formation: New Foundations for a Radical Conception of Power." *Inquiry* 30 (1987): 137–54.

White, D. M. The *Concept of Power*. Morristown, NJ: General Learning Press, 1976.

White, Stephen A. "Cicero and the Therapists." In *Cicero: The Philosopher*, edited by J. D. Powell. Oxford: Clarendon Press, 1999.

Williams, Roger R. "Hegel and Nietzsche: Recognition and Master/Slave." *Philosophy Today* 45 (2001): 164–79.

Wrong, Dennis. *Power: Its Forms, Bases, and Uses*. Oxford: Blackwell, 1979.

Yeatman, Anna, "Feminism and Power." In *Reconstructing Political Theory*, edited by Mary Lyndon Shanley and Uma Narayan. University Park: The Pennsylvania State University Press, 1997.

Young, Iris Marion. "Five Faces of Oppression." *The Philosophical Forum* 19 (1988): 270–90.

———. "Five Faces of Oppression." In *Rethinking Power*, edited by Thomas E. Wartenberg. Albany: State University of New York Press, 1992.

———. *Justice and the Politics of Difference*. Princeton: Princeton University Press, 1990.

옮긴이 **한누리**

미국에서 학사를 마치고 연세대학교 국제대학원에서 국제법을 전공했다. 역사, 정치에도 관심이 많아 국제협력 전문가 겸 에디터로 활동 중이다. 현재 소통인 (人)공감 에이전시에서 번역가로서 활동 영역을 넓히고 있다.

권력의 조건
억압, 복종, 저항 그리고 소통에 관하여

초판 1쇄 인쇄 | 2017년 5월 20일
초판 1쇄 발행 | 2017년 5월 25일

지은이 | 레이몬드 A. 벨리오티
옮긴이 | 한누리
펴낸이 | 임현석

펴낸곳 | 지금이책
주소 | 경기도 고양시 일산서구 킨텍스로 410
전화 | 070-8229-3755
팩스 | 0303-3130-3753
이메일 | now_book@naver.com
홈페이지 | www.지금이책.com
등록 | 제2015-000174호

ISBN | 979-11-959937-4-1 03300

이 도서의 국립중앙도서관 출판시도서목록(CIP)은 서지정보유통지원시스템 홈페이지(http://seoji.nl.go.kr)와 국가자료공동목록시스템(http://www.nl.go.kr/kolisnet)에서 이용하실 수 있습니다. (CIP제어번호: 2017011446)